우승택의 生테크
날줄 원각경

우승택의 生테크 **날줄 원각경**

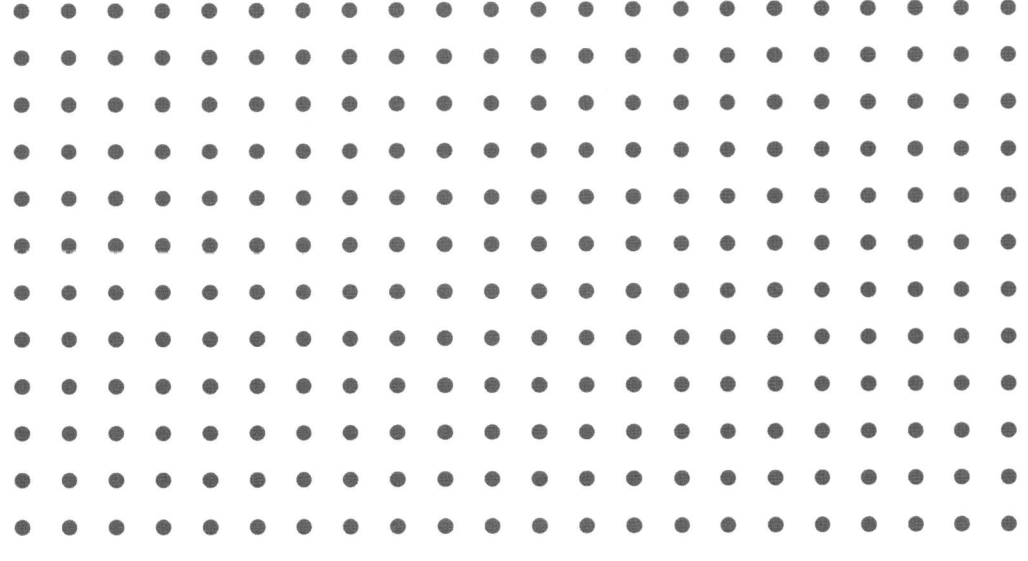

불광출판사

머리말

열려라 참깨-Open Sesami

인도에서 불교가 멸망한 이유는?

저는 이렇게 생각합니다. '알리바바와 40인의 도적'에 나오는 이야기처럼 어마어마한 보물이 숨겨져 있는 동굴 앞에서, 동굴의 입구를 찾지 못해, 도적에게 잡히는 알리바바에게서 힌트를 얻을 수 있습니다. 인도의 권력자들과 지배자들은 물론이고 모든 사람들이 갖고 있는 탐욕, 권력과 재물을 유지하고 얻을 수 있는 방법을 당시 불교인들이 제공하는 데 실패했기 때문이라고 말입니다. 게다가 불교계의 리더들과 수행자들도 부처님의 비밀장에 들어가기 위해서 필요한 '열려라 참깨-오픈 쎄서미'라는 비밀번호를 찾지 못해 마구니에 걸려들어 부처님의 은밀한 비밀장에 들어가지 못했기 때문이라고 할 수 있습니다.

부처님의 팔만대장경에는 우주의 이치, 법계의 이치 등 무궁무진한 보물이 다 있습니다. 하지만, 정작 그 곳에 가는 사람이 너무 적습니다. 저도 그러한 처지였습니다. 나중에 제가 안 것인데, 부처님께서는 '열려라 참깨' 대신에 108층 건물 안의 엘리베이터 입구에 1층에서 2층으로 가는 계단을 찾는 방법을 적어 놓으셨습니다.

"사람의 귀하고 천함은 그 행위에 의해서 결정되는 것이지, 그 출신에 의해 정해지는 것이 아니다. 그리고 부자와 가난한 자는 누가 주고 누가 빼앗기 때문이 아니라 그 생각이 정교한 자는 부자로 살 것이고, 그 생각이 졸렬한 자는 부족하게 살 것이다."라는 가르침이었습니다.

결국 '열려라 참깨'도 누가 가르쳐 주는 것이 아니라 스스로 찾아야 하는 것입니다. 밖에서 보기에는 너무나 멋진 108층짜리 건물! 1층에 들어서면 그 휘황찬란한 인테리어, 각 층의 시설과 마치 자랑과도 같은 안내문이 부착되어 있습니다. 그러나 불행히도 1층에서 2층으로 가는 계단이 없는 것 같았습니다. 그 계단을 찾지 못해 고생하는 저와 같은 낮은 분들을 위해 정말 잘 알지도 못하는 주제에 2003년에 『심상사성 금강경』이라는 책을 쓰게 되었습니다.

이 이후에 제 삶은 제가 인식할 수 있을 정도로 많이 바뀌었습니다. 표면적으로는 매일같이 술 먹고, 골프 치러 다니고, 즐거운 일이나 조금 탁한 일이나 저를 불러주던 고등학교 동창들부터 사회에서 만난 친구, 그리고 회사동료들에 이르기까지 친구들이 저를 찾는 회수가 점점 줄어들어가고 있음을 느꼈습니다.

집에서도 회사에서도 제가 조금이라도 잘못을 하면, "금강경까지 썼다는 사람이⋯."라는 말을 해서, 정말이지 저를 옴짝달싹하지 못하게 만들었습니다. 그러다 보니 제 안의 내부에서도 무엇인 줄 모르는 변화가 일어나고, 주변 사람들이 제게 흔히 하던 말인, "너 전생에 스님이었나 보다."라는 말이 마냥 웃어넘길 수만은 없는 소리로 들렸습니다.

2000년 1월 1일, 참으로 눈이 많이 온 날이라고 기억됩니다. 아내와 함께 관악산 자락의 관음사라는 절에 갔는데, 몹시 추웠습니다. 그래서 부처님께 냉큼 3배를 올리고, 따뜻한 곳을 찾아 종무소(평소에는 종무소를 잘 가지 않았습니다. 자꾸 기도에 동참하라고 종용하셔서, 하자니 부담되고, 안 하자니 왠지 미안하고⋯. 그래서 기와불사 정도만 하는 수준이었습니다.)로 들어갔습니다. 세로로 긴 방이었는데 들어서자마자, 아랫목에 옹기종기 모여 앉아 계시던 보살님들 중 머리카락이 하얗게 세신 노보살님이 갑자기 저를 보며, "애고, 애고 애기아빠! 전생에는 공부 안 하고 여기저기 돌아다니시더니 이제사 공부하러 오셨소?" 하시는 것이었습니다.

몸 녹이러 들어갔다가 웬 뜬금없는 소리인가 싶어 당황하고 있는데, 옆에서 아내가 옆구리를 찌르면서 "옛날이나 지금이나 공부 안 하고 돌아다닌 것은 마찬가지였구나." 하면서 피식 웃는 것이었습니다. 그 다음은 잘 기억이 나지 않지만, 괜히 속을 다 들킨 것 같아서 냉큼 종무소를 나와 집으로 왔습니다.

그리고는 2001년 9·11테러로 주식시장이 급작스레 붕괴되고, 저도 관리 고객에게 큰 손실을 입히게 되어, 얼마나 당황스러웠는지 모릅니다. 어떻게 생각하면 천재지변이고, 어떻게 생각하면 제 잘못 같기도 하고, 저에게 항의하는 고객 분들에게 미안하기도 하고, 조금은 원망스럽

기도 하고 도무지 종잡을 수 없는 상황이 되었습니다.

그때, 문득 얼마 전 열반하신 법정 스님께서 2000년 12월에 미국 뉴욕의 불광사(지금은 불광선원)에서 법문하신 비디오를 2001년 초에 보았던 기억이 났습니다. 그때 법정 스님께서는 "지금 세계 최강국이라는 미국에서 한 달째 대통령을 정하지 못하고 있다. 이것은 앞으로 세상이 혼란스러워진다는 징조이다. 불교를 공부하시는 여러분은 이렇게 작은 것에서 큰 것을 읽어낼 줄 아는 지혜가 필요하다. 불교공부를 열심히 하면 그렇게 된다."라는 법문을 들었으면서도, 그 말씀을 마음에 새겨서 제 직업에 연결시키지 못하고 당한 제 자신이 너무나 한심하고 부끄러웠습니다.

그래서 그때부터 법정 스님, 청화 스님, 경봉 스님, 청담 스님, 성철 스님, 광덕 스님의 책들을 열심히 읽었습니다. 그리고 답답한 마음을 기도로 풀어보려고 일타 스님 책도 많이 보았습니다. 그렇지만 제가 변한 것은 하나도 없었습니다. 되려 9·11 테러 후유증으로 인한 후 폭풍으로 몰아치는 현실적인 문제가 저를 괴롭혔습니다. 저의 삶은 더욱 피폐해졌습니다. 골치 아픈 일들을 잊기 위해 술과 술친구들의 만남은 2002년까지 이어졌습니다.

2002년 2월 매일 새벽까지 술을 마시던 저는 정말 문득 '내가 왜 이러지, 뭐가 잘못되어도 엄청 잘못되고 있다'라는 느낌이 들었습니다. 그래서 그때부터 반야심경 사경을 시작했고, 2002년 금강경 사경, 천수경 사경 등을 틈틈이 하게 되었습니다. 그러다가 우연한 기회에 2003년 『심상사성 금강경』을 쓰게 되었습니다. 무식한 놈이 사고 친 것이었습니다.

그렇게 출간된 『심상사성 금강경』은 저의 모든 것을 바꾸기 시작했습니다. 가장 비 금강경적인 직업이라고 할 수 있는 증권회사 직원이 금강경 해설서를 썼다고 해서 신문에 대서특필 되더니, 전국의 수많은 분들과 인연을 맺게 되었습니다. 무술, 민간의학, 꽃꽂이, 기 전문가 그리고 IMF의 여파로 실업자가 거리에 넘쳐나던 시절이라 그런지 사업에 실패한 불자님, 그러한 아빠를 두신 보살님 등 당장 경제상황에 휘둘리는 많은 분들 그리고 불교에서 무엇인가를 구하는 분들을 헤아릴 수 없을 정도로 많이 만나게 되었습니다.

　2004년 초, 어느 날 한 스님이 전화를 주셨습니다. "책을 재미있게 보았는데 돈 벌려면 원각경을 읽어야지 금강경은 돈하고는 당장 관계가 없는데……."라고 하시는 것이었습니다. 그래서 당장 원각경을 사 보았습니다. 백용성 스님께서 번역한 책이었는데, 제게는 너무나 어려웠습니다. 그래서 1990년 대 초에 서울 잠실 불광사 연화부 소속 불자님들과 강화도 정수사에 지장재일마다 철야기도를 다니던 시절에 정수사 안내판에서 많이 보았던 조선시대 함허득통 스님이 설의를 붙인 『금강경오가해』와 『원각경주해』를 다시 공부하였습니다. 그리고 청담중학교 교장 선생님의 소개로 이제열 법사님을 뵙게 되었고 그분의 원각도도 공부하였습니다. 그렇게 몇 년을 공부해도 사실 '잘 모르겠다'라는 생각밖에 들지 않았습니다.

　그리고 2007년 불교 TV에서 '우승택의 투자 클리닉 유식30송'을 강의하고, 2009년에는 금강경을 강의하면서 점점 예전에는 모르던 것이 너무 많아 공부할 생각도 안 하다가 강의를 하려니 할 수 없이 공부를 더 하게 되고, 어느 정도 알게 되니 그제야 모르던 것에 대해 하나씩 궁금함이 생기고, 그 궁금함을 풀고 싶다는 마음이 들었습니다.

그리고 이번에 결국 두 번째 사고를 치기로 마음을 먹을 수밖에 없는 상황이 되었습니다. 불광출판사와 2008년 방송하였던 유식30송을 출간하기로 하였는데, 예전 강의를 다시 들어보니 너무 창피해서 도저히 손을 댈 수 없을 지경이었습니다. 그것은 『심상사성 금강경』 개정판을 지금껏 내지 못하는 것과 같은 상황으로, 어디서부터 어떻게 손을 대야 할지 엄두가 나지 않았습니다. '너무 잘하려 하지 말고, 당시 내가 알던 것은 그냥 그때의 상황으로 두자!'라는 생각에 저의 게으름을 대신하기로 하였습니다.

그래서 출판사의 동의로 집필하게 된 것이 이 원각경입니다. 이 책은 고려대장경을 저본으로 하였고, 한글 번역은 성철 큰스님의 상좌이신 원순 스님의 『한글 원각경(함허득통 해)』을 빌어 썼습니다. 흔쾌히 허락해 주신 스님께 마음 깊이 감사드립니다.

이 책은 사마천의 사기열전 중에 마지막 부분인 '화식열전(貨殖列傳)'을 강의하기 위해 준비한 책입니다. 사마천의 화식열전은 원문(The history of the rich who got Currency Increasing)을 직역하면 현금을 많이 증식시킨 부자들의 이야기입니다. 저는 인간 세상의 모든 먹고 사는 문제는 베틀의 씨줄과 같다고 생각합니다. 우리가 학교공부, 예절, 기타 전문지식도 다 공부해야 하듯이 씨줄을 잘 짜는 것은 참으로 중요합니다. 그러나 베틀의 씨줄은 날줄이 없으면, 그야말로 씨도 안 먹히는 것이 베틀의 원리이자 세상의 이치입니다. 그 날줄을 한자로 표시하면 경(經)이 됩니다. 그 경의 의미는 근간, 표준, 기준 등이 됩니다. 경전의 가르침은 이렇듯 심오한 의미를 담고 있습니다.

모든 것에는 어느 정도까지는 방법이 있고, 공식이 있습니다. 수학도 고등수학은 공식이 없지만 사람들이 생활 속에서 만날 수 있을 만한 거의 모든 수학문제는 공식과 절차로 다 풀립니다. 사람은 잘 못 풀어도 계산기와 컴퓨터가 다 해 주는 것은 방법과 공식과 절차가 있기 때문입니다. 그래서 저는 날줄을 세우기 위해서는 대승경전의 거의 유일한 수행서인 원각경을 통해서 저와 도반들에게 원리와 기준을 드리고 싶었고, 씨줄을 세우기 위해서는 2,500년 전에 쓰인, 그러나 우리 조상들에 의해서 엄청나게 미움을 받았던 사마천의 『사기』 중의 '화식열전'을 통해서 저와 주변분들과 독자님들께 돈을 벌고, 모으고, 만들고, 거두어들이는 기준으로 채택하였습니다. 그러므로 이 원각경은 여러분과 제가 인생의 베를 짜는 데 날줄을 세우시는 데 도움이 되는 경입니다.

이 책은 여러 모로 부족함이 많습니다. 성스러운 수행 경전의 뜻을 이해시킨답시고 속된 저의 경험을 담기도 했습니다. 부처님의 가르침을 현실의 삶에 회광반조(廻光反照)하시라는 의미에서 일부러 제 사적인 경험을 넣은 것이니 읽으시는 과정에서 잘못이 있더라도 양해를 바랍니다. 그리고 저는 경안(經眼)이 열린 것도 아니고, 불교에 대한 전문적인 지식도 그다지 많지 않습니다. 그저 살아가면서 삶이 힘들었고, 괴로웠고, 그리고 그것을 벗어나기 위해 경전과 불교를 공부한 것일 뿐입니다.

그러한 과정에서 많이 고통스러웠습니다. 스님들 법문을 듣고, 스님들 책을 보면, 깨닫기만 하면, 그 정도는 아니더라도 불교를 믿기만 하면, 어마어마한 세계가 열리고, 작금의 사소한 저의 문제 따위는 금방 해결될 것 같았습니다. 그런데 그 웅대하고 화려하고 어마어마한 108층 건물에서 출입구를 찾을 수 없어 이리 저리, 이 절 저 절, 이 책 저 책, 이 스님 저 스님 등 수도 없이 방황했습니다. 아무도 제게 출입구와 현관문의 위치를 가르쳐 주지 않았습니다.

그래서 저는 저처럼 길을 잃고 헤매시는 분들에게 부처님 세계로 들어가시는 문을 안내해 주고 열어주는 도어맨이 되기로 했습니다. 저를 통해서 부처님의 세계로 가십시오. 그러면 저보다 훨씬 더 훌륭하고 전문적이고 세세하고 밀밀한 수행과 공부를 하신 불교계의 선지식을 많이 만나실 수 있습니다

그 다음에는 선재동자 구도기의 선재동자처럼 53 선지식을 만나십시오. 새로운 세계가 열립니다. 지금과 전혀 다른 삶을 사실 수가 있습니다. 죽음도 무섭지 않습니다. 부처님처럼 당당해지십시오. 독자 여러분들이 건투를 빕니다.

끝으로 미륵보살의 게송을 드립니다.

나를 찾는 이들은 힘과 결의가 필요하네.
삶과 수행에서
그들은 희망과 격려가 필요하다네.
나는 그들에게 그것을 준다네.
더 완전한 세계가 있다는 것을 알면

그들은 이 세계를 더 완전하게 만들 수 있네
붓다와 보살들이 계신다는 것을 알면
그들은 더 완전한 깨어있는 의식을 위해
노력하게 된다네.
무엇인가 그들이 학수고대하고 있는 것이 있게 되면
그들을 과거의 잘못된 속박에서 벗어나게 할 수 있다네.
- 『영한대역 김영로의 행복수업』 제4편 중에서

시작은 할지라도 평생 달려가야만 할 머나먼 길, 멀기만 할 뿐 아니라 도착점도 없는 이 수행의 길에 들어오신 도반님들에게 이 책이 작은 도움이라도 되길 진정으로 발원합니다.

2010년 봄
우승택

차례:

머리말 _ 4

원각경 서 _ 15

제1 _ 문수보살장 … 18

제2 _ 보현보살장 … 37

제3 _ 보안보살장 … 57

제4 _ 금강장보살장 … 106

제5 _ 미륵보살장 … 129

제6 _ 청정혜보살장 … 155

제7 _ 위덕자재보살장 … 183

제8 _ 변음보살장 … 196

제9 _ 정제업장보살장 … 214

제10 _ 보각보살장 … 240

제11 _ 원각보살장 … 261

제12 _ 현선수보살장 … 281

원각경 서

신통대광명장에서 설하시다

이와 같이 내가 들었다. 어느 때 바가바(婆伽婆)께서 신통대광명장(神通大光明藏)의 삼매에 드니, 이 삼매는 일체여래가 빛으로 장엄하여 머무는 자리로서 모든 중생의 청정한 깨달음이었다. 신심(身心)이 적멸하고 평등한 본제(本際)로서 시방세계에 원만하고 불이(不二)에 수순하여 불이(不二)의 경계에서 모든 청정 국토를 드러내었다.

그 때 십만 명의 대보살이 함께 하였으니, 그 이름하여 문수사리보살, 보현보살, 보안보살, 금강장보살, 미륵보살, 청정혜보살, 위덕자재보살, 변음보살, 정제업장보살, 보각보살, 원각보살, 현선수보살 등이 상수(上首) 제자가 되었다. 이 십만의 보살과 그들의 권속 모두가 함께 삼매에 들어가 여래의 평등한 법회에 같이 머물렀다.

如是我聞. 一時, 婆伽婆入於神通大光明藏, 三昧正受, 一切如來光嚴住持, 是諸衆生淸淨覺地, 身心寂滅平等本際, 圓滿十方, 不二隨順, 於不二境, 現諸淨土, 與大菩薩摩訶薩十萬人俱其名曰 文殊師利菩薩, 普賢菩薩, 普眼菩薩, 金剛藏菩薩, 彌勒菩薩, 淸淨慧菩薩, 威德自在菩薩, 辯音菩薩, 淨諸業障菩薩, 普覺菩薩, 圓覺菩薩, 賢善首菩薩等, 而爲上首, 與諸眷屬, 皆入三昧, 同住如來平等法會.

여시아문. 일시, 바가바입어신통대광명장, 삼매정수, 일체여래광엄주지, 시제중생청정각지, 신심적멸평등본제, 원만시방, 불이수순, 어불이경, 현제정토, 여대보살마하살십만인구기명왈 문수사리보살, 보현보살, 보안보살, 금강장보살, 미륵보살, 청정혜보살, 위덕자재보살, 변음보살, 정제업장보살, 보각보살, 원각보살, 현선수보살 등 이위상수, 여제권속, 개입삼매, 동주여래평등법회.

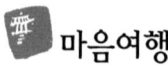 마음여행

부처님께서 기수급고독원에서 설하시는 것이 아닙니다. 원각경을 설하시는 장소가 신통대광명장이라는 삼매자리입니다. 그러니 부처님께서 원각경을 설하시는 것이 누가 본 것이 아니라, 누가 들은 것이 아니라, 우리들 마음에도 있다는 그 불성자리에서 부처님이 혼자 물으시고, 혼자 답하시는 것입니다.

우리도 자문자답을 합니다. 이 원각경은 부처님께서 '어떻게 하면 저 맨땅 중생들을 깨닫게 할까?' 하고 고민하시다가, 그 고민의 삼매, 자비의 삼매 속에서 자문자답하시는 것입니다.

　여기에 등장하는 10만 보살과 부처님께 질문하는 12보살도 우리의 마음속에 있는 보살들입니다, 우리 마음속에도 10만 이상의 이상한 것들이 있습니다. 도무지 나라고 믿을 수 없는 것, 도무지 나라고 생각되어지지 않는 아주 기특한 것들 말입니다. 그 중에서도 가정에서는 아빠, 엄마, 자식이라는 입장, 회사에서는 과장, 차장, 집에서는 주부라는 것, 나보다 못난 사람에게는 잘난 체하고, 나보다 잘난 사람에게는 기가 죽고, 부자가 되고 싶고, 남을 도와주고 싶어 하는 것, 남을 시샘하는 것 등등 여러 가지가 있습니다.

　그러나 원각경에는 평소 중생을 위해서 고민하는 12명의 '뛰어난 보살'이 대표 질문자로 등장해서 우리를 위해, 우리가 어떻게 수행해야 할지에 대해 부처님께 여쭈어줍니다. 질문도 알아야 할 수 있는 것입니다. 무식한 중생들은 제대로 질문도 하지 못하기 때문에 12보살이 대신 여쭙는 것입니다. 수행은 무명(無明)을 떨쳐내어 불교의 대표적인 가르침인 무아(無我)와 연기(緣起)의 이치를 찾아가는 마음의 여행입니다. 『서유기』가 삼장 법사의 마음 여행이듯이 말입니다.

　이제부터 저와 함께 『대방광원각수다라요의경』, 크고 반듯하고 넓고 원만한 깨달음을 담은 경전 중의 경전인 원각경을 읽으면서 마음의 여행을 떠나보시기 바랍니다.

제1 문수보살장

부처님의 원각자리를 찾아서

이때에 문수보살이 대중 가운데서 일어나 부처님의 발에 이마를 조아려 예배하고, 존경의 표시로서 우측으로 세 번 돌며, 두 무릎을 땅에 대고 두 손을 모으면서 부처님께 사뢰었다.

於是文殊師利菩薩, 在大衆中, 卽從座起, 頂禮佛足, 右遶三匝, 長跪叉手, 而白佛言.
어시문수사리보살, 재대중중, 즉종좌기, 정례불족, 우요삼잡, 장궤차수, 이백불언.

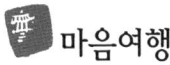 마음여행

장궤차수라는 말은 성철 스님께서 '아비라' 주문을 하실 적에 불자들에게 권하신 자세로 무릎을 땅에 대고(長跪), 손을 X자로 맞잡는다(叉手)는 뜻입니다. 양 손바닥을 마주 대는 합장과 차수는 다릅니다.

수행방법과 번뇌의 차단을 묻다

"크게 자비로우신 세존이시여, 바라옵건대 이 법회에 모인 대중들을 위하여, 여래의 본래 자리에서 일으킨 청정한 인지법행(因地法行)을 설해 주시고, 나아가 보살이 저 대승 가운데 청정한 마음을 발하여 모든 병통을 멀리 벗어나게 설하시어, 오는 세상의 말세중생이 대승을 구하여 사견(邪見)에 떨어지지 않게 하옵소서." 이 말을 마치고서 오체투지하며, 이와 같이 거듭 세 번 청함으로 부처님의 가르침을 간청하였다.

大悲世尊, 願爲此會諸來法衆, 說於如來本起淸淨因地法行, 及說菩薩於大乘中, 發淸淨心, 遠離諸病, 能使未來末世衆生求大乘者, 不墮邪見. 作是語已, 五體投地, 如是三請, 終而復始.
「대비세존, 원위차회제래법중, 설어여래본기청정인지법행, 급설보살어대승중, 발청정심, 원리제병, 능사미래말세중생구대승자, 불타사견.」 작시어이, 오체투지, 여시삼청, 종이부시.

 마음여행

　원각경은 대승경전에서 능엄경과 같이 거의 유일하게 수행체계에 대해서 설하신 경전입니다. 달마 대사가 동굴에서 9년 동안 면벽 수행하셨다고 하는데 도대체 무슨 수행을 하신 것인지, 성철 스님이 장좌불와하시면서 어떤 어려움과 마장이 있었는지 대부분의 사람들은 모릅니다. 그런데 역시 우리의 문수보살님이십니다. 여래께서 어떻게 수행하셨기에 지금과 같은 부처님이 되셨는지, 그 원인이 되는 행동이 무엇이냐고 그 인지법행에 대해 물으십니다. 석가모니 부처님이 되신 것은 과지법행이겠지요.

　공부하다 보면 그릇된 길로 잘못 들어 사견(邪見)에 빠진 수행자들을 많이 봅니다. 부산 간다고 하면서 서울역에서 아무 기차나 집어타고 열심히 간다고 부산에 갈 수 있나요? 중간에 천안쯤 내려서는 거기가 부산이라고 착각하고, 호남선 잘못 잡아타고 목포에 가서는 부산이라고 착각합니다. 혹은 자기도 그곳이 부산은 아닌 것 같지만, 도무지 애프터서비스가 안 되는 이 수행의 세계에서 먹고 살자니 할 수 없이 자기는 부산을 갔다가 중생구제하기 위해서 다시 이곳에 온 것이라며 혹세무민하는 분도 많은 것이 이 사바세계인 것입니다. 그런데 문수보살은 우리 같은 말세중생이 모든 그릇된 병을 여의고, 정견에 들게 하려고 부처님의 수행방법을 여쭤주시니 얼마나 고마운 일인지 모릅니다.

부처님의 답변

그때에 세존께서 문수사리보살에게 말씀하셨다.
"착하고 착하도다. 선남자여, 너희들이 모든 보살을 위하여 여래의 인지법행(因地法行)을 물어, 말세의 일체중생들로 하여금 대승을 구하여 바르게 그 자리에 머물러 사견(邪見)에 떨어지지 않게 하는구나. 너희들은 이제 자세히 들어라. 마땅히 너희들을 위하여 법을 설하리라."
그러자 문수사리보살이 부처님의 가르침을 받들어 환희하고, 모든 대중과 함께 기쁜 마음으로 묵연히 부처님의 말씀에 귀를 기울였다.

爾時, 世尊告 文殊師利菩薩言:「善哉, 善哉! 善男子, 汝等乃能爲諸菩薩, 諮詢如來因地法行, 及爲末世 一切衆生 求大乘者 得正住持 不墮邪見. 汝今諦聽. 當爲汝說.」時, 文殊師利菩薩 奉敎歡喜, 及諸大衆 默然而聽.

이시, 세존고 문수사리보살언:「선재, 선재! 선남자, 여등내능위제보살 자순여래인지법행, 급위말세 일체중생 구대승자 득정주지 불타사견. 여금제청. 당위여설.」시, 문수사리보살 봉교환희, 급제대중 묵연이청.

 마음여행

정득주지라는 말이 눈에 뜨이시나요? 마음에 와 닿나요? 우리는 절

에 가서 주지스님을 뵙고도 왜 주지스님이라고 부르는 줄 모릅니다. 오래 절에 다녔다는 불자들 중에서도 불·법·승 삼보에 귀의하는 이유도 잘 모르는 분들도 있는 상황이니 정말 부지런히 가르치고 공부해야 합니다. 부처님의 법을 담는 그릇 혹은 부처님의 법이 머무는 곳이 절입니다. 절에 머물러 법을 지킨다 하여 주지라고 합니다. 주지스님은 인사권이나 사찰경제를 쥐고 계신 분이 아닙니다. 그 절에서 공부를 제일 잘 하시는 분, 부처님 법을 지니고 잘 널리 전하는 분이 진짜 주지스님입니다.

만약 여러분이나 제가 아는 스님이 법을 바르게 주지하지 못하고 사견에 떨어지신 분이라면 그것이야말로 큰일입니다. 금강경의 운하응주 운하항복기심과 같은 의미이고, 답을 미리 말씀 드리면 약심유주(若心有住) 즉위비주(卽爲非住), 마음이 어디에든지 머무른다면, 그것은 잘못된 머무름이라는 금강경의 가르침과 동일한 것입니다.

원각의 경지와 성불 - 영단무명(永斷無明), 방성불도(方成佛道)

"선남자여, 무상법왕(無上法王)은 대다라니문(大陀羅尼門)이 있어 원각(圓覺)이라 하니, 일체의 청정한 진여와 보리와 열반 및 바라밀이 여기에서 흘러나와 보살을 가르치게 된다. 일체 여래가 본래의 자리에서 인지법행(因地法行)을 일으킴은, 모두 원조(圓照)의 청정한 깨달음으로써 무명을 영원히 끊어야만 불도(佛道)를 이룬다는 것이었다.

「善男子, 無上法王 有大陀羅尼門 名爲圓覺, 流出一切淸淨 眞如菩提 涅槃及波羅蜜, 敎授菩薩. 一切如來 本起因地, 皆依圓照 淸淨覺相 永斷無明 方成佛道.
「선남자, 무상법왕 유대다라니문 명위원각, 유출일체청정 진여보리 열반급바라밀, 교수보살. 일체여래 본기인지, 개의원조 청정각상 영단무명 방성불도.

마음여행

우리의 마음에도 원각(圓覺)이 있습니다. 그런데 우리의 원각에서는 하루에도 수도 없이 번뇌와 망상과 사랑과 미움과 탐·진·치라는 오물이 너무 많이 흘러나옵니다. 그 물은 4급수 혹은 5급수 이하의 더러운 물입니다. 사실은 진여와 보리와 열반과 바라밀도 오물과 마찬가지로 우리들에게 흘리 들어오는데, 우리에게는 폐수처리 징치도 없고, 우리 자체가 폐수에 오염이 되어, 한마디로 오물이 너무 많아서 진여, 보리, 열반, 바라밀 등 그 맑은 기운을 잊어버린 지 오래입니다

커피 물도 맑은 물에 커피를 타서 커피 물이고, 맑았던 청계천 물도 사람들이 오물을 버려 더러운 물이 되었다가 다시금 오물을 걸러내어 맑은 물이 된 것처럼, 우리도 번뇌와 망상을 걷어내면 진여, 보리, 열반, 바라밀이 우리에게로 흘러 들어와 우리 모두 산소 같은 여자, 산소 같은 남자가 될 것입니다. 맑은 물에는 무엇이든 맑게 비출 수 있어서 세상사의 지혜가 맑게 드러나 보이기 마련입니다.

무명(無明)이란?

무엇을 무명이라 하는가? 선남자여, 모든 중생의 무시이래 온갖 잘못은, 미혹한 사람이 동서남북을 바꾸어 생각하듯, 사대(四大)를 자신의 몸으로 삼고 육진(六塵) 경계에 반연한 그림자를 자기의 마음으로 잘못 아는 것이다. 비유하면 눈에 병이 나서 허공의 꽃을 보거나 환영으로 나타나는 달을 보는 것과 같다.

云何無明? 善男子, 一切衆生 從無始來 種種顚倒, 猶如迷人 四方易處, 妄認四大 爲自身相 六塵緣影 爲自心相. 譬彼病目 見空中花及第二月.
운하무명? 선남자, 일체중생 종무시래 종종전도, 유여미인 사방역처, 망인사대 위자신상 육진연영 위자심상. 비피병목 견공중화급제이월.

🎵 마음여행

저는 솔직히 이 부분을 이해하는데, '아! 그럴 수 있겠구나!' 하는 데 7년이 걸렸습니다. 몸도 내 것이고, 마음도 내 것인 줄 알았는데, 이 몸뚱이도 내 것이 아니고, 마음도 내 것이 아니라는 것입니다. 몸뚱이도 내 것이 아니므로 죽을 때 가져가지 못하고, 내가 원하지도 않은 번뇌가 수시로 쳐들어오는 이 마음도 내 마음이라고 하는 것 자체가 착각이라는 것입니다.

그러면 내 마음은 무엇인가? 부처님은 안·이·비·설·신·의 6개의 문으로 접촉하는 색·성·향·미·촉·법의 6경계가 만든 생각의 찌꺼기! 그리고 그 찌꺼기의 그림자를 우리가 우리 마음이라고 착각하면서 산다고 분명히 말씀하셨습니다.

원각경에서 부처님의 이 말씀, 이 구절만 이해한다 해도 큰 축복입니다. 부처님께서 가르쳐 주신 말씀을 받아들이는 사람이야말로 세상에서 가장 복이 많은 행운아입니다.

개조명운(改造命運) 심상사성(心想事成)이라! 자신의 운명을 개조해서, 자신의 생각대로 이루어 갈 수 있다 하였습니다. 자기가 하고 싶은 역할을 정해서 이 사바세계를 무대로 한바탕 연극 잘 하고 가는 이치가 바로 망인사대(妄認四大) 위자신상(爲自身相)에 담겨 있습니다. 사대를 망령되이 오인해서 자신의 몸이라고 하고, 육진연영(六塵緣影) 위자심상(爲自心相), 육신의 그림자를 자신의 마음이라고 하기 때문에 기뻐하고 슬퍼하고 괴로워하는 것이지, 몸과 마음이 그림자라는 것만 안다면, 연극 무대에서 잠시 잠깐 맡는 배역이라는 것만 안다면 세상 살아가는 맛의 차원이 다릅니다. 정말 멋지게 살 수 있습니다. 더 이상 마음의 장난에 놀아나지 않고, 희로애락에 허송세월하지 않고 살아갈 수 있습니다.

왜냐하면 고정된 나라는 것에 집착하지 않기에 자신의 배역을 마음대로 바꾸는 것이 가능하게 됩니다. 고정된 모양이 없는 부드러운 물이 만 리를 갈 수 있는 것과 마찬가지 이치입니다. 수행을 한다는 것은 부드러워진다는 것입니다. 간혹 수행자들 가운데 완고해 보이는 분들도 계신데, 이분들은 수행이 무르익기 전입니다. 수행이 깊어지면 물처럼 바다처럼 됩니다. 무엇이든 다 이해할 수 있고 받아들일 수 있습니다. 그 말은 곧 무엇이든 될 수 있고 할 수 있다는 말입니다.

제가 평소에 수행하면 성공할 수 있다고 큰 소리를 치는 것이 바로 그 점에 있습니다. 모든 이의 마음을 이해하고 받아들일 수 있는 사람은 지혜와 자비심 덕분에 무슨 일을 하든지 잘 할 수 있습니다. 큰스님들께서 마음공부 잘 하면 잘 살 수 있다는 말이 그냥 불자들에게 위안을 주기 위해 하시는 말씀이 아닙니다. 마음공부를 통해 세상을 보는 안목이 열리니 어리석은 짓을 하지 않습니다. 세상 모든 것이 인연법으로 이루어진 것을 알면 쓸데없이 물질을 낭비하지도 않고, 욕심에 헐떡이지도 않습니다. 마음공부를 통해 활기차고 영원한 행복을 누리며 살아간 선배 수행자들의 예는 일일이 열거하기 힘들 정도로 많습니다.

공화 - 허공에 나타난 꽃

선남자여, 허공에 실제 꽃이 없는데도 환자들은 있다고 허망하게 집착하니, 이 집착으로 허공의 자성(自性)에 미혹할 뿐만 아니라, 또한 다시 진실로 꽃이 생겨나는 곳도 미혹하게 된다. 이로 말미암아 윤회하는 생사가 허망하게 있게 되니, 이를 일러 '무명(無明)'이라 한다.

善男子, 空實無花 病者妄執, 由妄執故 非唯惑此 虛空自性, 亦復迷彼實花生處. 由此妄有 輪轉生死, 故名無明.

선남자, 공실무화 병자망집, 유망집고, 비유혹차 허공자성, 역부미 피 실화생처. 유차망유 윤전생사, 고명무명.

 마음여행

우리는 늘 있다, 없다에 갇혀 삽니다. 그런데 알고 보면 있다, 없다가 다 공허한 것입니다. 이렇게 보면 있지만 저렇게 보면 없는 경우가 너무 많습니다. 허공 꽃도 마찬가지입니다. 우리는 기침을 크게 할 때 별이 번뜩여서 있다고 생각합니다. 그런데 별을 찾아보면 찾을 수가 없습니다. 이미 그 별이 사라져 없어졌습니다. 또한 책상 모서리나 술에 취해 전봇대에 갑자기 부딪혔을 때를 생각해 보십시오. 별이 번쩍 나타났다 지나가는 것 같은 느낌을 받았을 것입니다. 잠깐 동안이지만 마치 반짝이는 별이 진짜로 있다는 생각이 들 정도입니다. 그리고 눈에 다래끼가 났을 때도 마찬가지입니다. 세상이 다르게 보입니다. 사우나탕에서 냉탕·온탕을 심하게 하면 벽이 빙빙 도는 것 같습니다. 벽에 걸린 시계가 두세 개로 보일 때도 있습니다.

우리가 그런 일을 당하면, 옆의 사람은 전혀 모릅니다. 하지만 본인은 정말 별이 눈앞에 나타나고, 벽에 걸린 시계가 두세 개로 보입니다. 실제로 빙빙 돌아 잘못하면 목욕탕 바닥에 나동그라져 머리를 심하게 부딪쳐 저 세상으로 갈 수도 있습니다. 그렇지만 옆 사람은 심지어 부인, 남편은 물론이고 친한 사람이 옆에 아무리 많아도, "어? 저 사람 왜

저러지?"라고 할 뿐 그가 느끼는 고통은 못 느낍니다. 분명히 객관적으로는 없는 일인데, 주관적으로는 있는 일입니다. 똑같은 상황에서도 어떤 사람은 어지럽고 또 다른 사람은 멀쩡합니다. 각자 건강에 따라 아무렇지 않기도 하고, 어지럽기도 하고, 죽기도 하는 것입니다.

우리의 삶이 그렇습니다. 그 이유는 다름 아닌 무명입니다. 무명이라는 것은 '밝지 못하다' 입니다. 무명이 발생하지 못하게 하려면, 무명이라는 것을 찾아야 합니다. 무명이라는 것을 찾아가는 여행이 바로 수행이고, 수행의 지침서가 바로 원각경입니다. 우리 여행의 끝은 무명의 정체가 드러나서 밝고 밝은 해탈의 경지라고 할 수 있습니다.

실체가 없는 무명(無明)

선남자여, 이 무명이란 실제 어떤 바탕이 있는 것이 아니니, 꿈을 꾸는 사람이 꿈에 사물들이 없었던 것이 아니지만 꿈을 깨니 아무 것도 없음을 아는 것과 같다. 이는 마치 많은 허공의 꽃들이 허공에서 없어지나 반드시 없어지는 곳이 있다고 말할 수 없는 것과 같다. 왜냐하면 본디 생겨나는 곳이 없기 때문이다. 모든 중생도 생멸이 없는 데서 생멸을 허망하게 보니, 이 때문에 이를 일러 '생사에서 윤회한다.'라고 말한다.

善男子, 此無明者, 非實有體, 如夢中, 人夢時, 非無及至於醒了, 無所得, 如衆空花, 滅於虛空, 不可說言, 有定滅處. 何以故? 無生處故, 一

切衆生 於無生中, 妄見生滅. 是故說名 輪轉生死.

선남자, 차무명자, 비실유체, 여몽중, 인몽시, 비무급지어성료, 무소득, 여중공화, 멸어허공, 불가설언, 유정멸처. 하이고? 무생처고, 일체중생 어무생중, 망견생멸. 시고설명 윤전생사.

마음여행

무명(無明)이란 무엇입니까? 스님들 법문에 자주 나오는 아공(我空), 법공(法空)에서 무명의 실마리를 찾을 수 있습니다. 아공, 아(我)가 공하다는 말은 무아(無我)를 뜻하는 것입니다. 우리가 애지중지하는 나(我)는 지·수·화·풍(地水火風) 사대가 화합하여 일시적으로, 인연의 가합(假合)으로 이루어진 것입니다. 법공, 법이 공하다는 것은 우리가 인식하는 대상세계 모든 것이 공하다는 것입니다. 법은 사람들의 마음의 조건이 화합하여 생각으로 나타난 것을 통칭하는 말입니다. 대상세계, 물질세계, 혹은 기세간 등을 다 법이라고 할 수 있습니다. 그런데 법도 중생들의 마음이라는 달마 대사의 말처럼 역시 공하다는 것입니다. 그럼에도 불구하고 우리는 나도 존재하고, 세상도 존재한다고 믿고 착각하며 살고 있습니다. 바로 그것이 근본무명입니다. '공'이라는 것은 '조건으로 있는 것'이며 불변의 실체는 '없다'는 것입니다.

그런데 간혹 이 근본무명을 인정하지 않는 분들이 있습니다. 불교의 가르침을 부처님이 그냥 사람들 착하게 살라고 지어낸 이야기라고 하는 분들에게 물어보겠습니다. 우리가 사는 지구는 자전과 공전을 합니다.

생각해 보면, 우리는 지구라는 별에서 살 수가 없습니다. 지구라는 별은 시속 10만㎞라는 엄청난 속도로 총알보다 8배나 빠르게 태양을 돌고 있고(空轉), 지구의 자전(自轉)도 시속 1,200㎞라는 엄청난 속도로 돌고 있습니다. 그런데 우리는 왜 어지럽지 않은 것일까요?

인간의 몸에 있는 핏줄의 길이는 지구의 2배 반이라고 합니다. 우리의 작은 심장에서 뿜어내는 피가 지구 2바퀴 반을 돌아가며 우리의 몸을 지탱하고 있습니다. 그런데 우리는 왜 어지럽지 않을까요? 이렇듯이 부처님께서 우리의 무명이라는 것은 어떤 형태도 없고 생각으로도 알 수 없다고 말씀하신 것입니다. 그러니 우리가 어찌 부처님 말씀에 귀 기울이지 않을 수 있겠습니까?

생사, 삶과 죽음이라는 말을 자주 씁니다. 태어난 날은 생일이라서 잔치하고, 죽은 날은 제삿날이라서 슬퍼하는 것이 맞기는 맞는 것일까요? 부처님께서는 생멸(生滅)이 없다고 하셨습니다. 단지 우리가 그렇게 생각하는 것이라고 하셨습니다. 우리는 태어나지도 않았고, 죽지도 않습니다. 단지 이번 무대에서 지금의 몸을 가지고 이번에 맡은 역할을 하는 것입니다. 이 역할을 마치면 다음 역할을 하는 것이고, 자기 힘으로 이번 생의 역할을 바꿀 수도 있습니다. 팔자대로 산다는 말을 많이 듣는데, 팔자대로 사는 사람은 전생에 자기 역할, 자기 몸에 익은 습대로 사는 것입니다. 이생에 열심히 노력하면 팔자를 고쳐서 자기 역할을 바꾸어 살 수 있습니다. 우리가 불교를 공부하고 수행을 하는 것은 이왕이면 하고 싶은 역할을 하면서 신나게 살다 갈 수 있는 힘을 기르는 것이라고 할 수 있습니다.

없는 줄 알면 있는 것은 진짜가 아니다

선남자여, 여래의 인지(因地)에서 원각을 닦는 자는 허공의 꽃인 줄 아니, 그에게는 윤회가 없고 또한 신심(身心)도 없다. 생사를 받는 일은 만든 것이 아니기 때문에 없는 것으로, 본래의 성품이 없기 때문이다.

善男子, 如來因地 修圓覺者 知是空花 卽無輪轉 亦無身心. 受彼生死, 非作故無 本性無故.
선남자, 여래인지 수원각자 지시공화 즉무륜전 역무신심. 수피생사 비작고무 본성무고.

마음여행

그런데 왜 윤회를 하느냐구요? "불교에서는 무아(無我)라고 하면서 어떻게 윤회하냐?"라는 질문을 하는 분들이 많습니다. 『무아와 윤회』라는 단행본도 있고, 언젠가 세미나까지 열릴 정도로 무아와 윤회를 혼동하는 분들이 있습니다.

부처님께서는 확실하게 말씀해 주셨습니다. 우리의 삶이 허공 꽃(空華)인 줄 알면 윤회를 안 하는데 모르기 때문에 윤회를 한다는 것입니다. 우리의 마음이라는 놈(우리가 알고 있는 마음), 이 놈이 물질을 엄청나게 그리워하기에, 지금 이 몸을 버리면 다시 어떤 껍데기든 뒤집어쓴다는 것입니다. 그 껍데기마저 뒤집어쓰지 못하면, 소위 중음신으로 귀신이 되어 떠돌기도 하고, 돼지의 태에도 들어가고, 벌레의 태에도 들어가고, 그것도 안 되면 나무나 풀에 붙기라도 한다는 것입니다. 우리가 아는 귀신 이야기가 부처님 법에는 이치로 다 설명되어 있습니다. 부처님께서 가르쳐 주신 우리의 본성을 모르므로 윤회하고 윤전하는 것입니다. 무아인데도 말입니다.

원각은 아무 것도 분별하지 않는다

이 내용을 알고 깨닫는 것도 오히려 허공과 같으며, 이 허공을 아는 것도 곧 허공의 꽃 모습과 같으나, 또한 알고 깨닫는 그 성품이 없다고는 말할 수 없다. 유무(有無)의 견해를 다 버려야만 이를 '청정한 깨달음에 수순(隨順)한다'라고 이름하는 것이다.

彼知覺者 猶如虛空, 知虛空者 卽空花相, 亦不可說 無知覺性. 有無俱遣, 是則名爲 正覺隨順.
피지각자 유여허공, 지허공자 즉공화상, 역불가설 무지각성. 유무구견 시즉명위 정각수순.

 마음여행

우리가 근본무명으로 착각하고 있는 것임을 분명히 안다면 그 자체

로 바른 깨달음인 정각에 수순한다고 하십니다. 절이든 스님이든 무엇이든지 있다고 가르치는 것은 과보에 따른 공덕이 있거나, 불보살님들의 가피와 감응은 있을지라도 지혜를 만들어 주지는 않습니다.

부처님은 우리에게 삼학(계·정·혜)을 가르쳐 주셨습니다. 우리는 본래 무아이고, 이 법계는 모든 것이 연기(緣起)로 일어난다는 것을 알면, 계를 지키고(몸과 마음을 함부로 방치하지 말고), 정학을 닦아(좌선, 염불 등의 수행) 정학이 그 극에 이르러 모든 번뇌 망상이 사라져 버리면 그제야 혜력이 생기고 법력도 생긴다는 것이 원각경의 가르침입니다.

그러니 자꾸 있다고 구하려 하지 말고, 없다고 알고 구하려고 하지 않으면, 그 궁극에 가서 구할 일은 구하고, 구하지 않을 일은 구하지 않아도 얻는 도리를 아는 무심도인이 되는 것입니다.

원각은 본래 청정하다

왜냐하면 허공의 성품이기 때문이며 항상 부동(不動)하기 때문이다. 여래장(如來藏) 가운데는 일어나고 멸하는 것이 없으며 지견(知見)이 없기 때문이다. 이는 법계의 성품이 구경에 원만하여 시방세계에 두루한 것과 같으니, 이를 인지법행(因地法行)이라 한다. 보살은 이것으로 대승 가운데 청정한 마음을 발하고, 말세의 중생은 이를 의지해 수행하여 삿된 견해에 떨어지지 않는 것이다.

何以故 虛空性故 常不動故. 如來藏中 無起滅故, 無知見故. 如法界性, 究竟圓滿, 遍十方故, 是則名爲 因地法行. 菩薩因此 於大乘中 發淸淨心, 末世衆生 依此修行 不墮邪見.」

하이고 허공성고 상부동고. 여래장중 무기멸고, 무지견고. 여법계성 구경원만 변시방고, 시즉명위 인지법행. 보살인차 어대승중 발청정심, 말세중생 의차수행 불타사견.」

마음여행

어떻게 그렇게 저절로 되는지 궁금하실 것입니다. 그것은 법계의 성품이 원래 그러하기 때문입니다. 법계를 굳이 말로 하고 알아듣기 쉽게 하는 것이 허공입니다. 법계는 요동하지 않습니다. 단지 인연 따라 나투는 것입니다. 법성게의 불수자성수연성(不守自性隨緣成)의 도리입니다. 원각은 그 성품이 요동치 않으며, 여래장 중에 있지만 생멸이 없으며, 그러기에 자성을 지키지 않고 인연 따라 나툰다는 것입니다. 이것을 알고 수행하신 것이 부처님께서 부처가 되신 원인이며, 그것이 인지법행입니다.

보살들은 이것을 알고 있으면서도, 일부러 열반에 들지 않고, 중생들과 인연을 만들어 중생들의 일에 개입하여 우리들을 깨달음의 세계로 끌고 가시는 분들입니다. 보살들은 서양의 신처럼 하늘나라에 옹기종기 모여서, '아, 저 녀석 참 착하다' 하고 우리를 도와주는 것이 아니라, 중생의 일에 개입하고 끼어들어 중생들을 가르치고 싶어 하십니다. 그것이 사섭법 중에 동사섭(同事攝)입니다. 없는 줄 알면서도 대승의 마음을 내어 청정심을 내시는 분들이 보살입니다. 또 우리 같은 맨땅 중생들이 그것을 따라 해야 사견에 떨어지지 않고 수행을 잘 하여 원하는 바를 다 성취한다고 말씀하십니다. 아무리 생각해도 세상에 부처님처럼 멋진 성인이 없는 것 같습니다.

그때에 세존께서 거듭 이 뜻을 펴시고자 하여 게송으로 다음과 같이 말씀하셨다.

爾時, 世尊 欲重宣此義, 而說偈言:
이시, 세존 욕중선차의, 이설게언:

文殊汝當知	문수여당지	문수여, 마땅히 알아야 한다.
一切諸如來	일체제여래	시방세계 일체 모든 부처님들은
從於本因地	종어본인지	깨달음의 수행처 본 자리에서
皆以智慧覺	개이지혜각	모두 다 지혜로써 깨달음 얻어
了達於無明	요달어무명	무명의 본 모습을 알았느니라.
知彼如空華	지피여공화	허공의 꽃 그 실체 알게 되면
卽能免流轉	즉능면유전	생사의 흐름에서 벗어나리니
又如夢中人	우여몽중인	이는 마치 꿈속에 있던 사람이
醒時不可得	성시불가득	꿈을 깨면 꿈속의 일 사라지듯이

覺者如虛空	각자여허공	비유하면 깨달음은 허공과 같아
平等不動轉	평등부동전	평등하여 움직임이 있지 않다네.
覺遍十方界	각변시방계	이 깨달음 시방세계 두루하다면
卽得成佛道	즉득성불도	그 자리서 불도(佛道)를 이룰 수 있네.
衆幻滅無處	중환멸무처	허깨비들 사라져서 없는 곳에는
成道亦無得	성도역무득	도(道) 이룰 그 자체도 얻을 수 없네.
本性圓滿故	본성원만고	그 자리의 본래 성품 원만하므로
菩薩於此中	보살어차중	보살은 원만한 이 가운데서
能發菩提心	능발보리심	깨달음의 마음을 낼 수 있으며
末世諸衆生	말세제중생	말세의 모든 중생
修此免邪見	수차면사견	이를 닦으면 삿된 견해 떨어짐 면하게 되네.

제2 보현보살장

보현보살의 수행에 대한 질문

이때에 보현보살이 대중 가운데서 일어나 부처님의 발에 이마를 조아려 예배하고 존경의 표시로 우측으로 세 번 돌며 두 무릎을 땅에 대고 두 손을 모으면서 부처님께 사뢰었다.

於是 普賢菩薩 在大衆中 卽從座起 頂禮佛足, 右遶三匝, 長跪叉手, 而白佛言:
어시 보현보살 재대중중 즉종좌기 정례불족, 우요삼잡, 장궤차수, 이백불언:

 마음여행

　절에 가면 여러 보살상을 만날 수 있는데, 그 가운데 사자를 타고 계신 분이 문수보살이시고, 코끼리를 타고 계신 분이 보현보살이십니다. 대웅전에 석가모니 부처님을 주불로 모시고 협시보살로 지혜의 문수보살과 행원의 보현보살을 모십니다. 보현보살은 산스크리트어로 '사만타바드라(samantabhadra)'입니다. '사만타'는 '완전한' '보편(普遍)'으로 옮기고, '바드라'는 '좋은', '어짊', '아름다움' 등의 뜻을 가진 현(賢)·선(善)·묘(妙) 등으로 옮깁니다. 이름 그대로 풀이해서 본다면, 보현보살은 가장 어질고 아름다우며 널리 중생을 완벽하게 구제하는 보살입니다. 문수보살이 지혜(智慧)를 상징한다면 보현보살은 자비행(行)의 실천을 상징하는 보살입니다. 보현보살은 여섯 개의 상아를 지닌 흰 코끼리를 타고 모든 장소에 몸을 나투어 청량한 빛으로 두루 두루 모든 중생들을 다 지혜롭게 이끌어주고 계십니다. 화엄경 입법계품에서 선재동자가 53선지식 중에 가장 마지막으로 만나서 성불하는 보살님이 바로 보현보살이십니다. 여기서 상징하는 바가 큽니다. 진리의 완성, 깨달음의 완성은 행원의 실천이라는 것을 암시하는 것입니다.

　그래서 예부터 화엄경 보현행원품은 금강경, 반야심경, 천수경, 법화경 관세음보살품, 원각경 보안보살장 등과 아울러 우리나라 불자님들이 가장 좋아하는 경전 중의 하나로 자리매김해 왔습니다. 보현행원품의 주인공이라 할 수 있는 보현보살, 부처님께서 가장 먼저 설하신 화엄경에서 이미 말씀해 주셨듯이 원각경에서도 거듭 강조하십니다. 원각경 보현보살장에서는 보현보살이 우리 같은 맨땅 중생들을 지극정성으로 이끌어주시는 내용이 나옵니다. 특히 보현보살장에는 원각경의 핵심용어인 지환즉리(知幻卽離) 이환즉각(離幻卽覺)이 나와 단박에 깨달음으로 인도하고 있습니다.

원각의 청정경계를 어떻게 수행합니까?

"크게 자비로우신 세존이시여, 바라옵건대 이 법회에 참여한 보살과 말세의 일체중생들이 대승(大乘)을 닦게 하기 위해서는, 이 원각의 청정한 경계를 듣고서 어떻게 수행해야 하는 것입니까?

「大悲 世尊, 願爲此會 諸菩薩衆 及爲末世 一切衆生 修大乘者, 聞此 圓覺 淸淨境界 云何修行?」
「대비 세존, 원위차회 제보살중 급위말세 일체중생 수대승자, 문차 원각 청정경계 운하수행?」

 마음여행

앞에서 부처님과 문수보살과의 문답에서 우리도 원래 원각 묘심을 가지고 있는데, 뒤통수를 한 방 맞은 사람이 자기 눈앞에 빙빙 도는 별이나 허공 꽃을 진짜라고 생각하듯이, 그 허공 꽃이 진짜가 아니라는 것

만 알면 된다고 하셨습니다. 그런데 우리의 보현보살님, 그래도 "말세중생이 그 청정한 경계를 듣고서 수행을 하려면(마음을 찾아들어가는 여행을 하려면) 어디서부터 해야 합니까?"라고 자상하게 물어 주십니다

우리는 무식해서 질문도 못합니다. 저희는 고등학교 무시험, 소위 뺑뺑이로 고등학교를 간 첫 세대였습니다. 그 이전에 똑똑한 선배들을 가르치던 선생님들이, 우리들에게 적응이 되지 않아서 강의 수준을 못 맞추어 예전에 선배들에게 했던 식으로 설명하다가, 다시 아주 쉽게도 하다가, 수업시간 마지막에 꼭 묻습니다.

"궁금한 것 있는 사람! 손 들어!"

(멍……)

"뭐야? 내 말 다 알아들었단 말이야? 으이그 바보들. 뭘 아는 게 있어야 질문을 하지. (쯧쯧쯧)"

지금 와서 보니 그렇게 무책임한 선생님들이 원각경을 보셨다면, 아니 원각경이 아니더라도 부처님 말씀 한마디라도 얻어들었다면 학생들 수준은 고려하지 않고 당신들 마음대로 강의하면서 최소한 학생들 기를 그렇듯 팍팍 죽이는 말씀은 절대 하지 않으셨을 거라는 생각이 듭니다.

학생들이 몰라서 질문 못하면, 무엇을 모른다는 것도 알아서 대신 물어주고 답해주는 선생님! 그런 선생님 어디 안 계시나요?

몸과 마음이 환이라면 환이 어떻게 닦을 수 있습니까?

세존이시여, 만약 저 중생이 일체가 환(幻) 같음을 아는 자라면 그의 신심(身心)도 또한 환이거늘 어떻게 환으로써 환을 닦을 수 있겠습니까?

世尊, 若彼衆生 知如幻者 身心亦幻 云何以幻 還修於幻?
세존, 약피중생 지여환자 신심역환 운하이환 환수어환?

 마음여행

"마음도 환이고, 몸도 환이고, 그러면 몸과 마음으로 짓는 모든 것이 다 환인데 어떻게 환으로 환을 수행하라는 말인가요?"라고 보현보살께서 우리를 위해 질문을 대신 해 주십니다. 이 대목에 대해서는 걱정이 없습니다. 우리나라 사람들은 금세 알아들을 수 있는 내용이기 때문입니다.

어릴 적부터 너무나 많이 들어 온 이열치열(以熱治熱; 열은 열로써 다스린다)이라는 말과 같은 이치입니다. 감기가 걸려 몸에서 열이 펄펄 나면 독한 소주에 고춧가루를 넣어서 마시거나, 고추장을 맨밥에 비벼서 먹고 뜨거운 방에서 이불을 푹 뒤집어쓰고, 땀을 쭉 빼면 열이 내리는 경험을 하신 적이 있으실 것입니다(단 어린이나 노인은 절대 그러면 안 됩니다.)

마찬가지로 환으로 환을 닦는 것도, 맨땅 중생들은 더 어렵습니다. 여기서는 단지 그 이치만을 아시라는 말입니다. 뒷부분 7장에 가면 그 수행법에 대해 자세히 나옵니다. 여기서 책을 덮어버리고, '그래 나도 당장 집에 가서 그렇게 해야지!' 하시면 100% 마장에 걸려 중도에 포기하게 됩니다. 중요하고 급한 길일수록 천천히 돌아가야 합니다. 제가 연세 드신 분들에 비하면 그리 오래 살지는 않았지만 그 말이 정답이라는 것은 압니다.

환이 멸하면 마음도 멸하는 것 아닌가요?

만약 모든 환의 성품이 일체 다 멸하였다면 곧 마음이 없는 것이니 누가 수행하게 될 것이며, 어떻게 다시 수행이 환 같다고 말씀하시는 것입니까?

若諸幻性 一切盡滅 則無有心 誰爲修行, 云何復說 修行如幻?
약제환성 일체진멸 즉무유심 수위수행, 운하부설 수행여환?

 마음여행

부인은 열심히 절에 다니는데, 아직도 스님들을 조선시대에 무식한 유생들이 정해 놓은 7천(七賤)의 하나로 인식하는 남편들이 있습니다. 가끔 부인 따라 절에 갔다가 스님 말씀 한마디 접하고, 주련의 글귀 하나 접하면서 마음에 와 닿고, 부처님 말씀이 무엇인가 맞는 것 같아 본인이

절에는 안 나가지만 불교TV나 불교방송을 열심히 들어서 절에 수십 년 다닌 어머니나 부인보다 머릿속에 지식은 엄청나게 내장되어 있는 분들이 많습니다.

어느 날 부인이 아들 취직 문제로 걱정이 되어서 절에 3,000배를 하러 가자고 남편에게 같이 할 것을 요청하였습니다. 그렇잖아도 자식의 일이라, '취직만 된다면 3,000배 아니라 30,000배인들 못하랴?'라는 생각은 가지고 있었지만, 절에 가서 머리 빡빡 깎은 스님들에게 인사하기 싫어서 후닥닥 부처님께 3배를 하고 천 원짜리든 만 원짜리든 지갑에서 꺼내지는 대로 불전함에 넣고 절 도량 한 켠에서 서성이며 부인이 빨리 나오기를 기다리던 그런 분이셨습니다.

그런데 3,000배를 하라니! 부인이 자식 일로 하자는데 할 수도 없고 안 할 수도 없고… 안 하면 부인이 절에 간다고 하면서 집을 자꾸 비워, 밥 굶는 일이 지금보다 더 잦을 것 같아서 고민인데… '좋은 수가 없을까?' 하고 고민하다가 나름 기발한 생각을 해냈다고 환호하면서 부인에게 큰 소리를 칩니다.

"흠 흠! 달마 대사 혈맥론에 이르기를, 부처가 부처에게 절하지 말라고 하셨어! 우리 모두가 모두 완성된 부처라고. 그러니 절에 가서 나무로 만든 부처상, 철로 만든 부처상한테 절할 필요가 없다니까! 그러니 괜히 당신도 절 많이 해서 관절염으로 고생하지 말고, 그냥 마음으로 기도합시다!"라고 말했답니다. 달마 대사의 최상승 법문을 글로만 이해하는 무식한 이 중생의 잘못을 보고 누구를 탓해야 합니까?

1) 공부 안 한 본인의 잘못.

2) 절에다 보시하라고만 하고 공부는 하나도 안 가르친 스님들의 잘못.

3) 불사금이 필요할 때는 사부대중의 동참을 말하면서도, 공부할 때는 끼워주지 않고 스님들끼리만 공부하는 대한불교조계종의 폐쇄적 정책 등등.

지금 보현보살의 가르침은 정말 중요합니다. 우리 같은 맨땅 중생이나 스님들이나 걸핏하면 경허, 만공을 거론하며 술 먹고 담배 피우고 이성을 탐하면서… 아무 것에도 걸리지 않는 것이 참 도인이라고, 보현보살이 들으면 기가 막힐 말들을 아무렇지도 않게 하는 세상입니다. 저도 "우 법사! 그러지 말고 한 잔 해! 금강경 공부한다는 사람이 뭐 그리 걸리는 것이 많은가?"라는 말을 듣곤 했습니다.

수행자가 수행을 하지 않으면서 버젓하게 행세하는 경우도 자주 보았습니다. 사실 저 자신도 그렇고 대한민국의 많은 남성들이 그런 부류에 속합니다. 어머니가 절에 다니시고, 장모님이 절에 다니시고, 우리 할머니가 절에 다니셨다고 말하면서, 심정적으로는 자신도 불자라고 제게 말하던 분들을 보면서 왜 이렇듯 불교 언저리에서만 맴도는 사람들이 많을까 생각해 본 적이 있습니다. 그리고 결론적으로 저를 비롯해서 저와 비슷한 수많은 사람들이 가지고 있는 병이 바로 여기서 보현보살이 질문하는 이 문제를 잘못 알아서 그렇다는 것을 알았습니다. 원각경을 더 공부해 보면 우리의 무식함이 자연스럽게 나타납니다. 드러나면 고치기 쉬운 법입니다.

환이기에 수행할 필요가 없다면
결국 망상심을 못 버리는 것 아닌가요?

만약 모든 중생이 애초부터 수행하지 않는다면 저 생사 가운데 항상 환화(幻化)에 머물러 일찍이 그 자리가 환과 같은 경계임을 알지 못하리니, 그 망상(妄想)을 어떻게 해탈시킬 수 있겠습니까? 바라옵건대 말세의 일체중생들을 위하소서. 어떤 방편으로 점차 수습해야 그 중생들이 온갖 환(幻)에서 영원히 떠날 수 있도록 하겠습니까?"
이 말을 마치고서 오체투지하며, 이와 같이 거듭 세 번 청함으로 부처님의 가르침을 간청하였다.

若諸衆生 本不修行 於生死中 常居幻化 曾不了知 如幻境界, 令妄想心 云何解脫? 願爲末世 一切衆生. 作何方便 漸次修習 令諸衆生 永離諸幻.」 作是語已 五體投地, 如是三請 終而復始.
약제중생 본불수행 어생사중 상거환화 증불료지 여환경계, 영망상심, 운하해탈? 원위말세 일체중생. 작하방편 점차수습 영제중생 영리제환.」 작시어이 오체투지, 여시삼청 종이부시.

마음여행

아! 드디어 기다리고 기다리던 말이 나왔습니다. 우리에게 너무나 익숙한 방편이라는 말! 드디어 '작하방편'이라는 말이 나왔습니다. 환으로 환을 닦아야 하니 무슨 방편을 지어야 합니까?

『왜 불교는 인도에서 멸망했는가?』라는 책을 쓴 일본의 불교학자 호사카 순지 교수는 "일본불교는 불교가 아니다. 단지 돈벌이 하는 장례불교다. 귀신 팔아서 먹고 사는 비즈니스지, 부처님의 근본 가르침과는 거리가 멀다!"라고 비판했습니다.

한국불교는 해방 이후 주로 '방편불교'였다가, 요즘은 일본이 망조라고 비판하는 '장례불교'화하고 있는 듯합니다. 이 절 저 절에서 천도재, 구병시식, 우란분재, 생전예수재 등을 최근 들어 많이 하고 있는 것 같습니다. 물론 틈나는 대로 방편불교도 열심히 하고 있습니다. 조계종단 사찰 외에 대부분의 절에서 사주를 봐준다든지, 삼재풀이를 해 주는 등의 방편을 씁니다. 아들 딸 낳게 기도하고, 자녀들 대학 합격, 취직, 승진 등을 위한 기도는 전국의 사찰에서 거의 다 'ㅇㅇ기도'를 하고 있습니다. 그리고는 방편이라고 합니다.

좋은 스님과 나쁜 스님은 없습니다. 그러나 선지식과 악지식은 있습니다. 절에서 방편만 주로 하고 부처님 법을 전하는 불교대학을 운영하지 않거나 법문을 최소한 일주일에 한 번도 하지 않으면 '악지식'입니다. 용왕제, 산신제, 모모 기도 등 중생들의 답답한 마음을 달래는 방편을 쓰면서 그 절의 주지스님이 일주일에 1회 이상 직접 법문을 하시고, 사람이 오든 안 오든 매일 하는 사시기도에서 기도 독송 식으로 사람들이 제대로 알아듣지도 못하는 경전 한 구절 뚝딱 읽는 것이 아닌, 실제 중생들의 삶과 관련된 법문을 단 3분이라도 해 주면서 중생들의 삶을 바르게 이끌어주는 스님들은 '선지식'이라고 생각합니다.

세존께서 보현보살에게 말씀하시다

그때에 세존께서 보현보살에게 말씀하시었다.
"착하고 착하도다. 선남자여, 너희들이 능히 모든 보살과 말세의 일체중생을 위하여 여래에게 보살의 환(幻) 같은 삼매(三昧)인 방편점차(方便漸次) 수습(修習)하는 것을 자문하여 모든 중생으로 하여금 모든 환을 여읠 수 있게 하는구나. 너희들은 이제 자세히 들어라. 마땅히 너희들을 위하여 설하리라."
그러자 보현보살이 부처님의 가르침을 받들어 환희하며 모든 대중과 함께 기쁜 마음으로 묵연히 부처님의 말씀에 귀를 기울였다.

爾時, 世尊告 普賢菩薩言:「善哉, 善哉! 善男子, 汝等乃能 爲諸菩薩 及末世衆生 修習菩薩 如幻三昧方便 漸次令諸衆生 得離諸幻. 汝今諦聽. 當爲汝說.」時, 普賢菩薩 奉敎歡喜, 及諸大衆 默然而聽.
이시, 세존고 보현보살언:「선재, 선재! 선남자, 여등내능 위제보살 급말세중생 수습보살 여환삼매방편 점차령제중생 득리제환. 여금제청. 당위여설.」시, 보현보살 봉교환희, 급제대중 묵연이청.

🛕 마음여행

원각경이 좋은 점이 바로 여기에 있습니다. 대승경전은 천수경이든 금강경이든 법화경이든 그리고 모든 것이 다 들어 있다는 화엄경이든 수행의 절차가 없습니다. 무슨 수행을 어떻게 해야 할지 구체적으로 자상하게 제시해 놓지 않았습니다. 그런데 원각경은 다릅니다. 수준에 따른 수행법을 일러 주셨습니다. 부처님께서는 수행의 방편과 점차(절차)를 물어보는 보현보살을 대단히 칭찬하십니다. "너는 다 알고 있지만 무식한 맨땅 중생들을 위해서 방편과 수행의 차례를 가르쳐 달라는 것이지?" 하시면서 자세히 말해 주시겠다고 하십니다. 어디 이런 스님 안 계시나요? 지금 우리 시대에 이런 스님을 찾아뵙고 싶습니다. 알아듣지도 못하는 한문 투의 말씀 몇 마디 하시고는 할과 방을 하시든지 아니면 "재가자들이 그런 것은 알아서 뭐하게? 말한다고 알아들을 수 있겠어?"라고 하면서 가르쳐 주지도 않습니다. 사실 묻는 중생들의 태도도 불경한 이들이 많습니다. 어디서 들은 소리, 어디서 본 것을 가지고 스님들에게 떠보기 식으로 물어보는 이들이 많다 보니 그렇게 답하시는 것이라는 생각이 들기도 합니다.

환도 원각묘심에서 나오는 것이다

"선남자여, 일체중생의 온갖 환화(幻化)가 모두 여래의 원각묘심(圓覺妙心)에서 나오는 것이니, 이는 마치 허공의 꽃이 허공에서 나왔다가 허공에서 사라지더라도 허공의 성품이 무너지지 않는 것과 같다. 중생의 환심(幻心)도 또한 환(幻)에 의지하여 멸하게 되나, 모든 환(幻)이 다 멸하더라도 각심(覺心)은 움직이지 않는다.

「善男子, 一切衆生 種種幻化 皆生如來 圓覺妙心, 猶如空花 從空而有 幻花雖滅 空性不壞. 衆生幻心, 還依幻滅, 諸幻盡滅 覺心不動.
「선남자, 일체중생 종종환화 개생여래 원각묘심, 유여공화 종공이유 환화수멸 공성불괴. 중생환심 환의환멸, 제환진멸 각심부동.

마음여행

이 내용의 마지막 각심부동(覺心不動)이라는 구절에서 어떤 느낌이 듭니까? 커피도 물이 있어야 커피물이 되는 것이고, 똥물도 똥이 들어가서 똥물이 된 것입니다. 근본은 물이라는 공통점이 있습니다. 우리의 삶도 그러합니다. 원각묘심 혹은 각심이라는 본래의 청정한 자리는 부처님이나 보살이나 우리나 다 같습니다. 우리는 그 맑은 물에다 나라는 생각, 나도 알지만 어쩔 수 없다는 생각, 그게 맞지만 당장 목구멍이 포도청이라는 생각, 금강산도 식후경이라는 생각, 부처님 말씀은 맞지만 일단 우리 아들이 먼저, 우리 종교가 먼저, 그리고 우리 문중이 먼저라는 생각 등등을 집어넣습니다. 그것이 거듭 거듭 얽히고 설켜서 중중무진연기(重重無盡緣起)로 모든 문제를 낳는 것입니다.

그러나 보살들은 그렇지 않습니다. 나와 남이 다르지 않다는 생각, 저 무식한 중생들도 알고 보면 불성이 있는 궁극적으로 부처라는 생각, 저 사람들도 옳게만 이끌어주면 본래의 자기 모습으로 돌아온다는 생각, 고아들도 잘 키우면 나라의 훌륭한 동량이 된다는 생각, 저 노인네들이 나의 미래 모습이라는 것을 지혜의 눈으로 보고 큰 자비심을 가지고 그들을 다 이끌어 가십니다. 그분들이 보살이고 그것이 바로 대승불교의 살아있는 정신입니다.

저는 한동안 땡초스님이라는 용어를 즐겨 쓰곤 했습니다. 그러나 몇몇 땡초스님들과 같이 불교공부를 같이하다가, 그동안 제가 얼마나 구업을 많이 지었는지에 대해 깨닫고 한참동안 고민을 한 적이 있습니다. 그분들의 각심부동의 경지를 보았기 때문입니다. 제가 뵌 스님들의 경지가 우리나라 많은 스님들의 일반적인 경지가 되는 그날을 위해 간절하게 참회진언을 외웠습니다.

"옴 살바 못쟈모지 사다야 사바하."

환이 없어진 자리가 부동(不動)이다

환(幻)에 의지하여 각(覺)을 설한 것도 또한 환(幻)이 된다 하니, 각(覺)이 있다고 설하는 것도 아직 환(幻)을 벗어나지 못한 것이며 각(覺)이 없다고 설하는 것도 또한 환(幻)을 벗어나지 못한 것이다. 이 때문에 환(幻)이 멸한 자리를 부동(不動)이라 한다.

依幻說覺 亦名爲幻, 若說有覺 猶未離幻, 說無覺者 亦復如是. 是故幻滅 名爲不動.
의환설각 역명위환, 약설유각 유미리환, 설무각자 역부여시. 시고환멸 명위부동.

 마음여행

어린아이들이 많이 읽는 이야기 동화, 그리고 어른들이 읽는 동화나 소설은 사실이 아닙니다. '흥부 놀부전'이 사실은 아닙니다. '장화홍련전'이 사실은 아닙니다. '강아지 똥'이 사실은 아닙니다. '어린왕자'가 사실은 아니고, 셜록 홈즈의 탐정소설이 사실이 아니고, 일본 만화책 '슬램덩크'나 '초밥 왕', '신의 물방울'이라는 와인만화 같은 것은 사실이 아닙니다.

그러면 우리 엄마들은 사실이 아닌 거짓을 아이들에게 읽히고 자기들도 읽는 것일까요? 아닙니다. 사실이 아니라고 해서 거짓인 것은 아닙니다. 그런 동화와 소설들은 '사실'은 아니지만 '진실'을 가르쳐주는 책입니다. 그래서 우리는 그런 픽션을 통해서 삶의 진실에 다가갑니다. 그 이유는 하나입니다. 진실은 말로 표현될 수 없기에 그렇습니다.

『유마경』에서 불이(不二)에 대해 문수보살이 물어보자 유마 거사는 입을 닫아버립니다. 그 유명한 '유마의 일묵(유마가 입을 닫았다)'입니다.

원각자리는 진실자리입니다. 보거나 말하거나 하는 자리가 아닙니다. 원각이 아닌 번뇌 망상이 없어지면 저절로 나타나는 그 자리가 원각입니다. 그리고 그 자리는 '일묵'이며, '부동'이며 '무동'입니다. 그 자리가 있기에 사실도 나타나고, 거짓도 나타나고, 격려도 나타나고, 사기도 나타납니다. 거기서 인간과 중생의 길흉이 가려지는 것이고 운명이 만들어지고, 업이 만들어지는 것입니다.

무엇을 하겠다는 마음, 이루겠다는 마음
그 마음도 환이니, 무심으로 해야 한다

선남자여, 모든 보살과 말세중생은 허깨비 같은 모든 허망한 경계를 멀리 벗어나야 한다. 허망한 경계를 멀리 벗어나려는 마음을 집착함으로 말미암아 생긴 환(幻) 같은 그 마음도 다시 멀리 벗어나야 하며, 환(幻) 같은 그 마음을 멀리 벗어나려는 것도 환(幻)이 되니, 여기에서도 다시 멀리 벗어나야 한다. 멀리 벗어나려는 환(幻)을 벗어나고 또 다시 벗어나서 벗어날 바 없는 곳을 얻게 된다면 곧 모든 환(幻)이 제거된다.

善男子, 一切菩薩 及末世衆生 應當遠離 一切幻化 虛妄境界. 由堅執持 遠離心故 心如幻者 亦復遠離, 遠離爲幻 亦復遠離, 離遠離幻 亦復遠離, 得無所離 卽除諸幻.
선남자, 일체보살 급말세중생 응당원리 일체환화 허망경계. 유견집지 원리심고 심여환자 역부원리, 원리위환 역부원리, 이원리환 역부원리, 득무소리 즉제제환.

마음여행

번뇌 망상을 버리고 또 버리면 저절로 나타나는 것이지 진실자리는 따로 존재하여 찾을 수 있는 것이 아닙니다! 이 말을 이해하시기를 간절히 바랍니다. 여기에서 부처님께서는 이별할 이(離)를 매우 많이 사용하십니다. 이것도 매우 중요합니다. 수행 좀 했다고 해서, 자리를 박차고 일어나 자기는 깨달았다며 큰스님한테 인가받으러 가는 수행자가 출가자는 물론이고 재가자 중에서도 많이 있습니다. 그분들 대부분 몽둥이로 두들겨 맞습니다. 양파 껍질을 계속 까면 아무 것도 안 나오는 것이 정상인데, 무엇이 나왔으니… 도깨비한테 걸려들은 것이지요. 그 도깨비를 두들겨 패는 것을 '방(棒)'이라고 하고, 큰 소리를 질러 정신을 차리게 해 주는 것은 할(喝)이라고 합니다.

환멸이라고 해서 단멸상에 빠지는 것이 아니다

불을 지필 때 두 나무를 서로 비벼 생긴 불이 그 불을 만들어낸 나무를 다 태워 재와 연기로 사라지듯, 환(幻)으로써 환(幻)을 닦는 이치도 또한 이와 같다. 모든 환(幻)이 사라지더라도 단멸(斷滅)에 들어가서 않을 것이다.

譬如鑽火 兩木相因 火出木盡 灰飛煙滅, 以幻修幻 亦復如是. 諸幻雖盡, 不入斷滅.
비여찬화 양목상인 화출목진 회비연멸, 이환수환 역부여시 제환수진, 불입단멸.

지환즉리(知幻卽離) 이환즉각(離幻卽覺)
- 환인 줄 알면 떠나고, 떠나면 깨닫는 것이다

선남자여, 환(幻)인줄 알면 환(幻)을 떠나니 방편 쓸 일이 없을 것이요, 환(幻) 떠나면 그 자리가 깨달음이니 점차 닦을 깨달음도 없느니라. 일체보살과 말세의 중생은 이에 의지하여 수행해야 할 것이니, 이와 같아야 모든 환(幻)을 영원히 벗어날 수 있느니라.

善男子, 知幻卽離 不作方便, 離幻卽覺, 亦無漸次. 一切菩薩 及末世衆生 依此修行 如是乃能 永離諸幻.
선남자, 지환즉리 부작방편, 이환즉각 역무점차. 일체보살 급말세중생 의차수행 여시내능 영리제환.

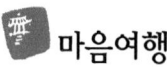 마음여행

원각경의 핵심구절이 나오는 구절입니다.
이열치열이고 이환치환이니, 허깨비 같은 몸과 마음이지만 그 허깨비 같은 몸과 마음으로 허깨비 같은 수행을 하다보면 나무와 나무를 서로 비비면 결국 아무 것도 없듯이, 그 아무 것도 없는 자리가 원각 자리입니다. 그 아무 것도 없는 자리에서 이제는 무명(無明)으로 업을 짓지 말고, 원력으로 업을 지어, 각자의 업의 그물을 다시 짜고, 법계의 살림살이를 다시 차려, 운명을 뛰어넘어 새로운 원력으로 마음대로 살라는 것

이 개조명운 심상사성(改造命運 心想事成)입니다.

요사이는 방앗간이 없어져서 보기 힘들지만, 예전에 우리 어릴 때만 해도 추수를 한 곡식을 탈곡기에 탈탈 털어, 도정을 해서 쌀을 만들어 먹었습니다. 쌀을 나오게 하려면 낟알과 낟알이 서로 비비게 합니다. 낟알들끼리 마주치면서 낸 마찰의 열로 등겨를 홀라당 벗어버리고 알몸의 하얀 속살이 나옵니다. 그것이 우리가 먹는 쌀입니다. 그 쌀을 맛있게 먹으려면 거친 것을 많이 깎으면 '9분도 쌀'이라고 하고, 거친 것을 얇게 깎으면 '7분도 쌀'이라고 합니다. 제가 중학교 다니던 70년대 초반에는 선생님이 9분도 쌀인지 7분도 쌀인지, 보리를 섞었는지 안 섞었는지 도시락 검사를 하였습니다. 식량이 그렇게 부족했던 시절이었습니다. 그때는 잘 사는 아이들은 못 사는 아이들과 도시락을 섞어야지 선생님의 검사를 통과하기도 했습니다.

생각해 보면 그래도 좋은 시절이었습니다. 부자가 가난한 사람을 멸시하지 않았고, 가난한 사람이 부자를 미워하지도 않았습니다. 우리는 서로 친했고, 믿었고, 피를 섞듯이 도시락을 섞어 먹는 사이였습니다.

그때에 세존께서 거듭 이 뜻을 펴시고자 하여 게송으로 다음과 같이 말씀하셨다.

爾時, 世尊 欲重宣此義, 而說偈言:
이시, 세존 욕중선차의, 이설게언:

普賢汝當知	보현여당지	보현이여, 마땅히 알아야 한다.
一切諸衆生	일체제중생	시방세계 일체 모든 중생의 삶에
無始幻無明	무시환무명	근원을 알 수 없는 환(幻) 같은 무명
皆從諸如來	개종제여래	그 모두는 여래의 빛나는 원각
圓覺心建立	원각심건립	거기에서 생겨 나와 흘러간다네.
猶如虛空花	유여허공화	이는 마치 허공의 꽃과 같아서
依空而有相	의공이유상	그 모습을 허공에서 의지하다가
空花若復滅	공화약부멸	허공의 꽃 다시금 사라졌어도
虛空本不動	허공본부동	허공의 그 근본은 부동(不動)이라네.
幻從諸覺生	환종제각생	허깨비가 각(覺)에서 생겨났다가
幻滅覺圓滿	환멸각원만	허깨비가 사라져도 각(覺)은 원만해
覺心不動故	각심부동고	각심(覺心)의 그 근본은 부동(不動)이니라.
若彼諸菩薩	약피제보살	예리한 근기의 모든 보살과
及末世衆生	급말세중생	어리석은 말세의 일체중생이
常應遠離幻	상응원리환	언제나 허깨비를 멀리한다면
諸幻悉皆離	제환실개리	모든 환을 모조리 벗어나리라.
如木中生火	여목중생화	이는 마치 나무에서 생긴 불길이
木盡火還滅	목진화환멸	나무가 타버리면 사라지듯이
覺則無漸次	각즉무점차	깨달으면 점차가 없는 것이며
方便亦如是	방편역여시	방편 또한 마찬가지 없는 것이네.

제3 보안보살장

수행의 방편 –진이 먼저 청정해야 한다

이때에 보안보살이 대중 가운데서 일어나 부처님의 발에 이마를 조아려 예배하고, 존경의 표시로 우측으로 세 번 돌며 두 무릎을 땅에 대고 두 손을 모으면서 부처님께 사뢰었다.

於是 普眼菩薩 在大衆中 卽從座起 頂禮佛足, 右遶三匝 長跪叉手 而白佛言:
어시 보안보살 재대중중 즉종좌기 정례불족, 우요삼잡 장궤차수 이백불언:

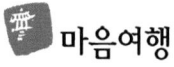 마음여행

    법당의 신중탱화에는 울퉁불퉁 무섭게 생긴 화엄성중님들이 여러 분 그려져 있습니다. 그런데 가운데 계신 분은 얼굴이 아기 같습니다. 뽀얗고, 아주 예쁘게 생기셨는데, 머리에는 새털 모자를 쓰고 칼을 들고 계신 장군의 복색을 하고 계십니다. 그분이 바로 동진보안보살님이십니다. 아주 어릴 적에 출가하신 스님들을 동진(童眞) 출가하셨다고 하는데, 그 동진이 바로 이 보안보살처럼 동자 때 출가하신 스님이라는 뜻입니다.

    보안보살님은 원래 깨달음을 이루시고도 정이 있다고 하여 유정각(有情覺)이라고 하는 보살님이신데, 다시 불이문을 넘지 못하신 여러 천신들과 중생들을 이끌고 신장으로 화하셔서 우리 중생을 구제하시는 분입니다. 그래서 신중탱화의 동진보안보살 왼쪽과 오른쪽에는 제석천왕과 범천왕이 좌우보처로 모셔져 있습니다. 쉽게 말해 보안보살님은 하느님이 받드시는 분으로 화엄성중 가운데 대장이 보안보살입니다. 옛날부터 마음이 답답한 중생들은 초하루 3일 기도나 보름기도는 전부 화엄성중전에서 하는 것도 다 이러한 이치가 있습니다.

점진적인 수행방법과 사유 그리고 유지는 어떻게 하나요?

"크게 자비로우신 세존이시여, 바라옵건대 이 법회의 모든 보살과 말세의 일체중생을 위하여 보살의 수행점차(修行漸次)를 말씀하여 주옵소서.
또한 이것을 어떻게 사유하며 어떻게 그 자리에 머물러야 합니까. 중생
들이 아직 깨닫지 못했다면 무슨 방편으로 두루 그 가르침을 알아듣도록
하겠습니까?

「大悲世尊, 願爲此會 諸菩薩衆 及爲末世 一切衆生 演說菩薩 修行漸
次. 云何思惟 云何住持? 衆生未悟 作何方便 普令開悟?
「대비세존, 원위차회 제보살중 급위말세 일체중생 연설보살 수행점
차. 운하사유 운하주지? 중생미오 작하방편 보령개오?

마음여행

역시 우리의 보안보살님이십니다. 여기에 아주 중요한 구절이 있습
니다. 바로 마지막의 운하사유, 운하주지인데 이 징 바로 뒤 4장의 금강
장보살장에서 또 나옵니다. 여기에서 사유는 생각하고 헤아리고 분별하
고 따진다는 뜻인데, 한 마디로 생각으로는 이를 수 없는 자리가 바로
원각자리입니다. 그리고 또한 운하주지라… 머무르고 지키고 하는 자리
도 아닙니다. 중요한 구절이니, 답을 미리 말씀드립니다.

절에서 나오는 법요집을 보면, 우리 불교 팔만대장경의 요점 정리가
일목요연하게 되어 있습니다. 그 중에서도 원각경 보안보살장은 꼭 빠
지지 않고 들어가 있습니다. 중생들의 눈을 맑게 해 주는 이 보안보살장
은 특히 천도재 법문에서 많이 읽혀집니다.

부처님께서 우리처럼 몸 있는 귀신들 공부하라고 설해 주신 법문을 몸 없는 귀신들한테만 읽어주고, 실상 재가자들한테는 잘 가르치지도 않습니다. 그런데도 스님들이 묘하게도 이 보안보살장을 그토록 좋아하시는 이유는, 천도재를 지낼 때 스님들이 이 보안보살장을 읽으시다가 '번쩍' 하고 깨달으시는 분들이 많답니다. 그러니 깨달음을 갈구하시는 스님들이 원각경을 그렇게 좋아하는 것입니다.

그런데 깨달으시는 스님들은 좋겠지만, 왕생극락하시라고 재를 지내드리는 것인데, 읽는 사람도 뜻을 모르고, 듣는 사람도 모르고, 제일 중요한 것은 재의 주인공인 몸이 없어진 귀신이 알아듣느냐 하는 것입니다. 나중에 자녀들 헛돈 쓰게 하지 말고 지금부터 보안보살장만이라도 잘 공부하면 깨달음에 들 수 있습니다.

지금 보안보살님이 우리를 깨우쳐 주시기 위해 대신 부처님께 여쭙고 계십니다. 깨달으려면 그 마음을 어디다 두고(云何住持), 어떻게 관하고 사유(云何思惟)해야 합니까? 그래도 안 되면 무슨 방편을 써야 하느냐고 부처님에게 여쭤보시는 모습이 그림처럼 그려집니다. 보안보살님처럼 부처님과 대화를 하거나 질문할 수준이 안 되어서인지 스님들 중에는 가끔 아무런 방편이나 쓰는 분들이 있습니다. 자기가 스스로 창작해서 부적도 만들고, 부엌 귀신한테 기도하고, 화장실 귀신한테 기도하는 등등의 방편을 베푸십니다. 그런데 그것은 선 방편이 아닙니다. 악 방편으로 흐를 가능성이 상당히 높은 불선 방편입니다. 보안보살님을 믿고 앞으로 나아가면 바른 방편, 좋은 방편이 나옵니다.

바른 방편을 하나 주시옵소서

세존이시여, 만약 저 중생들이 바른 방편과 바른 사유가 없다면, 부처님께서 환(幻) 같은 삼매(三昧) 설하는 것을 듣고도 마음이 흐릿하고 답답하여, 곧 원각에 깨달아 들어갈 수 없습니다. 바라옵건대 자비심을 일으키어 저희와 말세의 중생들을 위하여 임시로 방편을 설하여 주옵소서."
이 말을 마치고서 오체투지하며, 이와 같이 거듭 세 번 청함으로 부처님의 가르침을 간청하였다.
그때에 세존께서 보안보살에게 말씀하시었다.
"착하고 착하도다. 선남자여, 너희들이 능히 모든 보살과 말세의 중생들을 위하여 여래의 수행점차(修行漸次)와 사유(思惟) 및 거기에 머무르는 법과 임시로 설한 여러 가지 방편을 묻는구나. 너희들은 자세히 들어라. 마땅히 너희들을 위하여 설하리라."

世尊, 若彼衆生 無正方便 及正思惟, 聞佛如來 說此三昧, 心生迷悶, 則於圓覺 不能悟入. 願興慈悲 爲我等輩 及末世衆生 假說方便.」作是語已 五體投地, 如是三請 終而復始. 爾時, 世尊告 普眼菩薩言:「善哉, 善哉! 善男子, 汝等乃能 爲諸菩薩 及末世衆生, 問於如來 修行漸次 思惟住持 乃至假說 種種方便. 汝今諦聽. 當爲汝說.」
세존, 약피중생 무정방편 급정사유, 문불여래 설차삼매, 심생미민, 즉어원각 불능오입. 원흥자비 위아등배 급말세중생 가설방편.」작시어이 오체투지, 여시삼청 종이부시. 이시, 세존고 보안보살언:「선재, 선재! 선남자, 여등내능 위제보살 급말세중생, 문어여래 수행점차 사유주지 내지가설 종종방편. 여금제청. 당위여설.」

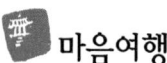 **마음여행**

보안보살님은 바른 방편과 바른 사유가 없으면 우리가 헷갈리고 빙빙 돌아다니다가 지쳐서 결국은 원각에 들지 못하고, 시간만 낭비한다든가, 혹은 더 용한 종단, 더 용한 종교를 찾아다니면서 가슴 답답해 하던 우리 마음을 다 알고 계십니다.

과학이 발달해서 남자가 아기를 낳고, 남자와 남자가 결혼하고, 여자가 호주가 되는 세상에 정방편이 아닌 악방편이 씨알이나 먹히겠습니까? 그러니까 10년 전 2,000만 불자가 지금 1,100만 불자로 줄어든 것입니다. 신도 수가 줄어드니 사찰 경영이 어려워지고, 사찰 경영이 어려워지니 또 악방편이나 불선방편이 나오게 되는 것입니다.

급할수록 돌아가라는 말이 있습니다. 걱정하지 말고 부처님 말씀에 충실하면 됩니다. 부처님께서 갖가지 방편(種種方便)을 주신다 하니, 우리는 선방편 중에서 두세 가지만 실천하면 됩니다. 늘 "부처님 고맙습니다." 하고 부처님의 은혜를 생각하며 부처님 말씀대로 살면 내 안의 원각(圓覺)이 드러나고 영원한 행복을 누릴 수 있습니다.

팔정도의 정념 - 사마타 수행

그러자 보안보살이 부처님의 가르침을 받들어 환희하며 모든 대중과 함께 묵연히 부처님의 말씀에 귀를 기울였다.
"선남자여, 새로 배우는 보살과 말세의 중생이 여래의 청정한 원각심(圓覺心)을 구하려면 응당 정념(正念)으로 모든 환(幻)을 여의어야 한다. 먼저 여래의 사마타 수행에 의지하여 굳게 계율을 지니고 편안하게 대중과 함께 생활하며 조용한 수행터에서 좌선을 즐기며 항상 이러한 생각을 지녀야 한다.

時, 普眼菩薩 奉教歡喜, 及諸大衆 默然而聽.「善男子, 彼新學菩薩 及末世衆生 欲求如來 淨圓覺心 應當正念 遠離諸幻. 先依如來 奢摩他行 堅持禁戒 安處徒衆 宴坐靜室 恒作是念.
시, 보안보살 봉교환희, 급제대중 묵언이청.「선남자, 피신학보살급 말세중생 욕구여래 정원각심 응당정념 원리제환. 선의여래 사마타행 견지금계 안처도중 연좌정실 항작시념.

마음여행

제가 원각경을 처음 만난 것은 유마선원의 이제열 법사님 덕분이었습니다. 2003년 『심상사성 금강경』을 출간한 뒤 얼마 지나지 않아 청담중학교 교장선생님이 이제열 법사님을 소개해 주셨습니다. 젊은 시절에 청담 스님을 모신 적도 있었던 이제열 법사님을 뵙기 전에는 스님들만 법문을 하시는 줄 알았을 정도로 저는 불교 사정에 어두웠습니다. 매우 친절하고 자상하신 법사님께서는 저와 몇 마디 이야기를 나누어보시더니, 당신이 풀이한 원각경을 한 권 주셨습니다. 사실 그때는 금강경에 온 마음이 가 있던 터라 선물을 받고도 원각경에는 눈길을 주지 않았습니다. 그러다가 3년 후 2006년에 우연히 그 책을 다시 보게 되었습니다. 원각경을 읽어나가다가 '아이고, 이거 내가 알고 있는 불교는 옆길로 가도 한참 옆길로 간 것이구나!'라고 생각하게 되었습니다. 그 중에서 가장 쇼크를 받은 부분은 이 대목이었습니다.

선의여래 사마타행(先依如來 奢摩他行) 먼저 여래의 사마타행에 의지해서
견지금계(堅持禁戒) 부처님께서 금하신 계를 굳게 지키고 – 계학
안처도중 연좌정실(安處徒衆 宴坐靜室) 혼자서 산 속이나 토굴에서 있지 말고,
　　　　　　대중들과 함께 고요한 방에 머물면서 – 정학
항작시념(恒作是念) 항상 이렇게 염하라 – 혜학

결국 부처님께서 우리에게 주신 것은 계·정·혜 삼학입니다. 천수경이든 금강경이든 원각경이든 다 이렇듯 정방편인 삼학을 설하시는 것이라는 말씀이었습니다. 이 대목은 그 이후 제가 경을 공부하는 데 밑바탕이 되었습니다. 지금 이 원각경 보안보살장에서도 부처님께서 보안보살에게 그것을 말씀하시는 것입니다. 계·정·혜 삼학 이것 말고는 다 선방편이 아닙니다. 심지어 6조 혜능 대사의 육조단경도 계향·정향·혜향·

해탈향·해탈지견향의 오분향법으로 설해져 있습니다. 그러한 요체는 보지 못한 채, 신수 대사와 혜능 대사의 법거량 이야기에 더욱 관심을 갖는 사람들이 많습니다. 삼학과 오분향법으로 다시 육조단경을 읽으신다면 수행에 큰 진전이 있을 것이라고 생각합니다.

내 몸이 인연과 업의 합성으로 잠시 있는 것이다! - 잊지 마라

'지금 나의 몸은 지(地)·수(水)·화(火)·풍(風) 사대(四大)가 합하여 만들어졌다. 이른바 머리털과 손톱, 치아와 살갗, 근육과 뼈, 골과 뇌 등으로 만져지는 모든 것은 썩어서 땅으로 돌아가고, 콧물과 피고름, 침과 눈물, 정액과 대소변 등으로 손에 적셔지는 축축한 모든 것은 물로 돌아가며, 몸의 따뜻한 기운은 불기운으로 돌아가고, 들숨과 날숨 같이 몸 속에서 움직이는 모든 기운은 바람으로 돌아간다. 몸이 각자 사대(四大)로 흩어진다면 지금의 허망한 이 몸은 어디에 있겠는가?'

我今此身 四大和合. 所謂 髮毛, 爪齒, 皮肉, 筋骨, 髓腦垢色, 皆歸於地, 唾涕膿血, 津液涎沫, 痰淚精氣, 大小便利, 皆歸於水, 暖氣歸火, 動轉歸風, 四大各離 今者妄身 當在何處?

아금차신 사대화합. 소위 발모, 조치, 피육, 근골, 수뇌구색, 개귀어지, 타체농혈, 진액연말, 담루정기, 대소변리, 개귀어수, 난기귀화, 동전귀풍, 사대각리 금자망신 당재하처?

 마음여행

　부처님께서 어느 날 4명의 아내를 거느린 어느 부자의 이야기를 해 주셨습니다. 제가 조금 현대식으로 각색해서 말씀드리면 다음과 같습니다.
　어느 부자가 처음으로 머나먼 해외여행을 할 일이 생겨, 첫째 부인보고, "여보 같이 갈래?" 했더니, "아니, 내가 거길 왜 가요? 처음 가보는 곳이라면서요? 호텔인지 텐트인지 움막인지도 모르고, 예약도 안 하고, 나는 그런 데 안 가요! 당신이나 혼자 가세요! 평소에 좀 나한테 잘하던지!" 하면서 휭 하니 돌아앉더랍니다.
　둘째 부인은 그래도 평소에 애지중지하던 부인이라, "당신은 어때? 같이 갑시다."라고 했더니, "나요? 글쎄 거기에 내가 갈 수 있을까요? 같이 가려면 내가 다이어트를 해야 할 텐데 다이어트를 하면 당신이 싫어할 거고, 또 그런 곳에서는 내가 필요할지 안 할지도 모르잖아요. 고맙지만 저도 안 가겠어요!" 하며 거절하더랍니다.
　첫째 부인은 평소에 함부로 대했으므로 수긍이 갈 만한데, 둘째 부인은 처음에 데리고 올 때부터 남과 경쟁하고, 형제와 다투고, 그리고 이 눈치 저 눈치 안 보면서 피땀을 흘려가며 얻어 온 미스코리아, 미스 월드 급의 둘째 부인, 그만큼 사랑과 애정을 온전히 쏟았는데도 그렇듯 무정한 당신이었다고 합니다.
　할 수 없이 셋째 부인에게 같이 가자고 하였더니…"나요? 우리요? 아니 나도 사실 바쁘고, 애들도 돌보아야 하고, 할 일이 많아서 그렇게 먼 곳에 갈 수 없어요. 그렇지만 당신이 여행을 가신다니 문 앞까지 배웅은

해 드릴 게요." 하면서 따라나오더랍니다. 기특하다고 해야 할지, 고맙다고 해야 할지. 그러나 평소에 자기가 셋째 부인에게는 첫째, 둘째 부인에 비해서 너무 불친절하게 했기 때문에 뭐라고 말할 수도 없었다고 합니다. 결국, '할 수 없지. 그냥 혼자 가자!' 하면서 집을 나서려는데, 그 동안 있는지 없는지도 몰랐던 웬 여자가 보따리를 들고 따라나오기에 깜짝 놀라서 보니까 넷째 부인이더랍니다.

"야! 야! 넌 안 따라와도 돼. 넌 그냥 집에 있어!"라고 했더니, "아닙니다. 서방님, 저는 서방님이 어디를 가시더라도, 항상 서방님을 모시는 서방님의 아내입니다. 제가 모시고 가서 지켜드리겠습니다!"라고 하면서 막무가내로 따라오더랍니다. 그래서 고맙다고 하기도 뭣하고, 오지 말라고 해도 포기할 눈치도 아니라서 할 수 없이 평소에 괄시하던 넷째 부인과 먼 해외여행을 떠났다고 합니다.

이 얘기를 인용하시면서 부처님께서 다음과 같은 가르침을 주십니다.

"여기서 첫째 부인은 그대들의 몸이고, 둘째 부인은 그대들의 재산이고, 셋째 부인은 그대들의 형제 자매, 일가친척, 그리고 친구, 이웃들이며, 넷째 부인은 그대들의 마음, 그대들의 업이니라. 그리고 가보지 않은 먼 해외여행은 저승으로 가는 여행이니라!"

그렇습니다. 우리와 가장 가까운 남이 바로 우리들의 몸입니다. 몸을 나라고 생각하지만, 내가 아니기에 죽을 때 가지고 가지 못합니다. 따라오지도 않습니다. 그 몸의 주인이 우리가 아니고 단지 지·수·화·풍의 네 가지 큰 원소들의 덩어리가 단지 금생이라는 시간의 감옥 속에서 일시적으로 만난 것이라는 것입니다.

이 허망한 몸은 우리가 감옥을 벗어나서 해탈을 하건 지옥을 가건 다시 본래의 자리인 흙과 물과 불과 바람으로 원래 자기 모습으로 돌아가는 것이라고 합니다. 지금 부처님은 보안보살에게 그 이야기를 해 주시는 것입니다. 중생들을 그렇게 가르치라고 말입니다.

그냥 잠시 인연으로, 환으로 있는 것이 나의 몸이다

이것으로 이 몸은 결국 실체가 없이 인연으로 화합하여 만들어진 모습이니, 진실로 환화(幻化)와 같음을 알 것이다. 네 가지 연(緣)이 임시로 화합하여 허망하게 육근(六根)이 있게 되고, 육근(六根)과 사대(四大)가 안팎에서 합해져 몸이 형성되면, 허망하게 인연되는 기운이 그 자리에 쌓이어 인연의 모습이 있는 듯하니, 이를 잠시 마음이라 부른다.

即知此身 畢竟無體 和合爲相, 實同幻化. 四緣假合 妄有六根, 六根四大 中外合成, 妄有緣氣 於中積聚 似有緣相, 假名爲心.
즉지차신 필경무체 화합위상, 실동환화. 사연가합 망유육근, 육근사대 중외합성, 망유연기 어중적취 사유연상, 가명위심.

 **마음여행**

언어! 그 참을 수 없는 존재의 가벼움!

우리의 말이란 참으로 열등한 구조를 가지고 있습니다. 말의 표현수단인 글도 마찬가지입니다. 제가 젊은 시절 1987년에 영국에서 공부할 때 저희 클래스에 약 15개국 나라에서 온 젊은이들이 증권투자와 영어를 같이 배우고 있었습니다. 당시 우리 반에는 한국을 아는 사람이 거의 없었습니다. 태국에서 온 사람과 인도네시아에서 온 약간 나이 들은 사업가가 조금 알고 있는 정도였습니다.

그래서 자기소개를 할 적에 한국은 1986년에 아시안 게임을 했고, 내년(1988년)에 올림픽을 한다고 했습니다. 그로부터 며칠 후에 우리 반에서 제일 젊고 예쁜 아가씨가 저를 찾아 와서는 배드민턴을 치자는 것이었습니다. 둘 다 영어를 배우는 처지라 말이 익숙하지 않은 상태에서 뜬금없이 배드민턴 라켓을 들고 와서 같이 치자고 하니 좀 황당했지요. 만일 배드민턴을 칠 때, 공을 한 번도 안 떨어트리고 100번을 치면 자기가 저에게 무엇인가 할 말이 있다는 것이었습니다.

어쨌든 예쁜 여자가 같이 가지고 하면, 지옥이라도 갈 판에, 배드민턴쯤이야 하면서 100번을 치면 뭔가 좋은 선물이 있을 것 같아 있는 힘을 다해 쳤습니다. 그 아가씨도 제법 잘 치니까 배드민턴 채를 외국까지 와서 샀을 터이고, 저도 전혀 못하는 편은 아니어서 100번을 단숨에 넘겼지요. 숨을 헐떡거리며 같이 벤치에 앉았는데, 젊은 나이이니 쳐다보기만 해도 그저 웃음이 나오고 더구나 단 한 차례의 실수도 없이 100번을 쳤으니 서로 간에 참 기분이 좋았지요.

잠깐 휴식을 취한 다음 제가 "할 말이 있다는 게 무엇인가?" 하고 물었습니다. … 찰나간의 침묵이 흘렀는데, 그야말로 생각지도 않게 자기와 결혼을 해 줄 수 있느냐고 묻는 것이었습니다. 그때 제 나이는 27살이고, 그 여자는 18살이었는데 말입니다. 저는 방망이로 머리를 맞은 것처럼 잠시 멍해졌습니다. 더구나 그 여자 말이 자기는 어렸을 때부터 일본 남자와 결혼하는 것이 꿈이었고, 남한(South Korea)에 대해서는 잘 모르지만 일본에서 비행기로 한 시간밖에 안 걸리는 나라이니, 그게 그거일 것 같고, 내내 지켜보았는데 마음에 든다며 결혼하자는 것이었습니다.

저는 황당했지만, 그래도 평소 인물에 대해서는 그다지 자신 없던 차에 미인한테 프러포즈를 받으니 너무 좋아서 일단 데이트를 시작했습니다. 그 다음날부터 같이 수업을 듣고 일요일이 되면 런던 시내 가톨릭 성당에 가서 그 아이가 미사를 드리는 것도 지켜보면서 '참 서양여자 같지 않다, 동양인 같다.'는 생각도 들곤 했습니다. 그런데 우리 클래스에서 가장 예쁜 여자아이가 어디에 있는 줄도 모르는 극동의 한국 사람과 데이트를 하니, 자연스레 다른 친구들 입방아에 오르내리게 되었습니다.

그러던 어느 날, 남자들끼리 식당에서 이야기를 주고받는데 한 바람둥이 같은, 잔머리가 기가 막히게 잘 돌아가는 독일 녀석이 하는 말이, "우리 클래스 여자들 중에 처녀는 한 명밖에 없는 것 같은데, 그 여자가 미스터 우랑 데이트를 한다."고 하면서 좋겠다고 은근히 시샘도 하면서 약을 올리더군요. 이렇게 서로 웃고 떠들면서 이야기를 하고 있는데, 그 당사자인 스위스 여자아이가 갑자기 나타나서 "너희들, 내 이야기 했지?" 하는 것이었습니다.

다들 아니라고 하면서 서둘러 자리를 파했는데… 그 여자아이가 저녁에 우리 집으로 찾아와서는, "낮에 남자들끼리 있을 때 틀림없이 내

이야기를 했지? 무슨 이야기를 한 거야?"라고 하면서 저를 다그치는 것이었습니다. 그래서 할 수 없이 "응, 스테판이 그러는데, 우리 클래스에서 네가 유일한 처녀래(You are a only virgin in our class)."라고 했더니, "버진이 뭔데?"라고 묻는 것입니다. 그녀는 영어단어인 virgin을 몰랐던 것입니다.

"버진 몰라? 처녀! v-i-r-g-i-n!!!"

스펠링을 하나하나 말해 주어도 모르는 것이었습니다. 그래서 할 수 없이 그 당시 빌보드 차트를 휩쓸던 유행곡인 마돈나의 라이크 어 버진(Like a virgin)을 리듬까지 흥얼거려주면서 알려주었는데도 못 알아들었습니다. 스위스 산골 태생으로 성당만 다닌 탓인지 전혀 못 알아듣기에 할 수 없이 젊은 여성에게 실례도 이만 저만 실례도 아닌, 거의 형사나 산부인과 의사 수준으로 할 수밖에 없었습니다.

"너, 성 경험 있어(Do you have a sexual experience)?"라고 물었습니다.

(펄쩍 뛰며…) "아니! 아직 없어(No! not Yet)."

"맞아! 그럼 네가 처녀야(Right! You are a virgin!)."

얼굴이 빨갛게 변한 영어가 몹시 서툰 스위스 산골 처녀와 영어는 마찬가지로 서툴지만 대학 입시 덕에 영어단어는 제법 아는 한국인과의 데이트는 그렇게 시작되었습니다.

서로 말이 안 통하더라도, 우리는 마음이 서로 통했습니다. 사실 저도 그때까지는 총각! 그것도 진짜 총각이었습니다. 저는 그 점을 그 아가씨에게 몹시도 강조하곤 했습니다(I am a virgin-man, too).

마음이 서로 일치하는 상태였는지라 말이 안 통하는 것쯤은 아무런 문제도 되지 않았습니다. 그러나 그 마음이 지금 부처님의 말씀처럼, 사대인 몸과 안(眼)·이(耳)·비(鼻)·설(舌)·신(身)·의(意)의 6가지 그림자가 허망하게 인연이 거짓으로 합해져서(假合) 이름하여 마음이라는 것을 아는 데는 채 한 달도 걸리지 않았습니다. 지금 부처님께서 하시는 말씀은 '내 마음 나도 몰라!' 라는 그 유행가 가사의 그 마음입니다. 단지 그때의 상황 따라 '이름하여 마음' 이라고 하는 놈입니다.

마음! 이놈은 도둑놈이다. 경계 따라 일어나는 망심이다.

선남자여, 이 허망한 마음은 육진(六塵)이 없다면 곧 존재할 수 없으며, 사대(四大)로 흩어지면 얻을 수 있는 육진의 경계도 없다. 그 가운데 인연의 경계가 제각기 흩어져 없어지면 마침내 볼 수 있는 반연된 마음도 없다. 선남자여, 저 중생의 허깨비 같은 몸이 없어지므로 허깨비 같은 마음도 없어지고, 허깨비 같은 마음이 없어지므로 허깨비 같은 경계도 없어지며, 허깨비 같은 경계가 없어지므로 허깨비를 없앤다는 것도 없어지며, 허깨비를 없앤다는 것도 없어지므로 허깨비 아닌 것만 없어지지 않는다. 이는 마치 거울의 먼지를 닦아 다 없어지니 밝은 거울이 나타나는 것과 같다.
선남자여, 신심(身心)은 모두 허망한 번뇌로서 이 번뇌의 모습이 영원히 사라져야 시방세계가 청정해진다는 것을 알아야 한다.

善男子, 此虛妄心 若無六塵 則不能有, 四大分解 無塵可得. 於中緣塵 各歸散滅 畢竟無有 緣心可見. 善男子, 彼之衆生 幻身滅故 幻心亦滅, 幻心滅故 幻塵亦滅, 幻塵滅故 幻滅亦滅, 幻滅滅故 非幻不滅. 譬如磨鏡 垢盡明現. 善男子, 當知身心 皆爲幻垢垢相, 永滅十方淸淨.

선남자, 차허망심 약무육진 즉불능유, 사대분해 무진가득. 어중연진 각귀산멸 필경무유 연심가견. 선남자, 피지중생 환신멸고 환심역멸, 환심멸고 환진역멸, 환진멸고 환멸역멸, 환멸멸고 비환불멸. 비여마경 구진명현. 선남자, 당지신심 개위환구구상 영멸시방청정.

마음여행

정말이지 눈·귀·코·혀·몸·뜻이 없으면 이 허망한 마음은 없는 것입니다. 이야기를 계속하겠습니다. 아직 아내가 힘이 펄펄 나는 40대인데, 겁도 없이 총각시절 연애 이야기를 이렇게 많은 사람들이 둘러서 지켜보는 가운데(衆人環視) 겁도 없이, 그것도 마치 아직도 그리워하는 듯이 (사실 그리워합니다) 이렇게 소상히 설명하는 것은 그 허망한 마음이 단지 육진의 그림자라는 것을 설명하기 위함입니다.

제 생일날 저는 남자 친구들, 스위스 촌놈들과 독일 프랑스 촌놈들을 데리고 런던의 중국집으로 갔습니다. 거기에서 젓가락을 조자룡 헌 칼 쓰듯이 현란하게 사용하며, 밥그릇을 들고, 입에다 대고 후루룩 후루룩 하면서 중국요리를 먹는데(먹물 들은 서양인들은 밥그릇을 들거나 밥그릇을 입에 대거나 혹은 후루룩 소리를 내는 것을 거의 동물 수준의 천한 계층으로 봅니다), 눈을 동그랗게 토끼눈처럼 뜨고 있는 서양 촌놈들한테 중국의 문화와 동양의 문화를 설명해 주면서, 한국은 양반이다, 일본 사람들은 처음부터 끝까지 밥그릇을 들고 먹는다는 사실을 강조하며 저를 뒤에서 시샘하며 수군거리는 서양 녀석들에게 뇌물을 먹이고 있었습니다.

그렇게 잘 먹고는 우리 학교 근처인 그린위치로 가는 기차역에 와서는, 갑자기 회사 동료가 생각나서 전화를 하다가, 그 친구가 옆의 여자동료를 바꾸어 준다기에 더 신이 나서 한국 말로 한참 동안 호들갑을 떨며 잘난 척하고 웃다가 전화를 끊었습니다. 그런데 우리도 한국에서 외국인이 자기네 나라 말을 하면서 막 웃고 떠들고 하면 한참을 쳐다보듯이 사람들이 전부 저를 쳐다보는 것 같았습니다. 그때였습니다. 그 사막의 여우도 아니고, 바람둥이 여우같은 독일 친구가 "누구랑 통화한 건데?" 하는 것이었습니다. 그래서 "여자 친구야!"라고 이야기해 주었지요.

그러고 나서 채 24시간도 지나지 않은 다음 날 아침, 수업을 들어가려는데, 그 스위스 산골 처녀가 교실 앞에서 저를 기다리고 있더군요. 그리곤 잠깐 이야기 좀 하자는 것이었습니다.

"어제 생일이었다며? 축하해! 근데 왜 나는 안 불렀어?"

"그냥 남자들끼리 할 이야기가 있어서 그랬는데…."

"좋아, 근데 너 한국에 여자 친구 있다며? 그 친구랑 어제 전화했었다며?"

"응, 회사에 전화했다가, 동료가 바꿔 주기에 통화했어."

"근데 한국에 여자친구 있다고 나한테 왜 이야기 안 했어?"

"야! 내가 한국에 여자 친구들 이야기를 왜 너한테 하니? 나 여자 친구 많아. 나중에 네가 한국에 오면 다 볼 거야."

"나 한국에 안 갈 거야. 그리고 너와도 이걸로 끝이야!"라고 화를 내고는 찬바람을 휙 뿌리며 가버리는 것이었습니다.

그 여자아이가 저에게 왜 그렇게 화를 내고, 저는 왜 그 여자아이에게 걷어차였는지 안 것은 한국으로 돌아온 다음이었습니다. 우리는 여자친구면 당연히 걸프랜드(Girl Friend)라고 하지만, 그 당시 영어권에서는 걸프랜드 혹은 보이프랜드라고 하면, 결혼은 아직 안 했지만, 영화제목처럼 '간혹 밤마다 뼈와 살이 부딪치는 소리'를 내는 그런 육체적 관계를 포함한 애인을 의미하는 말이고, 그냥 친구는 여자든 남자든 다 '프랜드'라고 합니다. 자세히 설명할 필요가 있으면 friend who is a girl(여자친구), friend who is a boy(남자친구)라고 한다는 것입니다.

그러니 서로가 좋아 보일 때는 말도 필요 없었지만, 한쪽이 의심하는 상태에서 말이 통하지 않으면 그 의심과 의혹과 원망과 속았다는 분한 마음까지 포개져서 감당할 수 없는 결과가 오는 것입니다. 사실 처음에 프러포즈 받던 당시의 제 마음이나, 나중에 걷어차였을 때의 제 마음은 변함이 없는데, 저 혼자 좋아했다가, 독일여우한테 얘기를 듣자마자 또 저 혼자 나를 평가해서 그렇게 화를 내고, 나중에 제가 한국으로 올 때 고개도 안 돌리고 손만 흔들던 그 여인이 요사이 유럽에 부는 불교 영향으로 마음의 실체를 알면 좋겠습니다. 사대의 화합인 몸과 육진의 그림자를 마음이라고 여기는 그 무명 망상을 불법을 만나기 전에야 전혀 알 수 없는 소식이니… 그 업보를 다 어쩌겠습니까?

그러니 부처님께서 안다고 하는 것을 버리고, 자신 있다고 하는 것을 버리고, 드디어 이제 알았다는 생각도 버리고, 이제는 좀 눈이 밝아졌다는 생각도 버리고… 그렇게 버리고 또 버리면 저절로 원각이 나온다고 말씀하신 것입니다.

파망현진(破妄顯眞) 파사현정(破邪顯正)

선남자여, 비유하면 청정한 마니보주(摩尼寶珠)가 다섯 가지 색에 비추일 때에 보는 방향에 따라 각기 색깔이 나타나니, 어리석은 사람들은 마니보주에 실제 다섯 가지 색깔이 있다고 보는 것과도 같다.
선남자여, 원각의 청정한 성품이 신심(身心)에 나타남이 중생의 종류에 따라 각각 반응하나, 저 어리석은 사람들이 청정한 원각에 실제 이와 같은 신심(身心) 자체의 모습이 있다고 말하는 것도 또한 이와 같으니, 이 때문에 환화(幻化)를 멀리 여읠 수가 없다. 그래서 내가 신심(身心)을 허망한 번뇌라 말하는 것이다. 환(幻)인 번뇌를 여읜 사람에 대하여 보살이라 하나, 번뇌가 다하여 상대적 경계가 제거되면 곧 대치할 번뇌나 이와 관련하여 이름 붙일 것이 없다.

善男子, 譬如淸淨 摩尼寶珠 映於五色 隨方各現, 諸愚癡者 見彼摩尼 實有五色. 善男子, 圓覺淨性 現於身心 隨類各應, 彼愚癡者, 說淨圓覺 實有如是身心 自相亦復如是, 由此不能 遠於幻化. 是故我說身心, 幻垢對離 幻垢說名 菩薩垢盡對除 卽無對垢 及說名者.

선남자, 비여청정 마니보주 영어오색 수방각현, 제우치자 견피마니 실유오색. 선남자, 원각정성 현어신심 수류각응, 피우치자 설정원각 실유여시신심 자상역부여시, 유차불능 원어환화. 시고아설신심, 환구대리 환구설명 보살구진대제 즉무대구 급설명자.

마음여행

이 대목에서 부처님이 참으로 중요한 말씀을 하십니다. 몸도 없고 마음도 없는데, 그래도 자꾸 마음을 들여다보려고 하고, 몸이라는 놈이 욕심을 낼 때마다 '실체가 없는 놈이 조건 따라 또 옹알이를 하는구나!'라고 자꾸자꾸 생각하면서, 자신의 몸과 마음을 함부로 방치하지 말라는 것입니다. 몸이 요구하고, 마음이 짓는 모든 것들을 끊임없이 문제 삼아, '아, 이 업이라는 놈들이 또 이렇게 집을 짓고 있구나.'라고 생각하라는 것입니다. 그렇게 자꾸 자신의 몸과 마음을 들여다보려고 하면, 자신도 모르는 사이에 관(觀)하는 능력이 생깁니다. 그 관하는 놈을 원각경에서는 대(對)라고 하고, 몸과 마음의 장난질을 때(垢)라고 한다는 것입니다. 그렇게 보이는 대상과 보는 놈을 나누어 쪼개 들어가다 보면 어느 날 문득 보는 놈(對)도 없어져서 원각의 청정한 성품이 나타난다는 것입니다.

마니구슬은 용의 뇌 속에 있다고 하는 맑은 구슬입니다. 너무나 맑고 맑아 만지기 전에는 전혀 보이지 않으며, 빨간색 앞에서는 빨갛게 비추고, 파란색 앞에서는 파랗게 비추어, 그 본래의 모습을 지키지 않고, 단지 비춰지는 색상에 따라 그 모습과 색의 존재를 알 뿐인데 무식한 중생들이 마니구슬은 빨갛다, 파랗다 하며 장님 코끼리 만지듯이 자기가 아는 것을 그 실체라고 여긴다는 말입니다. 그러니 단지 우리의 생각, 우리의 믿음을 내려놓으면 실상을 볼 수 있다는 소리입니다. 저도 죽기 전에 이 경지에 가려고 노력하고 있습니다.

여태껏 내가 쓰던 '내 마음'이
'내 마음'이 아니라 무명(無明)이다!

선남자여, 이 보살과 말세의 중생은 모든 환의 실체를 알아 허망한 영상을 멸하였기에, 그때에 시공을 초월한 청정을 얻는다. 끝없는 허공은 각(覺)에서 나타났다.

善男子, 此菩薩及 末世衆生 證得諸幻 滅影像故 爾時, 便得無方淸淨.
無邊虛空 覺所顯發.
선남자, 차보살급 말세중생 증득제환 멸영상고 이시, 변득무방청정.
무변허공 각소현발.

 마음여행

환을 증득한다 함은 무명이 만든 일체의 작용임을 확실하게 안다는

것을 말합니다. 제가 원각경에서 하고 싶은 말은 어찌 보면 다음의 말입니다.

나 : 부처님이 그러시는데, 여태껏 내가 써왔던 내 마음이 내 마음이 아니라 무명(無明)이래.

도반 : 무명? 그럼 내 마음은 어디 있는데?

나 : 원래 내 마음? 그런 것은 본래 없대.

도반 : 그럼 무명이라는 놈이 뭐 하는 놈이기에 사람들이 수만 년 동안 속는 거지?

나 : 무명의 정체는 환이고 영(영화 화면)이래.

도반 : 그럼 무명이라는 놈은 허공에 나타난 허깨비고 극장 화면에 나타난 영상이란 말이야?

나 : 그래. 우리가 영화 보고 속아서 울고 웃고 혹은 가상현실에 속아 겁먹고 심장마비로 죽고 하듯이 하는 거래.

도반 : 그럼 그 무명이라는 놈은 재료가 뭐며, 정체가 뭔데?

나 : 우리 몸의 원소인 지·수·화·풍의 화합과 안·이·비·설·신·의인 육근의 장난이래.

도반 : 그놈들은 재료잖아, 그 재료들이 움직이는 어떤 원리나 힘이 있을 것 아니야?

나 : 어, 그래. 그게 업력이라는 거야. 돼지 눈에는 돼지만 보이고, 부처 눈에는 부처만 보인다고, 자기 업대로 사대 육근을 가지고 영상을 만들어내고는 자기가 거기에 묶여 버리는 것이지.

도반 : 그럼 부처님은 어떻게 하라고 하셨는데?

나 : 음, 인위적으로 '관하는 놈'을 만들라고 하셨어. 그 '관하는 놈'을 스님들이 '보는 놈'이라고도 하셨지.

도반 : 음, 그래서 수행을 인위적 방편이라고 하는구나?

나 : 맞아! 인위적으로 만든 '관하는 놈'이 사대(지·수·화·풍) 육근(안·이·비·설·신·의)을 가지고 '집 짓는 놈(내 마음)'을 보는 거지. '아이고, 잘 논다. 잘 노는구나. 너 또 그 짓 하는구나?' 하면서 자기 자신을 보는 거야. 그러면 그 놈이 정체가 드러난 상태이기에 힘을 잃기 시작 하는 거지.

도반 : 아, 그래서 관력이 업력을 이기기 시작하면 혜력이 생겨서 법력이 증장한다고 하는 것이구나.

나 : 어? 많이 아네! 그래서 나도 매일 108배를 하는 거야. 사대 육근을 가지고 장난치는 내 마음이라는 업력을 나의 인위적인 수행력으로 일정 시간 꺾어 보려고. 그런데 아직도 108번 절하는 동안 20번 이기기도 힘든 것 같아. 그래도 계속할 거야. 죽는 날까지.

마음이 청정하면 일체가 청정하다
(육근 청정이면 육경도 청정해진다)

각(覺)이 두렷하게 밝으므로 마음의 청정이 드러나고, 마음이 청정하므로 견진(見塵)이 청정하며, 견(見)이 청정하므로 안근(眼根)이 청정하고, 근(根)이 청정하므로 안식(眼識)이 청정하다. 식(識)이 청정하므로 문진(聞塵)

이 청정하고, 문(聞)이 청정하므로 이근(耳根)이 청정하며, 근(根)이 청정하므로 이식(耳識)이 청정하고, 식(識)이 청정하므로 각진(覺塵)이 청정하듯 비(鼻)·설(舌)·신(身)·의(意)도 또한 이와 같다.

선남자여, 근(根)이 청정하므로 색진(色塵)이 청정하고, 색(色)이 청정하므로 성진(聲塵)이 청정하듯 향(香)·미(味)·촉(觸)·법(法)도 또한 이와 같다.

覺圓明故 顯心淸淨, 心淸淨故 見塵淸淨, 見淸淨故 眼根淸淨, 根淸淨故 眼識淸淨, 識淸淨故 聞塵淸淨, 聞淸淨故 耳根淸淨, 根淸淨故 耳識淸淨, 識淸淨故 覺塵淸淨, 如是乃至鼻舌身意, 亦復如是. 善男子, 根淸淨故 色塵淸淨, 色淸淨故 聲塵淸淨, 香味觸法 亦復如是.

각원명고 현심청정, 심청정고 견진청정, 견청정고 안근청정, 근청정고 안식청정, 식청정고 문진청정, 문청정고 이근청정, 근청정고 이식청정, 식청정고 각진청성, 여시내시비실신의, 역부여시. 선남자, 근청정고 색진청정, 색청정고 성진청정, 향미촉법, 역부여시.

🔔 마음여행

앞의 저와 도반의 대화 내용처럼 그렇게 가다 보면 금강경을 만나게 됩니다. 금강경에서 더 나아가면 반야심경도 만나게 됩니다. 금강경의 마지막 사구게 생각나시나요? "일체유위법 여몽환포영 여로역여전 응작여시관." 거기에 나오는 환과 영입니다.

부처님께서는 우리에게 말씀하십니다. 눈으로 보거나 귀로 듣거나 마음으로 그려서 그렇다고 알고 있고, 그렇다고 믿고 있는 것들, 그것들이 다 허깨비 환이며, 그림자 영이라는 것입니다. 여기서 그림자는 영화의 영상 화면을 말합니다. 우리의 머릿속에 주마등같이 흘러간다는 그 주마등이 바로 영화카메라입니다. 그 영화카메라가 만드는 영상은 영화감독이 시나리오대로 혹은 제작자의 의도를 가미하여, 카메라맨에게 시켜서 만드는 것입니다

그 영화를 보면서 가슴 졸이고, 어느 대목에서는 눈물이 왈칵 나기도 하고, 어느 대목에서는 저런 나쁜 놈 하면서 흥분하기도 합니다. 단지 영화임에도 불구하고 우리는 그렇게 몰입하여 감정을 이입하곤 합니다. 더더구나 그게 꿈에 나타나기도 합니다.

그런데 부처님 말씀은 우리의 삶도 영화라고 하십니다. 부처의 눈으로 모든 사랑과 미움을 벗어버린 사람이 보니, 꿈이라는 것입니다. 낮꿈이지요. 그런데 이것은 숨 끊어지자마자 즉각 아는 현실이라고 합니다. '어! 꿈이 맞네!'라고 말입니다. 적어도 법문을 많이 듣고 원각경, 금강경 같은 경을 공부하신 분들은 몸 있을 때 듣고 공부한 그 경지를 확인한다고 하니, 죽음도 두렵지 않습니다. 그저 다른 곳으로의 여행일 테니까요.

그분들은 사대 육근의 재료가 뭉쳐있는 것이 공(空: 없다가 아니라 일시적으로 조립되어 있다는 것)임을 아시기 때문에 생사가 둘이 아니라고 말씀하셨고, 보통사람들이 두려워하는 죽음도 두려워하지 않는 것입니다. 금강경보다 반야심경이 나중에 성립되었기 때문에 금강경이 성립될 당시

에는 사용되지 않았던 공이라는 단어가 반야심경에 나오는 것입니다. 그래서 이런 이치를 깨달은 사람은 안근이 청정하면 안식이 청정하고, 이근이 청정하면 이식이 청정하고……. 결국은 반야심경에 나오는 시제법공상(是諸法空相) 모든 법이 다 공상(공한 상: 일시적으로 조립되어 있는 상태)이라는 것을 알게 된다는 것입니다. 알게 되면, 다시는 속지 않는 것입니다. 철광석을 녹여 쇠를 만듭니다. 그런데 일단 쇠가 되면 다시는 철광석이 되지 않습니다. 쇠는 오랜 세월이 흐르면 사대 원소의 하나인 지(地: 흙)로 돌아갑니다.

육경이 청정하면 사대(몸)도 청청해진다

선남자여, 육진(六塵)이 청정하므로 지대(地大)가 청정하고, 지대(地大)가 청정하므로 수대(水大)가 청정하듯 화대(火大)와 풍대(風大)도 또한 이와 같다.

善男子, 六塵淸淨故 地大淸淨, 地淸淨故 水大淸淨, 火大風大, 亦復如是.
선남자, 육진청정고 지대청정, 지청정고 수대청정, 화대풍대 역부여시.

 **마음여행**

위에서는 흙의 예만 들었죠? 그런데 물도 그렇고, 불도 그렇고, 바람도 다 그런 것이랍니다.

사대·십이처·십팔계가 청정하면
팔만사천 다라니문이 다 청정하다

선남자여, 사대(四大)가 청정하므로 십이처(十二處)·십팔계(十八界)·이십오유(二十五有)가 청정하고, 그들이 청정하므로 십력(十力)·사무소외(四無所畏)·사무애지(四無碍智)·부처님의 십팔불공법(十八不共法)·삼십칠조도품(三十七助道品)이 청정하듯 팔만사천다라니문(八萬四千陀羅尼門) 일체가 청정하다.

善男子, 四大淸淨故 十二處·十八界·二十五有淸淨, 彼淸淨故 十力 四無所畏·四無碍智·佛十八不共法·三十七助道品淸淨, 如是乃至 八萬四千陀羅尼門 一切淸淨.
선남자, 사대청정고 십이처·십팔계·이십오유청정, 피청정고 십력·사무소외·사무애지·불십팔불공법·삼십칠조도품청정, 여시내지 팔만사천다라니문 일체청정.

 마음여행

　일념즉시무량겁에 대한 부처님의 설명방법입니다. 작은 것으로 시작해서 큰 세계로 가십니다. 여기서 나오는 사대는 지·수·화·풍이고, 십이처는 육근(안·이·비·설·신·의)과 육경(색·성·향·미·촉·법)의 생각을 일으키게 하는 장소입니다. 그리고 십팔계는 접촉하는 순간에 펼쳐지는 모든 경계입니다, 안계·이계·비계… 식계 등 6가지 경계가 펼쳐지고, 그래서 영어의 기본문장인 〈주어+동사+목적어(S+V+O)〉처럼 동사가 목적어를 끌고 다니듯이, 안계가 안식계를 만들어 색을 인식하게 되는 것이고, 이러한 식으로 의근이 의식계를 만들어 법을 인식해서 삼천대천세계를 다 만드는 것입니다.

　이런 식으로 살던 것이 단지 이번 생만이 아니라, 사람으로 살기 이전의 처음 우주가 생기던 무렵의 한 마리의 박테리아부터 말미잘, 지렁이, 오징어, 곤충의 잠자리나 벌레로 살다가, 드디어 어느 날 척추가 있어 뇌와 척수가 구분이 되는, 무의식의 세계로만 사는 척추 이전의 동물체에서 뇌가 생겨 무의식과 의식을 같이 동원해 가는 어류로 진화에 성공하게 됩니다. 그리고는 개구리, 두꺼비 같은 양서류로 살다가, 다시 뱀이나 악어로 진화됩니다.

　우리는 아기공룡 둘리와 사촌지간이었는지도 모릅니다. 우리 인간들은 과거에 파충류로 오랜 동안 살던 정보를 몸 안에 많이 가지고 있습니다. 간혹은 조류로 하늘을 날기도 하다가, 어느 날 드디어 포유류로 진화하더니, 네안데르탈인, 북경원인, 시베리아 원인으로 한참을 살다가

지금은 지구상 동물 중에 가장 뛰어나면서도 불쌍한 인간으로 태어나 살아가는 것입니다.

그래서 우리 몸 안에는 수천만 년 전의 모든 정보가 다 저장되어 있다고 합니다. 한국에 태어난 사람은 수천만 년 전부터 한국의 자연 환경, 역사, 문화 등이 다 생생하게 저장되어 있다고 합니다. 그래서 한국 사람들은 일본이나 중국을 좋아하기도 하고 싫어하기도 하고, 혹은 경상도에서 태어나는 사람과 평안도에서 태어나는 사람, 그리고 전라도에서 태어나는 사람, 충청도에서 태어나는 사람들은 선거를 할 때면 비슷한 성향의 투표를 합니다. 그러한 것은 우리 각자가 가지고 있는 정보 중에 공통으로 가지고 있는 정보라고 해서 공업(共業: 공통의 업)이라고 합니다. 그런 공업에서 벗어나고 공업을 내려놓는 것이 불자들의 수행입니다. 절에 가서 3,000배를 하고 사경, 독경을 하면서 남을 미워하고 차별한다면 이는 수행이나 신행이 아니라 요행수를 바라는 도박입니다.

그런데 인간이 왜 동물 중에 가장 불쌍하냐고 의아해 하실 분도 있을 것입니다. 제 생각엔 그렇습니다. 다른 동물도 자살하나요? 동물들은 다 죽기 싫어하고 살기를 원하는데 인간은 죽기를 원하기도 하고 실제로 스스로 죽는 이들도 있습니다. 여하간 그렇게 치열하게 살아온 우리 인간은 이번 생에는 인간으로 살지만 동물로도 살았고, 아수라의 세계, 야차의 세계, 지옥의 세계, 그리고 범천·도솔천 같은 하늘세계에서도 다 살았을 것입니다. 어쨌든 인간을 포함한 다른 세계가 25가지가 있어서 이십오유(有)라고 합니다.

이러한 '죽고 사는 죽살이'가 그 정체를 알아서 어느 날 몸과 마음이 청정해지신 여래께서 얻는 십력이란 무엇일까요? 여래 십력·사무애지·삼십칠조도품에 대해서는 전문적인 지식이니 아래 참고사항을 보시기 바랍니다.

동국역경원과 홍법원 사전을 참고하여 일러드리겠습니다.

부처님께서 가진 특유의 10종 지력, 부처님이 전지자인 것을 나타내는 힘, 10가지 지혜의 작용, 부처님이 가진 10가지 힘, 막힘없이 작용함이라는 뜻을 가진 여래 10력은 다음과 같습니다.

1) 처비처지력(處非處智力): 도리에 맞는 것과 도리에 맞지 않는 것을 변별하는 힘입니다.
2) 업이숙지력(業異熟智力): 하나하나의 업인(業因)과 그 과보(異熟果報)와의 관계를 여실히 알 수 있는 힘. 즉 부처님께서는 과거와 현재와 미래에 얻은 업의 과보에 대해 그 이유 원인을 다 안다는 것입니다.
3) 정려해탈등지등지지력(靜慮解脫等持等至智力): 사선·팔해탈·삼삼매·팔등지 등의 신징(禪定)을 아는 힘입니다.
4) 근상하지력(根上下智力): 중생의 근기가 높고 낮음을 여실히 아는 지혜의 힘입니다.
5) 종종승해지력(種種勝解智力): 중생의 성류(性類)가 각기 다르므로 그들이 머무는 세간도 각기 다르나 부처님께서는 이를 다 아시는 것을 뜻합니다.
6) 종종계지력(種種界智力): 중생의 의락(意樂)에 여러 가지 차별이 있으나 여실히 아는 지혜의 힘입니다.
7) 변취행지력(遍趣行智力): 중생의 근기란 제각기 달라 수없는 상하 우열의 계층이 있으나 부처님께서는 이를 다 아는 힘입니다.

8) 숙주수념지력(宿住隨念智力): 중생의 숙명을 다 아는 지혜의 힘입니다.
9) 사생지력(死生智力): 초인간적인 천안(天眼)으로 중생의 나고 죽음을 보고 천함과 고귀함, 행과 불행들을 다 각각 그 업에 따라 다 아는 지혜의 힘을 뜻합니다.
10) 누진지력(漏盡智力): 일체의 번뇌가 다한 것을 여실히 아는 지혜의 힘. 부처님은 중생의 갖가지 번뇌, 성향, 수행 등에 대해 정확하게 아는 지혜의 힘을 가지고 있다는 것이지요.

즉 부처님은 중생들이 괴로움을 받고 윤회하게 하는 업과 윤회하는 세계와 업에 따른 중생들의 다양함을 바르게 아시는 것을 말하고, 부처님께서는 이러한 중생들의 괴로움과 윤회의 괴로움을 끊고 벗어나게 하기 위해 중생의 스승으로서 바른 능력, 바른 가르침을 설하시고 이끄신다는 말입니다.

사무애해(四無碍解 paṭisambhidā)는 ① 의무애해(義無碍解) ② 법무애해(法無碍解) ③ 사무애해(詞無碍解) ④ 변무애해(辯無碍解)의 네 가지가 있습니다.

1) 의무애해(義無碍解): 의미를 통달한 분석지. 세존의 모든 가르침의 의미, 목적, 결과와 기능적 필요성을 이해하는 것입니다.
2) 법무애해(法無碍解): 법에 대한 분석지. 모든 결과에는 원인이 있다는 것(인과법, 연기법), 고귀한 팔정도, 설해진 법, 법과 관련된 범위 내에서 있는 모든 지식을 이해하는 것입니다.

3) 사무애해(詞無碍解): 언어에 대한 분석지. 실재를 표현하는 언어에 관한 지식으로서 언어로 표현하는 데 걸림이 없는 것입니다.
4) 변무애해(辯無碍解): 언어 구사력에 대한 분석지. 임기응변에 능한 분석지인데, 법의 의미에 대해 미사여구를 자유자재로 사용하여 누구나 쉽게 알아듣도록 설명하는 능력을 뜻합니다.

즉 사무애해란 부처님께서 중생들을 괴로움과 윤회에서 벗어나게 하기 위하여 근기에 맞게, 인연에 맞게 대기설법으로 적절한 가르침을 설하신다는 말씀입니다.

삼십칠조도품은 사념처·사정근·사여의족·오근·오력·칠각지·팔정도를 말하고, 이러한 삼십칠조도품은 팔정도에 포섭됩니다. 팔정도는 사성제 중에 도성제로 포섭됩니다. 그러므로 삼십칠조도품은 부처님께서 괴로움과 윤회를 벗어나게 하기 위하여 가르쳐 주신 수행방법들을 집대성한 것입니다. 이 중에서 특히 사념처와 팔정도가 중요한데 사념처는 무상·고·무아를 위빠사나로 철견하는 수행법을 말하고, 팔정도는 이러한 모든 수행을 포함하여 계·정·혜를 닦는 수행법입니다. 이것이 바로 괴로움에서 벗어나고 해탈열반을 실현하고 윤회에서 벗어나는 도인 것입니다.

일체의 실상이 청정하니 시방 중생의 원각도 청정하다

선남자여, 일체의 실상(實相)은 그 성품이 청정하므로 하나의 몸이 청정하고, 하나의 몸이 청정하므로 모든 몸이 청정하며, 모든 몸이 청정하므로 시방세계에 있는 모든 중생의 원각이 청정하다.

善男子, 一切實相 性淸淨故 一身淸淨, 一身淸淨故 多身淸淨, 多身淸淨故 如是乃至 十方衆生 圓覺淸淨.
선남자, 일체실상 성청정고 일신청정, 일신청정고 다신청정, 다신청정고 여시내지 시방중생 원각청정.

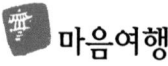 마음여행

하나로 시작하셨다가, 무량으로 퍼져나가게 하시고, 한 몸으로 시작하셨다가 일체중생으로 가십니다. 여기에서는 무량원겁즉일념의 설명방법을 택하셨습니다.

너와 나의 분별이 없음을 설하시면서 작은 것과 큰 것이 없는, 인간들이 분별하는 상대세계를 떠난 절대세계를 말씀하시고 계십니다. '공간의 차이'에 대한 부정입니다. 그 다음은 무엇일까요?

일체의 세계가 청정하니 삼세의 일체가 청정하다

선남자여, 하나의 세계가 청정하므로 모든 세계가 청정하고, 모든 세계가 청정하므로 허공계가 다하고 삼세(三世)를 싸안으며 일체 평등으로 모든 원각이 청정 부동(不動)한 것이다.

善男子, 一世界淸淨故 多世界淸淨, 多世界淸淨故 如是乃至 盡於虛空 圓裹三世 一切平等, 淸淨不動.
선남자, 일세계청정고 다세계청정, 다세계청정고 여시내지 진어허공 원과삼세 일체평등, 청정부동.

마음여행

당연히 '시간의 차이'에 대한 부정입니다. 과거·현재·미래가 사실은 없는 것입니다. 척추를 바로 세우고 잘 보십시오. 이제 '보안보살장'의 결론 부분이 나옵니다.

일체가 평등부동이라!

선남자여, 허공이 이와 같이 평등하여 부동하니, 이는 각성(覺性)이 평등하여 부동한 것임을 마땅히 알아야 한다. 사대(四大)가 부동하므로 이는 각성(覺性)이 평등하여 부동한 것임을 마땅히 알아야 한다. 이와 같이 팔만사천다라니문(八萬四千陀羅尼門)까지 평등하여 부동하니, 이는 각성(覺性)이 평등하여 부동한 것임을 마땅히 알아야 한다.

善男子, 虛空如是 平等不動, 當知覺性 平等不動. 四大不動故 當知覺性 平等不動. 如是乃至 八萬四千陀羅尼門 平等不動, 當知覺性 平等不動.
선남자, 허공여시 평등부동, 당지각성 평등부동. 사대부동고 당지각성 평등부동. 여시내지 팔만사천다라니문 평등부동, 당지각성 평등부동.

 마음여행

부동이라는 말이 참으로 많이 나옵니다. 의상 대사 법성게의 마지막 구절인 구래부동명위불(舊來不動名爲佛)을 기억하실 것입니다. 옛적부터 이러한 평등 부동함을 여래라고 하였습니다.

평등하다는 것이 나와 남이 같고, 부처와 중생이 같은 것이라고 생각하시면 곤란합니다. 쉽게 설명하면, 한국 사람이라는 바탕은 평등하지만 한국 사람들 중에서도 남을 위해서 사는 사람도 있고, 자기만을 위하는 사람도 있는 것처럼, 또 한 부모에서 태어나 자란 형제자매라도 '부모'라는 바탕은 평등해도, 각자의 입장에 따라 부모의 덕을 보는 사람이 있고, 부모의 덕 없이 사는 사람도 있습니다. 그러한 일은 왜 일어날까요? 그것이 바로 무아임에도 불구하고, 업력의 차이로 인해 인연의 생멸이 달라지고 상황이 달라지는 연기설입니다.

두루 가득한 법계와 법계는 이미 깨달아 있다

선남자여, 각성(覺性)이 두루 가득 청정하고 부동하여 두렷해 끝이 없으므로, 이는 육근(六根)이 법계에 두루 가득함을 마땅히 알아야 한다. 근(根)이 두루 가득하므로, 이는 육진(六塵)이 법계에 두루 가득함을 마땅히 알아야 한다. 진(塵)이 법계에 두루 가득하므로, 이는 지수화풍(地水火風) 사대(四大)가 법계에 두루 가득하고, 나아가 팔만사천다라니문(八萬四千陀羅尼門)이 법계에 두루 가득함을 마땅히 알아야 한다.

善男子, 覺性遍滿 淸淨不動 圓無際故, 當知六根 遍滿法界, 根遍滿故, 當知六塵 遍滿法界. 塵遍滿故 當知四大 遍滿法界, 如是乃至 陀羅尼門 遍滿法界.

선남자, 각성변만, 청정부동 원무제고, 당지육근 변만법계. 근변만고, 당지육진 변만법계. 진변만고 당지사대 변만법계, 여시내지 다라니문 변만법계.

 **마음여행**

환절기가 되면 어르신들이 많이 돌아가시곤 합니다. 특히 겨울에서 봄으로 가는 계절에 많이 돌아가십니다. 그 이유는 법계에 두루 가득한 기운이 겨우내 잔뜩 움츠려 있다가, 한꺼번에 모든 생물이 생동하기 때문입니다. 얼음은 온기를 취해 녹으려 하고, 나무는 우주의 기운을 당겨 싹을 돋우고, 잠자던 동물들도 기지개를 켜며 법계의 에너지를 강력하게 빨아들입니다.

사막의 캐러반들이 먼 여행을 위해 낙타의 등에 짐을 얹습니다. 주머니 하나, 가마니 하나, 보따리 하나 식으로 튼튼한 낙타의 등 위에 짐을 얹습니다. 그렇게 조금씩 올리다가, 어느 한계점에 달하게 되면, 마지막으로 올린 바늘 하나의 무게로 낙타의 그 튼튼한 등이 '우지끈' 하며 절단이 납니다. 한계점을 넘은 것입니다. 그러한 것처럼 봄의 생동은 마지막으로 남아있는 생의 에너지를 근근이 이어가며 사는 노인들에게는 약간의 기운을 풀이나 개울이나 나무나 동물들에게 빼앗겨도 생명을 잃게 되는 한계점일 수도 있는 것입니다.

연세 드신 분들은 겨울에서 봄이 오는 계절에 젊은 사람들이 산에 간다, 절에 간다 하고 들뜰 때 같이 들뜨시면 안 됩니다. 더욱 잘 드시고, 몸을 잘 푸신 다음에 조심조심 움직이셔야 합니다. 이왕이면 금생에 부처님 법 만난 김에 깨달음을 성취하시고 돌아가셔야지 다음 생에 다시 시작하려면 처음부터 다시 캄캄해집니다. 건강 잘 챙겨서 부처님 공부 마친 다음에 열반하는 것이 불자들의 목표여야 합니다.

부서지지 않고 뒤섞이지 않는 잉불잡란격별성의 법계

선남자여, 저 묘각(妙覺)의 성품이 법계에 두루 가득하므로, 육근(六根)의 성품과 육진(六塵)의 성품이 서로 허물거나 섞이지 않으며, 근진(根塵)이 허물어지지 않으므로 팔만사천다라니문(八萬四千陀羅尼門)이 허물어지거나 섞이지 않는다. 이는 마치 백 천 개의 등에서 나오는 불빛이 하나의 방안을 비출 때, 그 불빛이 방안에 두루 가득하여 그 방을 비춰주지만 각기 빛이 서로 허물어지거나 섞이지 않는 것과 같다.

善男子, 由彼妙覺 性遍滿故 根性塵性 無壞無雜, 根塵無壞故, 如是乃至 陀羅尼門 無壞無雜. 如百千燈 光照一室, 其光遍滿, 無壞無雜.
선남자, 유피묘각 성변만고 근성진성 무괴무잡, 근진무괴고 여시내지 다라니문 무괴무잡. 여백천등 광조일실, 기광변만, 무괴무잡.

마음여행

우주의 기운이 풀에게도 가고, 나무에게도 가고, 사람에게도 가고, 돌에게도 가듯이 우주의 다라니문도 그렇게 골고루 평등부동하게 작용합니다. 그러나 받는 사람이 각자가 가지고 있는 그릇의 크기에 따라 가지고 가는 것이 다르게 됩니다. 그것이 법성게의 '중생수기득이익(衆生隨器得利益)'입니다. 중생들이 자기의 그릇에 따라 얻는 이익이 달라진다는 것입니다. 백천 가지 우주 법계의 빛이 내게도 오고, 내 자식에게도 오고, 내가 미워하는 사람에게도 옵니다. 내가 아무리 그 사람을 미워하고, 내가 아무리 부처님에게 무릎이 부서질 정도로 절하며, "제가 미워하는 저 놈은 나쁜 놈이니까, 저 놈한테는 주시지 말고, 저 놈 때문에 피해 받는 저는 착하고 불쌍하니까 저에게 더 많이 주세요." 하며 기도 아니라 별 짓을 다해도 그 미워하는 놈의 그릇이 내 것보다 크다면, 나보다 법계의 이익을 더 많이 가져가는 것이 우주의 이치입니다.

중생의 차별심을 떠난 무너짐도 섞임도 없는 평등부동의 세계에서 잘 먹고, 잘 살고, 잘 죽는 길은 우주의 이치, 법계의 이치, 그리고 다라니의 이치가 다 같다는 것을 알고, 거기에 맞추어 사는 길밖에 다른 어떤 인위적인 것은 없습니다. 다른 모든 인위적인 것! 그것이 금강경 사구게에서 말하는 일체유위법이고, 그 일체유위법은 여몽환포영, 여로역여전, 꿈같고 허깨비 같고 물거품 같고 그림자 같고 이슬 같고 번개와 같이 허망하다는 것입니다.

깨달음이 성취된 세계의 보살

선남자여, 마땅히 알아야 한다. 각(覺)을 성취하기에 보살은 어떠한 법에도 묶이지를 않고 어떠한 법에서도 해탈하지를 않으며, 생사를 싫어하지도 않고 열반을 좋아하지도 않는다. 계율 지닌 것을 공경하지도 않고 금계(禁戒) 훼손하는 것을 미워하지도 않으며, 오랫동안 수행하여도 그 수행을 소중하게 여기는 마음이 없고, 초학자라 할지라도 가볍게 보지를 않는다. 왜냐하면 일체가 각(覺)이기 때문이다.

비유컨대 눈빛이 앞의 경계를 환히 아는 것과 같아 그 눈빛이 원만(圓滿)하여 미워하고 사랑하는 마음이 없는 것과 같으니, 왜냐하면 빛의 바탕은 분별이 없기에 미워하고 사랑하는 마음이 없기 때문이다.

善男子, 覺成就故 當知菩薩 不與法縛, 不求法脫, 不厭生死, 不愛涅槃 不敬持戒, 不憎毁禁, 不重久習, 不輕初學. 何以故? 一切覺故, 譬如眼光 曉了前境, 其光圓滿, 得無憎愛, 何以故? 光體無二. 無憎愛故.
선남자, 각성취고 당지보살 불여법박, 불구법탈, 불염생사, 불애열반 불경지계, 부증훼금, 부중구습, 불경초학. 하이고? 일체각고. 비여안광 효료전경, 기광원만, 득무증애, 하이고? 광체무이 무증애고.

마음여행

대승불교의 화려한 면이 나오는군요. 보살은 법의 속박을 싫어하지도 않고, 반야심경의 구경열반, 궁극적인 경지를 구하지도 않고 해탈을 찾아 산 속에서나 동굴 속에서 홀로 떨어져 수행하지도 않고, 더더구나 생사를 싫어하지도 않는다는 것입니다.

그렇다고 5계, 250계 등의 청정한 계율을 지키는 사람이 있다고 해서 존경하는 것도 아니고, 술 마시고 담배 피우고 사음하는 땡초 중이라고 해도 미워하는 법이 없다고 합니다. 장좌불와(長坐不臥)를 8년 했다고 해서 기특하다고 칭찬하는 것도 아니고, 처음으로 절에 온 햇병아리 불자라고 해서 함부로 하지도 않는다는 것입니다.

대승불교의 엄청난 선언입니다. 모든 것이 꿈이고, 허깨비고, 영(影)이기에 성스럽다느니, 잘났다느니, 못났다느니, 부자라느니, 착하다느니, 세상에 저런 때려죽일 놈이라느니 하는 경계를 훌쩍 넘어 한 고비 넘어선 경지입니다.

그런데 또 한심한 중생은 글자에 끄달립니다. "봐! 원각경에 나오잖아. 부처님이 계를 파한다고 해서 기도를 안 들어 주시는 것도 아니고, 수행을 열심히 한다고 해서 더 예뻐하는 것도 아니래. 부처님은 모든 경계를 놓으신 분이니까, 그냥 열심히 절에 나가고 착하게만 살면 돼. 유별나게 사경을 하네, 108배를 하네… 그럴 필요가 없는 것이야!"라고 하면서 절에 가서 기도하는 아내한테 헛소리를 하면, 죽어서 발설지옥으로 잡혀가서 혓바닥을 몽땅 뽑히는 과보를 받을 것입니다. 아내가 절에 갈 때 "보살님, 잘 다녀오십시오." 하며 공손히 현관에까지 나가서 합장 공경 우슬착지 하시기를 바랍니다. 그러면 감응이 오거나, 설사 안 오더라도 법화경의 가르침대로 그 자체가 공덕이 될 것입니다.

수행도 깨달음도 사실은 없는데 - 돌고 돌아 제자리로구나!

선남자여, 보살과 말세의 중생이 이 마음을 닦아 공부를 성취한 그 자리는 닦을 것이나 성취할 것도 없으니 원각이 두루 비추어 적멸과 둘이 아닙니다. 그 가운데 백천만억아승지불가설항하사(百千萬億阿僧祇不可說恒河

沙) 모든 부처님 세계가 마치 허공의 꽃과 같이 어지럽게 피어나고 사라진다. 이는 원각 자체가 아니면서 원각을 벗어난 것도 아니어서 여기에 묶이거나 벗어날 것도 없다. 중생이 본래 성불하여 생사와 열반이 어젯밤 꿈과 같음을 알게 되는 것이다.

善男子, 此菩薩及 末世衆生 修習此心 得成就者 於此無修 亦無成就 圓覺普照 寂滅無二. 於中百千萬億 不可說 阿僧祇 恒河沙 諸佛世界 猶如空花, 亂起亂滅. 不卽不離, 無縛無脫. 始知衆生 本來成佛 生死 涅槃 猶如昨夢.
선남자, 차보살급 말세중생 수습차심 득성취자 어차무수 역무성취 원각보조 적멸무이. 어중백천만억 불가설 아승기 항하사 제불세계 유여공화, 난기란멸. 부즉불리, 무박무탈. 시지중생 본래성불 생사 열반 유여작몽.

마음여행

생사열반이 유여작몽이라! 삶, 죽음, 궁극의 경지가 다 꿈을 꾸는 것과 같다고 하였습니다. 그런데 그럼에도 불구하고 차별이 있고, 우열이 있고, 잘 사는 이가 있고, 못 사는 사람이 있습니다. 사람 사람마다 즐겁고 괴로운 일이 시도 때도 없이 일어나는데, 어떤 사람에게는 힘겹게, 또 다른 사람은 좀 쉽게 일어납니다. 이렇듯 '고락사(苦樂事)가 일정하지 않은 것은 무엇 때문입니까? 나는 도대체 누구입니까? 도대체 내가 기억도 못하는 지난 생에 내가 무슨 죽을죄를 지었다고 이 고생을 해야 합니까? 차라리 조선시대처럼 모르면 모르는 대로 살게 둘 것이지, 괜히 의무교육이니 대학교육이니 해서 가르치는 것은 공평하게 다 가르쳐 놓고 그 결과와 과실은 배우던 것과 다르니, 그리고 이 원각경의 부처님 말씀과도 다르니 이 무슨 까닭입니까?'라는 의문이 생기지 않나요? 저는 그게 너무나 궁금하고 열이 받아서 불교공부를 했고, 지금 이 순간에도 그것 하나 알자고 공부하고 있는 것입니다.

또한 부즉불리(不卽不離) 무박무찰나(無縛無刹那)라고 합니다. 절대세계인 부처님이 설하시는 세계와, 상대세계인 중생들이 치열하게 먹고 살기 위해 살아가는 상대세계가 같지도 아니하고, 또 따로 떨어져서 존재하는 것이 아니라고 합니다. 또한 상대세계가 절대세계에 속박되어 움직이는 것도 아니고, 절대세계가 상대세계에 속박되어 움직이는 것도 아닙니다. 물론 서로 벗어나서 따로따로 존재하는 것도 아닙니다.

원각경, 금강경 할 때의 경에 대해서는 잘 알고 있겠지만, 잘 모르는 분들을 위해 설명해드리겠습니다. 경전 경(經)은 지구본에서 위도 경도라고 할 때의 그 세로줄인 날줄을 말합니다. 베틀 위에서 날줄이 바로 서야 그 다음에 씨줄을 짜 내려갈 수 있습니다. 항상 변하는 씨줄이 그 면적을 넓혀가며 베를 짜니까 날줄은 우리의 관심사에서 멀어져 있지만, 그 날줄이 없거나 날줄이 바로서지 않으면, 우리가 흔히 쓰는 말인 "씨도 안 먹힌다."라는 상황이 됩니다.

경은 기준이며, 근거며, 표준이며, 절대세계입니다. 부처님의 가르침은 그런 것입니다. 옛날 선비들이 서양의 바이블을 '성서'라고 했다가 다시 '성경'이라고 이름 붙인 것을 요즘 크리스천들은 그 의미를 모르는 듯합니다. 성서근본주의를 부르짖으며 전쟁을 벌이던 조지 부시 같은 사람이나, 조선시대 우리나라를 말아먹었다 해도 과언이 아닌 유학자들은 다 경만 가지고 살면 된다고 생각합니다. 그런 사람들에게 "씨줄 없는 날줄만 가지고 이 사바세계에서 뭘 하니? 이 어리석은 양반들아!"라고 해 주고 싶을 정도입니다. 더더군다나 그 사람들이 쓰는 경은 이름만 경이지, 원래 의미의 경도 아닙니다. 불교의 동토경(動土經)이나 조왕경(竈王經)도 마찬가지라고 생각합니다. 사서삼경(四書三經)처럼, '서'는 '서'고 '경'은 '경'입니다.

원각의 자리는 증득하는 것이 아니다 –작병·임병·지병·멸병

선남자여, 일체가 이젯밤 꿈과 같으므로, 생사와 열반이 생겨나거나 멸할 것이 없으며 오거나 갈 것이 없다는 사실을 알아야 한다. 증득된 원각도 얻거나 잃게 될 것이 없고 취하거나 버릴 것이 없으며, 원각을 깨닫는 자도 깨달음을 대상으로 하여 작(作)·지(止)·임(任)·멸(滅)의 과정이 없다. 이 원각을 증득한 가운데는 능(能)도 없고 소(所)도 없으니, 결국에 증득할 것과 증득할 자가 없어, 일체의 법성이 평등하여 허물어지질 않는다.

선남자여, 저 모든 보살이 여시수행(如是修行)하고 여시점차(如是漸次)하며, 여시사유(如是思惟)하고 여시주지(如是住持)하며, 여시방편(如是方便)하고 여시개오(如是開悟)하여 이와 같은 법을 구하면 보살은 또한 흐릿하여 답답함이 없을 것이다.

善男子, 如昨夢故 當知生死 及與涅槃 無起無滅 無來無去. 其所證者 無得無失, 無取無捨. 其能證者 無任無止 無作無滅. 於此證中 無能無所, 畢竟無證 亦無證者, 一切法性 平等不壞. 善男子, 彼諸菩薩 如是修行, 如是漸次, 如是思惟, 如是住持, 如是方便, 如是開悟, 求如是法, 亦不迷悶.
선남자, 여작몽고 당지생사 급여열반 무기무멸 무래무거. 기소증자 무득무실, 무취무사. 기능증자 무임무지 무작무멸. 어차증중 무능무소, 필경무증 역무증자, 일체법성 평등불괴. 선남자, 피제보살 여시수행, 여시점차, 여시사유, 여시주지, 여시방편, 여시개오 구여시법 역불미민.

마음여행

반야심경의 "불생불멸, 불구부정, 부증불감, 시고 공중무색, 무수상행식, 무안이비설신의……"의 구절과 같은 내용입니다. 있는 듯하지만 없는 것, 그것이 바로 꿈입니다. 서포 김만중 선생의 「구운몽」 아시지요? 요즘 새로이 완전 번역되어 나온 것들은 옛 고전 그대로이니 꼭 한 번 보십시오. 「구운몽」에서 금강경의 가르침을 일깨워 주기 위해 은사 스님이 성진 스님에게 장가를 들게 하고, 부인이 8명이나 되고, 장군과

재상이 되어 국가에 충성하고 자녀들에게 효도 받는 이야기를 보면 작은 깨달음이 올 것입니다.

꿈에 무슨 태어남이 있고 멸함이 있다는 말입니까?

환에 무슨 생사와 열반이 있다는 말입니까?

물거품에 무슨 얼음이 있고 잃어버림이 있다고 하십니까?

극장의 영화 장면에 불과한데, 장가를 가고, 출세를 하고, 취함과 버림이 있나요?

새벽의 아침이슬이 자기 스스로 만들고, 그만두고, 만들어 달라고 하고, 사라짐이 있나요? 밤이슬로 생겼다가 해가 떠오르면 인연 따라 없어지는 결과물 아니던가요?

비 오는 날의 번갯불이 번개를 만든 벽력신장님이 내려치시고, 그 내려치심을 받아야 하는 죄 많은 중생이 있어서 밤하늘의 천둥 벽력은 그렇게 울리는 것이 맞나요?

이렇게 관하고, 알고, 수행하리고 하십니다. 질대로 있나고 생삭하거나, 존재하는 그 무엇이 있다고 믿고, 사유하거나 분별하거나 헤아리면, 시작은 창대하고 마음은 뿌듯하지만, 그 결과는 찾을 길 없어 답답한 일만 그득하고, 이번 생을 허무하게 보내게 됩니다. 그 허무함을 달래기 위해, 귀신과 타협해서 이상한 실력을 구축하며 살다가 결국은 국법에 의해 처형당하거나 많은 사람을 망하게 하는 사이비 도인의 이야기는 불경과 역사책은 물론이고 지금 이 시간에도 방송과 신문지상에 많이 오르내립니다. 그리고 거기에 재산 바치고 몸 바치고 일생을 바치는 허망한 중생들도 너무 너무 많습니다. 우리의 보안보살님은 우리가 그렇듯 삿된 길로 갈까봐 이렇듯 자세히 부처님께 여쭤봐 주시고, 부처님께서는 이렇게 자세히 설명해 주시는 것이 원각경 보안보살장입니다.

그때에 세존께서 거듭 이 뜻을 펴시고자 하여 게송으로 다음과 같이 말씀하셨다.

爾時, 世尊 欲重宣此義, 而說偈言:
이시, 세존 욕중선차의, 이설게언:

普眼汝當知	보안여당지	보안이여 마땅히 알아야 한다.
一切諸衆生	일체제중생	시방세계 두루한 모든 중생들
身心皆如幻	신심개여환	그들의 몸과 마음 모두 환(幻)이니
身相屬四大	신상속사대	몸이란 지수화풍 사대(四大) 뿐이고
心性歸六塵	심성귀육진	마음은 육진(六塵) 경계 따라가나니
四大體各離	사대체각리	사대(四大)의 바탕이 흩어진다면
誰爲和合者	수위화합자	누가 있어 이것을 모아놓을까.
如是漸修行	여시점수행	이와 같이 점차로 수행을 하면
一切悉淸淨	일체실청정	일체 미혹 끊어져 청정해지니
不動遍法界	부동변법계	움직이지 않고도 법계에 두루
無作止任滅	무작지임멸	작지임멸(作止任滅) 수행이 필요치 않고
亦無能證者	역무능증자	원각을 증득할 자 또한 없다네.

一切佛世界	일체불세계	일체처에 두루한 부처님 세계
猶如虛空花	유여허공화	허공의 꽃과 같아 실체가 없고
三世悉平等	삼세실평등	과거 현재 미래가 모두 평등해
畢竟無來去	필경무래거	결국에는 가고 옴이 전혀 없다네.
初發心菩薩	초발심보살	보리심 처음 발한 보살님들과
及末世衆生	급말세중생	근기 약한 말세의 모든 중생이
欲求入佛道	욕구입불도	불도(佛道)에 들어가려 마음 낸다면
應如是修習	응여시수습	당연히 이와 같이 수습하리라.

제4 금강장보살장

미혹의 본질

이때에 금강장 보살이 대중 가운데서 일어나 부처님 발에 이마를 조아려 예배하고 존경의 표시로 우측으로 세 번 돌며 두 무릎을 땅에 대고 두 손을 모으면서 부처님께 사뢰었다.

"크게 자비로우신 세존이시여, 일체 모든 보살을 위하여 여래의 원각인 청정한 대다라니 인지법행(因地法行)과 점차방편(漸次方便)을 잘 말씀하여 주시어서 모든 중생의 몽매함을 깨우쳐 주셨습니다. 이 법회에 모인 모든 중생은 부처님의 자비로운 가르침으로 어둠을 밝히어 지혜의 눈이 청정해졌습니다.

於是 金剛藏菩薩 在大衆中 卽從座起 頂禮佛足, 右遶三匝, 長跪叉手,而白佛言:「大悲世尊, 善爲一切 諸菩薩衆 宣揚如來 圓覺淸淨 大陀羅尼 因地法行 漸次方便, 與諸衆生 開發蒙昧. 在會法衆 承佛慈誨 幻翳朗然 慧目淸淨.

어시 금강장보살 재대중중 즉종좌기 정례불족, 우요삼잡, 장궤차수, 이백불언:「대비세존, 선위일체 제보살중 선양여래 원각청정 대다라니 인지법행 점차방편, 여제중생 개발몽매. 재회법중 승불자회 환예랑연 혜목청정.

마음여행

우리 화엄성중전의 보안보살님의 공력 덕인가요? 여기에서 금강 같은 지혜를 지니고 계신 금강장보살께서 혜목청정이라! 지혜의 눈이 청정해졌다고 하십니다. 보안보살의 눈(眼)과 금강장보살께서 말씀하신 혜목의 눈(目)의 글자는 무명에 가리어 바로 보지 못하는 우리 중생들에게 가장 중요한 것은 다름 아닌 눈의 밝음이라는 것을 넌지시 알려줍니다. 그래서 부처님께서 '깨달음을 얻기 위해 취해야 할 8가지 바른 자세'로 일러주신 팔정도(八正道)도 그 시작이 정견의 볼 견(見)입니다. 그러니 우리 모두 이 원각경 수행 공덕으로 아무쪼록 눈이 밝아지기를 지극한 마음으로 기도합니다.

부처님 손은 빈손

세존이시여, 만약 모든 중생이 본래 성불(成佛)해 있는 것이라면 무엇 때문에 다시 일체의 무명(無明)이 있게 되고, 만약 모든 무명이 중생에게 본래 있는 것이라면 무슨 인연으로 여래께서는 다시 '중생이 본래 성불해 있다.'라고 말씀하시며, 시방의 중생이 본래 불도(佛道)를 이루고 있음에도 뒷날 무명을 일으킨다면 일체 여래께서는 어느 때 다시 일체 번뇌를 일으키는 것입니까? 오직 바라옵건대 끝없는 큰 자비를 버리지 마옵시고, 일체 보살을 위하여 여래의 비밀한 창고를 열고, 말세의 일체중생을 위하여 이와 같은 경의 가르침인 요의법문(了義法門)을 들을 수 있게 하여 영원히 의심을 끊게 하옵소서."

世尊, 若諸衆生 本來成佛 何故復有 一切無明, 若諸無明 衆生本有? 何因緣故, 如來復說 本來成佛, 十方異生 本成佛道, 後起無明, 一切如來? 何時, 復生一切煩惱? 唯願不捨 無遮大慈, 爲諸菩薩 開秘密藏, 及爲末世 一切衆生 得聞如是 修多羅敎 了義法門 永斷疑悔.」
세존, 약제중생 본래성불 하고부유 일체무명, 약제무명 중생본유? 하인연고, 여래부설 본래성불, 시방이생 본성불도, 후기무명 일체여래? 하시, 부생일체번뇌? 유원불사 무차대자, 위제보살 개비밀장, 급위말세 일체중생 득문여시 수다라교 요의법문 영단의회.」

 마음여행

"오직 바라옵건대 끝없는 큰 자비를 버리지 마옵시고, 일체 보살을 위하여 여래의 비밀한 창고를 열고, 말세의 일체중생을 위하여 이와 같은 경의 가르침인 요의법문(了義法門)을 들을 수 있게 하여 영원히 의심을 끊게 하옵소서."라는 이 구절은 아주 중요한 대목입니다. 부처님의 손은 비어있다고 합니다. 통상 보통의 선생들은 제자들에게 하나씩 하나씩 가르쳐 줍니다. 그렇지만 다 가르쳐 주는 것은 아닙니다. 그러나 부처님의 손은 빈손입니다. 숨기고 계신 것이 없다는 의미입니다. 부처님께서 직접 모든 것을 다 드러내주었다고 선언하셨습니다.

그런데 말입니다. 저도 가끔 경전 강의를 합니다만, 제일 황당한 경우가, 강의를 들으시는 분들이 수준 높은 분들이 많습니다. 불교TV나 불교방송 그리고 불교계 신문들을 많이 보신 거의 성문 수준의 보살님이나 거사님들이 많으십니다. 그분들이 강의 수준을 가지고 말씀을 많이 하십니다. 예를 들면 유식 강의는 너무 좋았는데, 천수경 강의는 너무 수준이 낮았으니 다음에는 수준을 높여 달라는 건의 같은 것이 들어옵니다.

저는 이렇게 생각합니다. 법문이 아무리 수준이 높아도 수행을 안 하면 아무 소용이 없는 것입니다. 그리고 아무리 경전 지식이 해박하고, 경전 강의를 잘 해도 수행 안 하면 '꽝'이라는 것입니다. 수많은 경전을 해설하신 원효 대사가 51살에 화엄경소를 쓰시다가 갑자기 붓을 꺾고 잠적하신 것도, 어쩌면 수행을 위해서 그러셨을 것입니다. 근세의 가장 뛰어난 선지식으로 존경 받는 경허 스님의 생애를 생각하면 더욱 이해가 잘 될 것입니다. 경허 스님은 젊은 시절 그 당시에 가장 뛰어난 강백으로 유명했습니다. 강원에서 경전 강의를 얼마나 잘 했는지 스물 몇 살인가에 강주가 되었습니다. 그런데 그렇게 경전 강의를 잘 하시다가 문득 법사 자리를 박차고 만행을 떠나셨습니다. 머리로는 이해가 되고, 생각으로는 사유가 되는데 몸이 열리지 않은, 그래서 혜가 밝지 않은 어떤 상황에 부딪치셨기 때문일 겁니다. 저도 이 생각만 하면 원고 쓰고 방송 나가는 것을 당장에 그만두고 싶은데, 아직은 경전 공부와 경전 강의가 재미있습니다. 제 수준이 그만큼 낮기 때문입니다.

한 방에 끝내주마

이 말을 마치고서 오체투지하며, 이와 같이 거듭 세 번 청함으로 부처님의 가르침을 간청하였다.
그때에 세존께서 금강장보살에게 말씀하시었다.
"착하고 착하도다. 선남자여, 너희들이 능히 모든 보살과 말세의 중생을 위하여 여래의 깊고도 깊은 비밀스런 구경의 방편을 묻는구나. 이는 모든 보살의 최고 가르침인 요의대승(了義大乘)이니, 이것으로 시방세계의 수행하는 보살과 모든 말세의 일체중생으로 하여금 결정적인 믿음을 얻게 하여 영원히 의심을 끊게 할 수 있다. 너희들은 자세히 들어라. 마땅히 너희들을 위하여 설하리라."

作是語已, 五體投地, 如是三請 終而復始. 爾時 世尊告 金剛藏菩薩 言:「善哉, 善哉! 善男子, 汝等乃能 爲諸菩薩 及末世衆生 問於如來 甚深秘密 究竟方便, 是諸菩薩 最上教誨 了義大乘, 能使十方 修學菩薩 及諸末世 一切衆生 得決定信 永斷疑悔. 汝今諦聽. 當爲汝說.」

작시어이, 오체투지, 여시삼청 종이부시. 이시 세존고 금강장보살 언:「선재, 선재! 선남자, 여등내능 위제보살 급말세중생 문어여래 심심비밀 구경방편. 시제보살 최상교회 요의대승, 능사시방 수학보살 급제말세 일체중생 득결정신 영단의회. 여금제청. 당위여설.」

마음여행

앞의 보안보살장에서 부처님께서는 "원각의 자리를 성취하는 것은 작·지·임·멸이 아니다. 그냥 마음 쓰는 그 놈이 마음이 아니라 도둑놈 이라는 것만 알면 된다."라고 말씀하셨습니다. 앞에서 핵심적인 이야기 는 다 하신 셈인데, 아직도 중생들이 자기 생각, 자기 판단으로 고개를 갸우뚱하면서, 달마 대사님의 말씀처럼 진실을 말해 주어도 지혜가 부족하여 잘 알아듣지 못하니, 여기서 다시 금강장보살이 부처님께 또 여쭈어 보는 것입니다.

저는 이 대목에서는 '득결정신(得決定信)'이 핵심이라고 생각합니다. 불교의 수행은 신·해·오·증의 단계로 이루어집니다. 여기서의 신(信)은 "절에 다닌다, 나의 종교는 불교다, 부처님 말씀이 우주의 진리다. 교회 다니는 사람보다 절에 다니는 것이 더 잘 산다."고 하는 그런 믿음이 아닙니다. 부처님께서 일러주신 신(信), 믿음은 "본래 무아(無我)인데 무명 (無明)으로 인해 없는 것을 있다고 보면서 착각으로 세상을 살며, 그러한 착각은 일시적으로 나타나는 각자의 입장에서 바라보는 인연의 소치인 연기에 의한 것이다. 그래서 우리는 자기가 짓고 자기가 묶이는 고통을 받는다."라는 부처님의 가르침(삼법인: 無常·無我·苦)을 혓바닥이 아니라 몸으로 믿는 단계를 말합니다. 그리고 그것을 확인해 들어가는 것을 마음을 찾아가는 여행이라 할 수 있는 수행이라고 하는 것입니다.

그리고 수학하는 보살이라는 말이 중요합니다. 여기서의 수학은 대부분의 학생들이 달가워하지 않는 수학(數學), 숫자를 배우는 학문을 뜻하는 것이 아니라 배운 것을 수행하는 것을 말합니다. 그런데 앞에서 이야기한 부처님의 손은 빈손으로 우리에게 남김없이 다 드러내 보여주셨는데, '왜 우리 스승님은 다 안 가르쳐 주시나?' 하는 분이 계실까 봐 수학 이야기를 하겠습니다.

> 상황 따라 다른 것이 세상이다.
> 이차방정식은 식에 따라 답이 다르다.

방정식! 중학교 시절에 괴롭힘을 당하는 분야입니다. 일차방정식은 $y = ax + b$로 대표되는 방정식입니다.

예를 들면 $16 = 2x + 4$에서 x의 값은 얼마인가?

답: $x = 6$ (딱 떨어집니다.)

문제는 2차방정식입니다. 이차방정식은 $y = axx + bx + c$로 대표되는 방정식입니다.

문제 1) 예를 들면 $xx-x-12=0$이라는 식에서 x 값은 얼마인가?

답) 일단 인수분해하면 $(x-4)(x+3)=0$이므로 $x=4$ 혹은 $x=3$의 두 개의 답이 나옵니다.

또 다른 이차방정식입니다.

문제 2) 예를 들면 $xx-10x=-25$라는 식에서 x는 얼마인가? 한다면

답) $xx-x+25=0$이 되고, 이는 $(x-5)(x-5)=0$이 되므로 답이 5 한 개입니다.

문제 3) 마지막입니다. $xx+3=0$이라는 식에서 x는 얼마인가?

답) $xx=-3$이므로 답이 없음.

세상이 이렇게 공식으로 똑 떨어지면 얼마나 좋겠습니까? 그럼 정말 살 만할지도 모릅니다. 공부만 열심히 하면 되니까요. 위의 문제 3에서는 "답이 없음"이 정답입니다. 그러나 그것은 중학교 때까지입니다. 고등학교에서는 복소수라는 것을 배웁니다. $z=a+bi$, $ii=-1$이라는 허수라는 것을 배우므로 중학교 때는 없던 답이 고등학교 때부터는 답이 나옵니다.

중학생, 고등학생에게도 선생님들이 이렇게 대기설법(그 사람 수준에 맞추어서 가르침을 설함)을 하는 것이 세상살이인데, 걸핏하면 "한마디로 뭔데요?"라고 물으시는 분들이 많습니다. 불교뿐만 아니라 주식 투자나 부동산 투자도, "그래서 뭔데요?"라고 하시면서 한마디로 정의하시는 것을 무척이나 좋아하십니다. 그런데 그것은 "나는 세상을 모르는 바보입니다."라고 이야기하는 것과 같다는 것을 안 것도 그다지 오래 되지

않았습니다. 만약 그렇게 남에게 가르쳐 줄 수 있다면(저처럼 강의를 하는 사람이) 그것도 "나는 세상을 모르면서 아는 척하는 바보거나, 사기꾼입니다."라는 것과 같습니다. 부처님이 한마디로 끝내시면 될 일을 이렇게 자꾸자꾸 이야기하시는 것도 그러한 이유입니다.

무아(無我)인데 왜 윤회(輪廻)하냐구요?

그러자 금강장보살이 부처님의 가르침을 받들어 환희하며 모든 중생과 함께 묵연히 부처님의 말씀에 귀를 기울였다.
"선남자여, 일체 세계의 처음과 끝, 생겨남과 소멸함, 앞과 뒤, 있음과 없음, 모임과 흩어짐, 일어남과 멈춤이 생각생각에 상속하고 순환 왕복하며, 온갖 취하고 버리는 마음이 모두 윤회이다. 윤회를 벗어나지 못하고서 원각을 분별하면 그 원각의 성품은 곧 윤회의 흐름과 같으니, 이것으로 윤회를 면했다고 하면 이는 옳지 못한 것이다.

時, 金剛藏菩薩 奉敎歡喜, 及諸大衆 默然而聽.「善男子, 一切世界 始終生滅, 前後有無, 聚散起止 念念相續, 循環往復, 種種取捨, 皆是輪廻 未出輪廻, 而辨圓覺 彼圓覺性 卽同流轉, 若免輪廻, 無有是處.
시, 금강장보살 봉교환희, 급제대중 묵연이청.「선남자, 일체세계 시종생멸, 전후유무, 취산기지 염념상속, 순환왕복, 종종취사, 개시윤회. 미출윤회 이변원각 피원각성 즉동유전, 약면윤회 무유시처.

 마음여행

얼마 전 경기도의 한 선원에서 타종교와 불교인들이 모여 세미나를 했다고 합니다. "불교, 당신들은 무아라고 하면서 윤회라는 것이 말이 되냐? 벌써 논리적 허점이 한 방에 드러나는 것 아니냐?" 하는 타종교인의 무식하고도 허망한 질문에 답을 한다며 세미나가 벌어진 것입니다. 뿐만 아니라 그 여파가 저에게까지 온 적이 있습니다.

원각경에 끊임없이 사유와 주지라는 말이 나옵니다. 또한 사유와 주지로는 안 되니 방편으로 어떻게 해야 하는지에 대한 물음이 이어지는 것이 일반적입니다. 사유라 함은 생각한다는 뜻이고, 분별하고, 따지고, 헤아리고 하는 등등의 인간의 지적 활동을 말합니다. 부처님 말씀을 이해하기 위해서 받아들일 조건이 하나 있습니다(이는 제 개인의 생각이고, 저는 이것으로 신·해·오·증의 신으로 삼고 시작했습니다).

(부처님은 무아라고 하셨다. 마음의 주인이 내가 아니라고 하셨다. 생각은 안·이·비·설·신·의와 색·성·향·미·촉·법이 서로 부딪혀서 만들어 낸 것이고, 그 생각들은 이 몸뚱이를 지탱하기 위한 지·수·화·풍의 본능적 생존욕구에서 만들어 낸 것이다. 그런데 이 생각들을 서로 연결시키고 함수관계를 만들고 인연을 맺게 하는 것은 소위 카르마 혹은 '업'이라고 하는 것이다. 위의 수학문제처럼 식에 따라 답이 달라지는데, 초등학생·중학생·고등학생들이 그것도 공부를 제대로 한 아이와 제대로 하지 않은 아이들의 답이 다 다른 것은 그 모든 정보의 총

합이라는 업의 양과 업의 질이 다른 것이다.

그러므로 생각이라는 것이 내가 만들어 내는 것이 아니다. 내가 화를 내고, 내가 짜증을 내는 것이 아니라, 짜증을 낼 만한 생각들을 모아서 결합시키는 업력이 있고, 화를 낼 만한 안·이·비·설·신·의와 색·성·향·미·촉·법의 접촉 중에서 화를 낼 만한 정보를 업이라는 놈이 가지고 오는 것이고, 나는 그 업이라는 놈한테 속아가지고 어떨 때는 좋아하고 어떨 때는 화를 내는 것이다.)

결국 부처님 말씀은 무아인데, 그래도 지난 세상, 작년, 어릴 적 그리고 한 달 전, 어제, 오늘 아침 등에 한 행위·약속·말 등이 있어서 거기에 덜커덕 하고 묶인 것이며, 그 묶인 것을 푸느라고 약속을 지키네, 안 지키네, 작심 3일이네, 5일이네 하면서, 계속 업을 이어간다는 말입니다. 업을 이어가면 원각은 본래 자기 자신을 지키지 않고 연을 따라 일어나는 불수자성수연성(不守自性隨緣成)의 성격을 가지고 있으니 덩달아 원각도 따라 움직이는 결과가 된다는 것입니다. 그래서 '무아인데 왜 윤회하나요?'를 가지고 난상토론을 벌일 일이 아니라, "무아인데 윤회를 하고 있는 너 자신을 문제 삼고, 그 놈의 정체를 파악하라!"는 것이 부처님께서 말씀하신 내용입니다.

말을 타고 달리면서 산이 멈추기를 바란다

비유하여 움직이는 눈동자가 담담한 물을 흔들 수 있듯, 또한 가만히 있는 눈이 빙빙 돌리는 불로 인하여 둥근 불바퀴를 보듯, 구름이 빠르게 흐르면 하늘의 달이 움직이듯, 배가 앞으로 나아가면 강가의 언덕이 뒤로 움직이듯 하는 것도 또한 이런 이치와 같다.
선남자여, 모든 흐름이 아직 쉬지 않았다면 먼저 저 사물이 멈추는 것도 오히려 있을 수 없는 일인데, 윤회하는 생사의 번뇌로운 마음이 아직 청정해지지 않았거늘 이 마음으로 부처님의 원각을 보니 어찌 그 원각이 윤회하지 않겠느냐.

譬如動目 能搖湛水, 又如定眼 猶廻轉火, 雲駛月運 舟行岸移 亦復如是. 善男子, 諸旋未息 彼物先住 尙不可得, 何況輪轉 生死垢心? 曾未淸淨 觀佛圓覺 而不旋復.
비여동목 능요담수, 우여정안 유회전화, 운결월운 주행안이 역부여시. 선남자, 제선미식 피물선주 상불가득, 하황윤전 생사구심? 증미 청정 관불원각 이불선부.

마음여행

이 부분은 타이틀이 모든 것을 설명해 준다고 생각합니다. 무엇이든지 상대방을 보려면 자기는 가급적 움직임이 적어야 합니다. 과거에 유명한 권투선수 중에 무하마드 알리, 조 프레이저, 조지 포먼이라는 세계 헤비급 권투 챔피언들이 있었습니다.

무하마드 알리는 잘생긴데다 헤비급 선수답지 않은 그의 민첩함을 "나비처럼 날아서 벌처럼 쏜다."라는 유행어를 만들어 낼 정도로 멋있는 사나이였습니다. 헤비급인데도 그의 민첩함에서 나오는 잽, 원투 스트레이트는 힘만 믿고 미욱하게 덤벼드는 수없는 도전자들을 다 물리쳤습니다. 그러던 어느 날 조 프레이저라는 사나이가 무하마드 알리에게 도전했습니다. 그는 빙빙 도는 무하마드 알리를 따라가지도 쫓아가지도 덤벼들지도 않고, 마치 컴퍼스의 중앙처럼, 한 자리에서 빙빙 돌며 상대방의 허점을 노리기만 했습니다.

자기가 움직이지 않으면 상대방의 움직임이 쉽게 파악되는 법입니다. 아마 그는 부처님의 가르침을 잘 이해하고 있었던 것 같습니다. 결국 나비처럼 날아서 벌처럼 쏜다던 그 챔피언은 움직이지 않는 도전자에게 KO 패를 당하고 타이틀을 잃어버립니다.

그 새로운 챔피언은 다시 조지 포먼이라는 쇠주먹 펀치를 가진 자에게 난타당하고 타이틀을 빼앗깁니다. 중앙을 아무리 잘 지켜도 상대방의 번뇌 망상 쇳덩어리가 내리치면 그에 걸맞는 내공을 키워야지 한 군데서 가만히 있는다고 해서 챔피언 자리가 지켜지는 것은 아닙니다. 인민군이 내려와서 참선하시는 스님들을 총으로 쏘면 어떻게 되겠습니까? 아무리 수행력이 높으신 스님들이라 할지라도 총알을 피해 갈 수는 없습니다. 중국의 소림사 무인들, 수많은 도인, 선인들이 서양제국과 일본의 총칼에 한 방에 사라져 간 사건이 의화단 사건입니다. 도사? 별 것 아닙니다. 물리적인 힘 앞에서는 깨달음도 소용이 없습니다. 깨달으면 모든 것이 된다는 망상, 환상에서 벗어나십시오.

여기 원각경의 가르침도 동일합니다. 자기가 배를 타고 지나가니 언덕 위의 산이 움직이는 것처럼 보이고, 대보름날 불 깡통을 돌리니까 불 터널이 생기는 것이지, 산이 공연히 움직이며, 불 터널이 공연히 생기는 게 아닙니다. 그렇다고 깡통을 돌리지 말라거나 배를 타지 말라는 것은 아닙니다. 행위로 인해 결과가 나온다는 것, 그 결과도 행위만 멈추면 모든 것이 스톱이라는 간단한 진리를 가르쳐 주시는 부분입니다.

자기가 만들고 자기가 속는다

그러므로 너희들이 문득 세 가지 의혹을 내게 되는 것이다. 선남자여, 비유하면 눈병으로 허망하게 허공의 꽃을 보게 되나, 눈병을 제거하면 '눈병이 사라짐에 어느 때 다시 눈병이 일어날까'라고 말할 수 없는 것과 같다. 왜냐하면 눈병과 허공의 꽃은 상대하여 기다릴 것이 아니기 때문이다. 또한 허공의 꽃이 허공에서 멸할 때 '허공이 어느 때 다시 꽃을 피게 할까'라고 말할 수 없으니, 왜냐하면 허공에는 본래 꽃이 없어 피어나거나 사라질 것이 아니기 때문이다. 생사와 열반도 일어나고 멸하는 것은 같지만, 묘각(妙覺)의 원만한 비춤은 눈병이나 허공의 꽃에서 벗어나 있는 것이다.

是故汝等 便生三惑. 善男子, 譬如患翳 妄見空花, 患翳若除, 不可說言 此翳已滅 何時更起 一切諸翳. 何以故? 翳花二法 非相待故. 亦如空花 滅於空時, 不可說言, 虛空何時, 更起空花? 何以故? 空本無花 非起滅故 生死涅槃 同於起滅, 妙覺圓照 離於花翳.

시고여등 변생삼혹. 선남자, 비여환예 망견공화, 환예약제 불가설언 차예이멸 하시갱기 일체제예. 하이고? 예화이법 비상대고. 역여공화 멸어공시, 불가설언, 허공하시, 갱기공화? 하이고? 공본무화 비기멸고. 생사열반 동어기멸, 묘각원조 이어화예.

마음여행

말을 타고 달리면서 '어? 저 산이 나를 쫓아오나?' 한다던가, 차를 타고 달리면서 '어? 저 달이 나를 쫓아오네.'라고 생각하는, 마치 3살 먹은 어린아이 같은 미혹함이 우리 중생에게 3가지가 있다고 하십니다.

첫 번째, 눈병이 생겨서 허공 꽃이 나왔다는 부처님 말씀은 이해하겠는데 다시 허공 꽃을 보고 싶은데 '언제 그 허공 꽃이 나오지?' 하고 기다리지 말라는 것입니다. 허공 꽃이 원래 있었던 것이 아니므로 일부러 구할 필요가 없기 때문입니다.

두 번째, 내가 다시 눈병이 나면 허공 꽃이 생긴다고 기다리거나, 허공 꽃이 꼭 눈병에 의해서 만들어진 것이 아니라는 것입니다. '어디에 부딪치니까 눈앞에 별이 반짝반짝하더라! 그러니 내가 별을 다시 보려면 머리를 어디에 부딪치면 된다.'라고 생각하고 눈앞의 별을 다시 보기 위해 어디에 부딪쳤다가 별을 보기도 전에 염라대왕이 보낸 저승사자를 먼저 보는 경우도 있을 것이고, 허공 꽃이나 반짝이는 별이 꼭 눈병 났을 때뿐만 아니라 기침하다가 혹은 사우나탕에서 갑자기 일어나다가도 생길 수 있는 것입니다. 아이들의 수학 문제처럼 답이 하나가 아니라 식에 따라 달라지는 것이 인생사입니다.

원각은 항상 그대로인데 조건이 변하는 것이다

선남자여, 마땅히 허공이란 잠시 있거나 없는 것이 아니라는 사실을 알아야 한다. 하물며 여래가 원각에 수순하여 허공의 평등한 본래 성품이 됨에 더 말할 필요가 있겠느냐.

善男子, 當知虛空 非是暫有 亦非暫無. 況復如來 圓覺隨順 而爲虛空 平等本性.
선남자, 당지허공 비시잠유 역비잠무. 황부여래 원각수순 이위허공 평등본성.

🧭 마음여행

원각은 있다가도 없고 없다가도 있는 것이 아니라, 항상 있는 것인데, 식에 따라 답이 달라지는 것처럼 조건 따라 나타나는 모습이 달라집니다. 하지만 그 달라지는 모습 역시 조건이 만든 것이니 원각의 성품이 변해서 나타난 것은 아니라는 말입니다.

돌을 깎아 돌부처를 만들면
돌부처는 다시 돌로 돌아가지 않는다

선남자여, 비유하면 금광을 녹여 나온 금이, 녹여서 새로 있게 된 금이 아니며, 이미 금으로 만들어졌음에 다시 광석이 되지 않는 것과 같다. 무궁한 세월이 지나도록 금의 성품은 파괴되지 않아, 금의 성품이 본래 성취된 것이 아니라고 말할 수 없으니, 여래의 원각 또한 이와 같은 것이다.

善男子, 如銷金鑛, 金非銷有, 旣已成金 不重爲鑛. 經無窮時 金性不壞, 不應說言 本非成就, 如來圓覺. 亦復如是.
선남자, 여소금광, 금비소유, 기이성금 부중위광. 경무궁시 금성불괴, 불응설언 본비성취, 여래원각 역부여시.

마음여행

이 부분은 부처님 오도송으로 대신하겠습니다. 한 번 그 정체를 바로 알면 절대 그 이전으로 돌아가지 못합니다. 다시는 애욕의 영향을 받지 않기 때문입니다.

부처님 오도송(悟道頌)

"태어남이 무엇인 줄 모르고, 다생 동안 윤회에 헤매일 때, 집 짓는 자를 찾을 수 없어 계속 태어나야 했고, 태어남은 참으로 고통이었노라. 이와 같이 나는 번뇌가 소멸된 일체지와 지혜로써 집 짓는 자를 보았노라. 집 짓는 자! 너는 참으로 '욕망'이었노라. 이제 너의 집은 부서져 서까래도 무너지고, 기둥과 대들보도 무너지고 없어져서 너는 더 이상 집을 짓지 못하노라. 이제 나는 지극한 적멸에 이르러 다시는 갈애의 영향을 받지 않는 존재가 되었노라."

말과 글이 끊어진 자리가 원각이다

선남자여, 일체 여래의 오묘한 원각심(圓覺心)에는 본래 보리와 열반이 없고, 부처가 되고 되지 않고가 없으며, 허망한 윤회와 윤회 아닌 것도 없다. 선남자여, 단지 모든 성문의 원만한 경계에서는 신심(身心)과 언어만이 다 끊어졌을 뿐, 이 경계로는 끝내 저 친히 증득하여 나타날 열반에는 이를 수 없다. 하물며 범부의 사유 분별하는 마음으로 어찌 여래의 원각 경계를 측량하여 헤아릴 수 있겠는가.

이는 마치 반딧불로 수미산을 태우려고 하나 끝내 태울 수 없는 것과 같으니, 윤회하는 마음으로써 윤회하는 견해를 내어 여래의 대적멸 바다에 들어가려 하면 끝내 이를 수 없는 것이다. 나는 이 때문에 일체보살과 말세의 중생은 먼저 무시이래로 윤회하는 근본을 끊으라고 설하는 것이다.

善男子, 一切如來 妙圓覺心 本無菩提 及與涅槃, 亦無成佛 及不成佛, 無妄輪廻 及非輪廻. 善男子, 但諸聲聞 所圓境界 身心語言, 皆悉斷滅, 終不能至, 彼之親證 所現涅槃. 何況能以 有思惟心 測度如來 圓覺境界? 如取螢火 燒須彌山 終不能著, 以輪廻心, 生輪廻見 入於如來 大寂滅海 終不能至. 是故我說 一切菩薩 及末世衆生 先斷無始 輪廻根本.

선남자, 일체여래 묘원각심 본무보리 급여열반, 역무성불 급불성불, 무망윤회 급비윤회. 선남자, 단제성문 소원경계 신심어언, 개실단멸, 종불능지, 피지친증 소현열반. 하황능이 유사유심 측도여래 원각경계? 여취형화 소수미산 종불능착, 이윤회심 생윤회견 입어여래 대적멸해 종불능지. 시고아설 일체보살 급말세중생 선단무시 윤회근본.

 마음여행

자구만 따지고 분별하고 배운 것만으로 원각의 자리를 찾으려 함은 복소수와 허수를 모르고 2차방정식의 근의 공식을 모르는 중학생이 답이 없다고 하거나 자기가 찾은 답만을 진실이라고 생각하는 것과 같습니다. 원효 대사가 이를 불수사견(不水四見: 같은 물이라도 보살 눈에는 감로수로 보이고, 아귀 눈에는 불로 보이며, 인간의 눈에는 먹을 물로 보이고, 물고기의 눈에는 용궁으로 보이는 이치)이라고 말씀하신 것이 '대승육정참회문' 중에 나옵니다. 그 구절을 보십시오.

지금 이곳 연화장 세계에는(今於此處蓮花藏界)

비로자나 부처님이 연화대에 앉으시어(盧舍那佛坐蓮花臺)

가없는 빛을 뿜으면서(放無邊光)

수없는 중생을 모으시어(集無量衆生)

굴리는 바 없는 대승의 법륜을 굴리시니(轉無所轉大乘法輪)

보살 대중이 두루 허공에 가득 차고(菩薩大衆遍滿虛空)

받는 바 없는 대승 진리의 즐거움을 받는구나.(受無所受大乘法樂)

그러나 지금 우리들은 모두 함께 여기(而今我等同在於此)

한결같은 진실과 삼보의 허물없는 곳에 있으면서도(一實三寶無過之處)

보지도 못하고 듣지도 못하는 것이 마치 귀머거리 같고 장님 같구나.
(不見不聞如聾如盲)

불성이 없음인가. 어찌하여 이러한가.(無有佛性何爲如是)

무명으로 뒤죽박죽 망령되이 바깥의 대상을 만들어내고(無明顚倒妄作外塵)

나와 내 것에 집착하여 갖가지 업을 만들어 내고(執我我所造種種業)

스스로 덮고 가려보고 들음을 얻지 못하나니(自以覆弊不得見聞)

마치 아귀(餓鬼)가 강물을 불로 보는 것과 같도다.(猶如餓鬼臨河見火)

이제 부처님 앞에서 깊이 부끄러움을 일으키고(故今佛前深生慚愧)

보리심을 내어 정성어린 마음으로 참회하노라.(發菩提心誠心懺悔)

헤아리고 따짐은 눈병으로 생긴 허공 꽃 같은 존재다

선남자여, 사유(思惟)는 마음에서 일어나는 것으로 모두 육진(六塵) 망상(妄想)이 인연한 기운일 뿐, 진실한 마음의 바탕이 아니니, 이미 허공의 꽃과 같다. 이 사유로써 부처님의 경계를 알려 하면 마치 허공의 꽃이 다시 그 꽃의 열매를 맺듯 망상만 거듭 더할 뿐이니, 이는 옳지 못한 것이다. 선남자여, 허망한 들뜬 마음은 교묘함이 많아 원각을 성취할 수 있는 방편이 되지 못하니, 이와 같은 분별은 바른 물음이 되지 않느니라."

善男子, 有作思惟 從有心起 皆是六塵 妄想緣氣, 非實心體, 已如空花. 用此思惟, 辨於佛境, 猶如空花 復結空果 展轉妄想, 無有是處. 善男子, 虛妄浮心 多諸巧見 不能成就 圓覺方便, 如是分別 非爲正問.」
선남자, 유작사유 종유심기 개시육진 망상연기, 비실심체, 이여공화. 용차사유 변어불경 유여공화 부결공과 전전망상, 무유시처. 선남자, 허망부심 다제교견 불능성취 원각방편, 여시분별 비위정문.」

마음여행

제가 존경하는 집안 어른이 한 분 계십니다. 그 어른께서는 금강경과 천수경 그리고 불교TV, 불교방송, 불교신문 등을 통해 수많은 스님들의 법문을 두루 공부하고 계십니다. 책도 여러 권 출간하셨습니다. 공학박사로 도지사, 시장 등을 역임하시며 큰일도 잘 처러 내신 분입니다. 그분의 불교적 수행이나 공부는 정말 대단합니다. 저는 아직까지도 그분에 필적할만한 분을 뵌 적이 없습니다.

그러나 아직은 공문(空門: 空으로만 존재한다는 空의 이치에 관한 가르침)에 발을 들여놓지는 못하신 것 같습니다. 지금 대분심, 대의심이 팽팽하게 커져서 마치 고름이 옷깃에 슬쩍 스치기만 하여도 금세 터질 만한 경지까지 오신 분이라고 생각합니다.

그러나 아직 터지지 않았습니다. 그것은 사유하는 마음으로 공부하시기 때문입니다. 사유하는 마음, 생각하는 마음으로는 그곳에 가실 수 없습니다. 제발 그 고름이 경허 스님 말씀처럼 톡 하고 터지는 날이 빨리 돌아오기를 기원합니다.

생각하고 분별하시고 평생 공부하면서 노트에 기록하신 모든 것이 다 환(幻)이라는 것을 알고, 한꺼번에 불구덩이에 넣어버리셔야 한다는 것을 깨우치시길 바랍니다. 이 금강장보살님의 마지막 게송에 나오는 것을 놓치지 않으신다면 기꺼이 그렇게 하실 수 있으리라 믿습니다.

그때에 세존께서 거듭 이 뜻을 펴시고자 하여 게송으로 다음과 같이 말씀하셨다.

爾時, 世尊 欲重宣此義, 而說偈言:
이시, 세존 욕중선차의, 이설게언:

金剛藏當知	금강장당지	금강장 보살이여 마땅히 알라.
如來寂滅性	여래적멸성	여래의 원각인 적멸한 성품
未曾有終始	미증유종시	일찍이 처음과 끝 있지를 않네.
若以輪廻心	약이윤회심	만약에 윤회하는 마음으로써
思惟卽旋復	사유즉선부	사유하여 생사를 되풀이하면
但至輪廻際	단지윤회제	오로지 윤회 속에 있을 뿐이니
不能入佛海	불능입불해	부처님의 바다에 갈 수가 없다.
譬如銷金鑛	비여소금광	비유하면 금광석을 녹인다 해도
金非銷故有	금비소고유	그 속에는 원래의 금이 있었고
雖復本來金	수부본래금	본래부터 순금 성품 갖고 있어도
終以銷成就	종이소성취	끝내는 녹여서야 순금이 되니
一成眞金體	일성진금체	하나의 순금으로 만들어지면
不復重爲鑛	불부중위광	다시는 금광석이 되질 않는다.
生死與涅槃	생사여열반	중생의 생사와 부처의 열반
凡夫及諸佛	범부급제불	세상의 범부와 모든 부처님
同爲空花相	동위공화상	똑같이 허공의 꽃 모습과 같고
思惟猶幻化	사유유환화	중생의 사유도 환화 같거늘
何況詰虛妄	하황힐허망	어찌하여 허망함을 힐난하는가?
若能了此心	약능료차심	만약에 이 마음을 알 수 있다면
然後求圓覺	연후구원각	그런 연후 원각을 구하게 되리.

제5 미륵보살장

윤회의 본질

이때에 미륵보살이 대중 가운데서 일어나 부처님 발에 이마를 조아려 예배하고 존경의 표시로 우측으로 세 번 돌며 두 무릎을 땅에 대고 두 손을 모으면서 부처님께 사뢰었다.

"크게 자비로우신 세존이시여, 널리 일체보살을 위하여 여래의 비밀 창고를 여시니, 모든 중생으로 하여금 깊이 윤회를 깨닫게 하여 삿됨과 바름을 분별하게 하셨습니다. 능히 말세의 일체 중생에게 두려움이 없는 도(道)의 안목을 베풀어 대열반(大涅槃)에서 결정적 믿음을 내게 하니, 다시 그들이 생사윤회의 경계를 따라 되풀이되는 생사의 견해를 일으킬 것이 없습니다.

於是 彌勒菩薩 在大衆中, 卽從座起, 頂禮佛足, 右遶三匝, 長跪叉手, 而白佛言:「大悲 世尊, 廣爲菩薩 開秘密藏, 令諸大衆 深悟輪廻, 分別邪正. 能施末世 一切衆生 無畏道眼 於大涅槃 生決定信, 無復重隨 輪轉境界 起循環見.

어시 미륵보살 재대중중, 즉종좌기, 정례불족, 우요삼잡, 장궤차수, 이백불언:「대비 세존, 광위보살 개비밀장, 영제대중 심오윤회, 분별사정. 능시말세 일체중생 무외도안 어대열반 생결정신, 무부중수 윤전경계 기순환견.

🔖 마음여행

김제 금산사 미륵전을 기억하시나요? 너무나도 힘들었던 이 땅의 백성들은 유난히도 희망과 자비의 미래보살이신 미륵보살의 강림을 기다려 왔습니다. 그래서 그 금산사 미륵전에서 동학도 생기고, 원불교도 생기고, 증산교도 생기고 기타 수많은 신흥종교들이 생긴 것입니다.

제가 금강경을 강의하면서 잘못한 것이 있는데, 불·법·승 삼보에 대한 설명이 너무 미흡했습니다. 더더구나 승보에 대해서 실수한 점이 많다는 생각이 듭니다. 그 당시 제 사무실이 조계사 앞에 있다 보니 스님들을 식당에서 많이 만나게 되고, 또 길거리에서 스님들이 한 세 분만 지나가셔도 왠지 조계사 앞에 전운이 감도는 것 같다는 느낌이 들곤 했습니다.

그래서 간혹 그런 스님들 이야기를 불교TV에서 몇 번 했더니, 예상

외로 많은 분들이 너무나 가슴이 후련했다고 해서, 제가 도리어 깜짝 놀랐습니다. 저는 그래도 스님들을 존경합니다. 먹물 옷을 입으셨다는 것만으로도 감사드리고 뵐 때마다 항상 합장인사를 합니다. 삼배의 예를 올리는 스님들께 소중한 마음과 고마운 마음을 가진 상태에서 스님들께서 좀 더 잘해 주셨으면 하는 충정심에서 한 이야기인데, 몇몇 분들은 제 얘기에서 대리만족을 느끼시곤 했나 봅니다.

원래 불(佛)은 깨달음의 길을 찾으신 분이고, 법(法)은 그분이 깨달음의 길을 가르쳐 주신 것이고, 승(僧)은 그 깨달음을 담는 그릇입니다. 그래서 스님들이 더욱 소중한 것입니다. 그 그릇이 다 깨지고 없어져서 더 이상 부처님의 법을 담을 그릇이 존재하지 않을 때 이 사바세계에 오시는 분이 미륵보살이라고 합니다.

미륵보살은 미래에 오실 보살입니다. 하지만 원래 시간이라 하는 것이 중생들의 인식에 있는 것이고, 보살이라는 것 자체가 부처님의 다른 모습이시기에 중생들이 이해하시기 좋은 모습으로 화현시키신 분이 미륵보살이기도 합니다.

그래서 그런지 이 미륵보살의 질문 중에 참 중요한 것이 많습니다. 한번 보시겠습니까?

첫째, 여래의 비밀장을 열어 주셨습니다.

둘째, 중생들로 하여금 윤회를 깨닫게 하여 주셨습니다.

셋째, 중생들에게 정법과 사법을 분별하게 하여 주셨습니다.

넷째, 중생들에게 도안을 열어 주셨습니다.

다섯째, 확실한 결정신(決定信: 부처님의 구원을 믿어 흔들리지 않는 신심)을 내게 하셨습니다.

여섯째, 윤회의 경계에 속지 않게끔 하여 주셨습니다.

부처님께서는 이미 문수장, 보현장, 보안장, 금강장에서 다 가르쳐 주셨다는데 여러분은 어떠십니까?

맨땅 중생들을 어떻게 하리오?

세존이시여, 만약 모든 보살과 말세의 중생이 여래의 대적멸(大寂滅)의 바다에서 노닐려면 어떻게 윤회의 근본을 끊어야 합니까? 모든 윤회에는 몇 종류가 있고, 부처님의 깨달음을 수행하는 데에는 어떠한 차별이 있으며, 깨달음을 얻어 중생의 세계에 회향함에 있어 몇 종류의 교화 방편을 베풀어야 모든 중생을 제도하겠습니까?

바라옵건대 세상을 구할 큰 자비를 버리지 마옵시고, 수행하는 일체보살과 말세중생의 지혜로운 안목을 청정케 하여, 환히 그들의 거울 같은 마음을 비추어 여래의 무상지견(無上知見)을 원만히 깨닫게 하옵소서."

이 말을 마치고서 오체투지하며, 이와 같이 거듭 세 번 청함으로 부처님의 가르침을 간청하였다.

그때에 세존께서 미륵보살에게 말씀하시었다.

"착하고 착하도다. 선남자여, 너희들이 능히 모든 보살과 말세의 중생을 위하여 여래의 깊고 비밀하여 오묘한 이치를 간청하여 물어, 모든 보살로 하여금 지혜의 안목을 청정하게 하며, 일체 말세의 중생으로 하여금 영원히 윤회를 끊게 하여, 그 마음으로 실상(實相)을 깨닫게 해 무생법인 (無生法忍)을 갖추게 하는구나. 너희들은 자세히 들어라. 마땅히 너희들을 위하여 설하리라."
그러자 미륵보살이 부처님의 가르침을 받들어 환희하며 모든 대중과 함께 묵연히 부처님의 말씀에 귀를 기울였다.

世尊, 若諸菩薩 及末世衆生 欲遊如來 大寂滅海 云何當斷 輪廻根本 於諸輪廻? 有幾種性 修佛菩提 幾等差別 廻入塵勞 當設幾種 敎化方便 度諸衆生? 唯願不捨, 救世大悲, 令諸修行 一切菩薩 及末世衆生 慧目肅淸, 照曜心鏡 圓悟如來 無上知見.」作是語已, 五體投地, 如是 三請 終而復始. 爾時, 世尊告 彌勒菩薩言:「善哉 善哉! 善男子, 汝等 乃能 爲諸菩薩 及末世衆生, 請問如來 深奧秘密 微妙之義, 令諸菩薩 潔淸慧目, 及令一切 末世衆生 永斷輪廻, 心悟實相, 具無生忍, 汝今 諦聽. 當爲汝說. 時, 彌勒菩薩 奉敎歡喜, 及諸大衆 默然而聽.
세존, 약제보살 급말세중생 욕유여래 대적멸해 운하당단 윤회근본 어제윤회? 유기종성 수불보리 기등차별 회입진로, 당설기종 교화방편 도제중생? 유원불사 구세대비, 영제수행 일체보살 급말세중생 혜목숙청, 조요심경 원오여래무상지견.」작시어이, 오체투지, 여시 삼청 종이부시. 이시, 세존고 미륵보살언:「선재선재! 선남자, 여등 내능 위제보살 급말세중생, 청문여래 심오비밀 미묘지의, 영제보살 결청혜목, 급령일체 말세중생 영단윤회, 심오실상 구무생인, 여금제청. 당위여설.」시, 미륵보살 봉교환희, 급제대중 묵연이청.

 마음여행

원각경을 공부하는 데 가장 큰 어려움은 열두 분 보살님들의 질문입니다. 만연체로 되어 있어서 잘게 쪼개기 전에는 질문 자체를 이해하기 어렵습니다. 사실 우리 중생들은 있다는 병에 걸려 있어서, 질문을 제대로 할 수도 없습니다.

그러다 보니, 원각경이라는 것은 부처님께서 신통대광명장이라는 삼매에 들어가셔서 우리가 잘 아는 아난이나 수보리, 사리자 같으신 분들이 질문을 하는 것이 아니라 부처님께서 보살로 화현하셔서 스스로에게 물어 보시고 스스로가 답하시는, 한마디로 북 치고 장구 치고를 다 하시는 것입니다. 10대 제자 아니라 그 누구도 제대로 된 질문을 하지 못하기 때문입니다. 여기서 미륵보살님의 질문을 쪼개어 보면 이렇습니다.

1) 여래처럼 대적멸장에 여여하게 머물려면 윤회는 어떻게 끊어야 합니까?
2) 윤회에는 몇 가지 종류가 있습니까?
3) 깨달음을 수행하는 데 몇 가지 방법이 있습니까?
4) 애쓰고 노력하는 수행을 돌이켜 회광반조하게 하는 데 몇 가지 교화방편이 있나요?

부디 이것을 잘 가르쳐 주셔서 중생들이 지혜의 눈이 밝아져 혜력이 생겨, 부처님의 경지를 알게 하시옵소서.

이에 대한 부처님의 답변은 의외로 간단합니다. 그런데 영단윤회(永斷

輪廻), 심오실상(心悟實相) 구무생인(具無生忍)이 부처님의 답변입니다. "영원히 윤회의 사슬을 끊게 하고, 마음이 마음의 실상을 깨닫게 하고, 태어난다느니 죽는다느니 하는 것을 떠나 태어남이 없는 도리를 가르쳐 주겠다."는 것입니다.

불교에서의 무(無)는 '없다'가 아닙니다. 그 '실체가 없다'는 것입니다. 단지 인연이 지어서 일시적으로 그것을 사용하는 기간이 존재하는 것이지 그 자체의 고유한 영원불변한 본성이 절대 없다는 것이 무입니다. 그에 반대되는 유(有)라는 개념은 우리가 너무나도 잘 아는 개념인데, 부처님께서는 우리가 사실로 너무나 철석같이 믿고 있는 '유(영원불변하는 有)'라고 생각하기에 그에 대한 반대개념을 '무'라고 하셨고, 그 의미는 '영원불변하지 않는 무'입니다. 여기서 무생도 그러합니다.

애욕, 그 참을 수 없는 존재의 무시움 1

선남자여, 일체중생은 무시이래로 여러 가지 은애(恩愛)와 탐욕으로 말미암아 윤회가 있게 되었다. 만약에 모든 세계의 일체 종성(一切種性)인 태생(胎生)·난생(卵生)·습생(濕生)·화생(化生)이 모두 음욕으로 인하여 생명을 받았다면, 마땅히 윤회는 애(愛)가 근본이 된다는 사실을 알아야 한다. 모든 욕망이 있음으로 애욕의 성품을 드러내게 되니, 이 때문에 중생들로 하여금 생사를 상속하게 한다. 욕망은 애욕으로 인하여 생겨나고 명(命)은 욕망으로 인하여 있게 되니, 중생이 생명을 아끼고 좋아하는 것은 욕망이라는 근본에 의지하는 것이다. 애욕(愛欲)이 인(因)이 되고, 생명을 아끼고 좋아하는 것은 과(果)가 된다.

「善男子, 一切衆生 從無始際 由有種種 恩愛貪欲 故有輪廻. 若諸世界 一切種性 卵生 · 胎生 · 濕生 · 化生 皆因婬欲 而正性命, 當知輪廻 愛 爲根本. 由有諸欲 助發愛性. 是故能令 生死相續. 欲因愛生, 命因欲 有, 衆生愛命, 還依欲本, 愛欲爲因, 愛命爲果.
「선남자, 일체중생 종무시제 유유종종 은애탐욕 고유윤회. 약제세계 일체종성 난생 · 태생 · 습생 · 화생 개인음욕 이정성명, 당지윤회 애위 근본. 유유제욕 조발애성 시고능령 생사상속. 욕인애생, 명인욕유, 중생애명, 환의욕본, 애욕위인, 애명위과.

마음여행

1980년도 그리고 1990년도에도 여전히 빅 히트를 치던 가수 이선희 씨의 '알고 싶어요'는 조선시대 우리나라 한량들이 술안주에 올리던 송도 3절(황진이, 서화담, 박연폭포) 중의 하나인 황진이의 칠언절구 시조를 후대에 노래로 만든 것입니다.

원래 서화담 대신에 지족 선사라는 30년 동안 수행을 하시던 스님이 계셨는데 황진이의 꼬임에 넘어가 긴 세월 도 닦으신 것이 도로아미타 불이 되었고, 당시 유학자들이 숭상하던 도교풍의 서화담 선생은 황진이의 꼬임에 넘어가지 않았다고 해서 불교를 무척이나 핍박했던 조선의 바람둥이 유생들이 좋아하던 황진이의 시입니다. 부처님이 말씀하신 애욕을 제가 말로 다 할 수 없어 역사적 사실에 의존하고자 하니 한 번 옛 생각을 하여 주십시오.

달 밝은 밤에 그대는 누구를 생각하세요. 잠이 들면 그대는 무슨 꿈 꾸시나요? 깊은 밤에 홀로 깨어 눈물 흘린 적 없나요? 때로는 일기장에 내 얘기도 쓰시나요?　　　　　　　　　　　　　　 – '알고 싶어요' 중에서

이선희의 '알고 싶어요'의 원작인 황진이의 시를 보겠습니다.

소슬한 달밤이면 무엇을 생각하시나요? (蕭蓼月夜思何事)
뒤척이는 잠이 들면 그대는 무슨 꿈을 꾸시나요? (寢宵轉轉夢似樣)
붓 들면 때로는 제가 했던 말도 적어보시나요? (問君有時錄妾言)
저를 만나서 즐거우셨니요? (此世緣分果信良)
그대를 생각하다 보면 모든 게 궁금해요. (悠悠憶君疑未盡)
하루에 나를 얼마만큼 생각하시나요? (日日念我幾許量)
바쁠 때 이야기해도 제 이야기가 재미있나요? (忙中要顧煩惑喜)
참새처럼 지저귀어도 제게 향한 정은 여전한가요? (喧喧如雀情如常)

이 시는 조선시대 우리 선조들의 영원한 애인으로 불리는 황진이가 조선시대 연산군 당시에 이조판서를 지냈던 소세양과 한 달간 동거하고 헤어진 이후에 지은 시라고 합니다. 시 내용을 보아 마음은 애욕으로 가

득 차 있습니다.

조선시대의 우리 선조들이나 지금의 대학생들이나 20년 전의 대학생들이나 사랑하는 마음이 무슨 차이가 있을까요? 이러한 애욕이 윤회를 만드는데, 애욕이 일어나면 탐욕이 따라붙어 그 갈증과 구하는 마음이 더 심해져서 갈애가 됩니다. 그 갈애의 결과로 목숨처럼 사랑하게 되고, 황진이의 시나 이선희의 노래처럼 헤어져도 다시 보고 싶고 그 마음이 이어져서 죽어서도 다시 만나자고 하고, 다음 생에도 또 부부가 되자고 하고, 이번 생에는 부부가 못 되었지만 다음 생에는 꼭 부부가 되자며 동반 자살하는 사람도 있는 것 아시죠?

욕망이 경계 따라 업(業)을 짓는다

탐욕의 경계로 말미암아 수순하고 거역하는 마음이 일어나니, 그 경계가 좋아하는 마음을 등지면 증오와 질투가 생겨나서 여러 가지 업을 짓고, 이 때문에 지옥과 아귀의 세계에 태어나게 된다.
탐욕을 싫어해야 할 것으로 알고 업을 싫어하는 도(道)를 좋아하여, 악을 버리고 선을 즐긴다면 하늘과 인간의 세계에 태어나게 된다.
또 싫어하고 미워해야 할 모든 애욕을 알기에, 애욕을 버리고 평등한 마음을 즐거워하더라도 이것은 도리어 애(愛)의 근본을 자라게 하는 것이니, 설사 문득 유위법을 더 좋게 하는 과보가 나타난다 하더라도 모두 윤회하기에 거룩한 도를 성취하지 못한다. 이 때문에 중생이 생사를 벗어나 모든 윤회를 면하려면, 먼저 탐욕을 끊고 애욕의 갈증을 제거해야 한다.

由於欲境 起諸違順, 境背愛心 而生憎嫉 造種種業, 是故復生 地獄餓鬼. 知欲可厭 愛厭業道, 捨惡樂善 復現天·人. 又知諸愛 可厭惡故, 棄愛樂捨, 還滋愛本, 便現有爲, 增上善果, 皆輪廻故, 不成聖道. 是故 衆生 欲脫生死, 免諸輪廻, 先斷貪欲 及除愛渴.

유어욕경 기제위순, 경배애심 이생증질 조종종업, 시고부생 지옥아귀. 지욕가염 애염업도, 사악락선 부현천·인. 우지제애 가염악고, 기애락사, 환자애본, 변현유위, 증상선과, 개윤회고, 불성성도. 시고 중생 욕탈생사, 면제윤회, 선단탐욕 급제애갈.

마음여행

얼마 전에 작곡가 박춘석 선생님이 돌아가셨지요. 이 땅의 많은 청춘 남녀들의 애욕을 잘 표현하신 분이십니다. 그분 곡 중에 가수 패티 김 선생님이 부른 '초우'라는 노래가 있습니다.

가슴 속에 젖어 드는
고독이 몸부림 칠 때
갈 길 없는 나그네의 꿈은 사라져
비에 젖어 우네 …
        - '초우' 중에서

사랑은 듣기만 해도 설레는 단어이기도 하지만, 듣기만 해도 지겨운 것이 사랑이기도 합니다. 사랑은 애욕을 근본으로 하고 있기에 더더욱 그렇습니다. 제가 학창시절에 많이 들었던 가수 문주란 님의 '동숙의 노래'는 사랑했던 남자의 배신으로 한 순간에 그 남자를 없애버리고자 했던 어떤 여인의 이야기를 노래로 부른 것입니다. 실화에 근간을 둔 노래라는 소리를 듣고 등골이 오싹하기도 했습니다.

너무나도 그 님을 사랑했기에
그리움이 변해서 사무친 미움
원한 맺힌 마음에 잘못 생각해
돌이킬 수 없는 죄, 저질러 놓고
흐느끼면서 울어도 때는 늦으리 때는 늦으리 …
— '동숙의 노래' 중에서

미륵보살의 질문에 부처님께서 답해 주십니다. 탐욕이 경계에 어긋나서 한 순간 생각을 잘못하면 지옥·아귀로 떨어진다고 말입니다.

그런데, 아무리 탐욕이 끈질겨도 그 놈이 실체가 없는 것임을 알고, 그것을 관하는 힘이 생기고, 관하는 힘으로 화악 하고 돌려버리면 하늘이나 인간 세상에 태어난다고 하십니다.

억지를 부려서라도 보는 놈을 만드십시오. 보는 놈이 생겨야 우리들의 실체를 알 수 있습니다. 예쁜 여자를 보면 좋아하고, 잘생긴 남자를 보면 좋아하고, 돈을 보면 좋아하고, 명예와 이익과 환대를 보면 좋아서 어찌할 줄 모르는 그 멍청하고 바보 같고 순진하고 그래서 업의 노예가 되어 이 세상 저 세상으로 끌려 다니는 그 놈! 그 놈을 구제하는 것이 중생 구제입니다. 사람들이 이웃 돕기, 북한 돕기, 아프리카 돕기 등에 눈을 돌리는 것을 보면 흐뭇합니다. 이처럼 자신의 것을 나누는 것만으로도 큰 공덕이 됩니다. 하지만, 깨달음을 주지는 못합니다. 깨달으셔서, 더 큰 힘과 더 큰 원력으로 도우십시오. 저도 깨닫지 못해 공덕이라도 지어 보려고 열심히 이 일 저 일 돕다가 은행이자도 못 내서 쩔쩔맨 적이 있습니다. 결국 이도 저도 아니게 중간에 포기한 적이 있어서, 이 악물고 다시 이 공부를 한 것입니다.

보살은 정욕과 애욕이 아니라 자비로 태어난다

선남자여, 보살이 원력으로 변신하여 세간에 자기의 모습을 나타내어 보임은 애(愛)를 근본으로 삼는 것이 아니다. 단지 자비심으로 저 중생들로 하여금 애욕을 버리게 하기 위하여, 모든 탐욕(貪慾)의 모습을 빌어서 중생의 생사에 들어가는 것이다. 만약에 말세의 일체중생이 모든 욕망을 버리고서 증오와 사랑하는 마음을 제거하여, 영원히 윤회를 끊고 부지런히 여래의 원각 경계를 구할 수만 있다면, 청정한 마음에 문득 깨우침을 얻게 될 것이다.

善男子, 菩薩變化 示現世間, 非愛爲本. 但以慈悲 令彼捨愛, 假諸貪

欲 而入生死. 若諸末世 一切衆生 能捨諸欲 及除憎愛, 永斷輪廻 勤求 如來 圓覺境界, 於淸淨心 便得開悟.

선남자, 보살변화 시현세간 비애위본. 단이자비 영피사애, 가제탐욕 이입생사. 약제말세 일체중생 능사제욕 급제증애, 영단윤회 근구여 래 원각경계, 어청정심 변득개오.

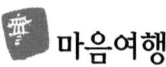 마음여행

우리는 모두 부모님의 애욕으로 인하여 태어난 존재들입니다. 사실 냉정하게 생각해 보면 우리가 이 세상에 태어난 것이 부모님께 감사해야 할 일인지, 아니면 원망해야 할 일인지 모릅니다. 아니 그렇다고 부모님을 원망할 일은 절대 아닙니다. 우리는 우리 눈에 좋아 보여서 부모님의 태중에 알고서 끌려왔건 모르고서 끌려왔건 우리의 업력으로 이 세상에 온 것입니다. 그런데 솔직히 이 세상에 태어나서 좋으셨나요?

한편 자녀들한테 효도 받겠다는 생각도 도둑놈 심보입니다. 솔직히 그 아이들이 아직 철이 없어서 그렇지 이 세상에 태어난 것이 희희낙락할 일만은 아닙니다. 솔직히 전생의 빚쟁이들이 빚 받으러 온 것입니다. 그래서 아이들이 학교 갈 때 등록금이 없다고 하면 도둑질이라도 해서 등록금을 주고 싶은 것이 부모 마음입니다. 다 부모의 애욕의 결과로 태어난 것이고 탐욕의 결과로 이번 생을 받은 것이니 부모 자식은 생을 주고받으며 고(苦)를 같이 만든 공범들입니다.

그러니 하루 빨리 이 원각경 가르침대로 일체중생들은 모든 욕망의 실체를 바로 알아 욕망을 버리고 업대로 보고 업대로 사랑하고 미워함을 다 없애버린 다음, 영원히 윤회를 끊어서 여래의 원각경계를 부지런히 구하여 그 맑고 맑은 본래의 청정심으로 문득 깨달음을 얻어 보리에 들어가는 것이 이번 생에 우리가 할 일입니다.

무명의 5가지 성질과 2가지 장애

선남자여, 일체중생은 본래 탐욕이 무명을 발휘하는 것으로 말미암아 평등하지 않은 오성(五性)의 차별을 드러내니, 두 종류의 장애에 의하여 그 깊고 얕음을 나타낸다. 무엇이 두 종류의 장애인가. 하나는 이장(理障)으로 정지견(正知見)을 장애하고 또 하나는 사장(事障)으로 생사를 상속한다. 어떤 것이 오성(五性)인가?

善男子, 一切衆生 由本貪欲 發揮無明 顯出五性, 差別不等 依二種障 而現深淺. 云何二障? 一者理障 碍正知見, 二者事障 續諸生死. 云何五性?
선남자, 일체중생 유본탐욕 발휘무명 현출오성, 차별부등 의이종장 이현심천. 운하이장? 일자리장 애정지견, 이자사장 속제생사. 운하오성?

 마음여행

경전을 읽다보면 부처님께서 참으로 자상하시고 자비로우시다는 생각을 하게 됩니다. 사실 우리들도 자기 문제도 알고, '부처님 말씀대로 살아야지' 하는 생각을 수없이 하기는 합니다. 그런데 작심 3일입니다. 목구멍이 포도청이라서 그게 유지가 잘 안 됩니다. 그런데 부처님께서는 중생들이 그런 까닭이 2가지가 있다고 하십니다.

먼저 '이장'은 이치의 장애를 말합니다. 그 다음 '사장'은 하고자 하는 일을 제대로 몰라서 생기는 장애입니다. 제가 앞에서 금강경, 원각경 등 경전은 베를 짤 때의 날줄의 경이라고 하였습니다. 이러한 날줄은 법계의 근본, 우주의 근본, 자성의 근본 등 불변하는 우주의 이치를 말합니다. 이 경이 바로 서지 않으면 아무 것도 없다는 무병(無病)에 걸려 출세간법만 좋아하고, 중생이 먹고사는 세간법은 염법이라 하여 아주 싫어하는 소승의 선자가 되거나 성문·연각이 됩니다.

반대로 불도(佛道)를 이룬다는 사람이 그 방법을 몰라 일의 장애가 생기는 것을 사장이라고 합니다. 밥을 먹으려면 불도 지피고, 쌀도 씻고, 물도 재울 줄 알아야 하고, 아기를 키울 때도 아기가 울면 왜 우는지, 그때그때 어떻게 도와주어야 하는지 육아법을 알아야 잘 키울 수 있는 것처럼 그냥 열심히만 한다고 되는 게 아닙니다. 부산에 간다고 서울역으로 가서 기차 타고 열심히 가기만 하면 부산에 갈 수 있나요? 경부선을 타야 하는데 호남선으로 잘못 탔으면 목포에 도착할지도 모르고, 중간에 대전에 내릴 수도 있습니다.

사장을 넘어서려면 베틀의 씨줄을 잘 짤 줄 알아야 합니다. 날줄에 맞추어 한 올 한 올 짜 내려가야 합니다. 기다리고 인내하고 참아가며 말입니다.

무명 중생의 5가지 종류

선남자여, 만약 이 두 장애를 끊어내지 못했다면 성불했다 할 수 없다. 만약 모든 중생이 영원히 탐욕을 버리고자 먼저 사장(事障)을 없앴으나 이장(理障)을 끊지 못했다면, 이는 단지 성문과 연각의 경계에만 깨달아 들어갔을 뿐, 아직 보살의 경계에 머물러 있음을 보이는 것이 아니다.
선남자여, 만약 말세의 일체중생이 여래의 대원각(大圓覺)의 바다에서 노닐려면 먼저 발원하여 부지런히 사장(事障)과 이장(理障)을 끊어야 할 것이다. 두 장애를 이미 항복 받았다면 보살의 경계에 깨달아 들어갈 수 있고, 사장(事障)과 이장(理障)을 영원히 단멸하였다면 여래의 미묘한 원각에 들어가 보리(菩提)와 대열반(大涅槃)을 원만 구족할 것이다.
선남자여, 일체중생이 모두 원각을 증득하나, 선지식을 만나 그들이 성취한 인지법행에 의지할 것 같으면, 이때 수습하는 데에서 문득 돈(頓)과 점(漸)이 있게 된다. 만약에 여래의 최고 깨달음인 바른 수행길을 만난다면 근기의 대소(大小)에 관계없이 모두 불과(佛果)를 이루게 될 것이다.
만약 모든 중생이 비록 좋은 도반을 구하나 삿된 견해 지닌 자를 만났다면 바른 깨달음을 얻지 못할 것이니, 이를 외도(外道)의 종성(種性)이라 한다. 이는 삿된 스승의 잘못으로서 중생의 허물이 아니니, 이 차이점을 중생의 오성(五性) 차별이라 하는 것이다.

善男子 若此二障 未得斷滅 名未成佛. 若諸衆生 永捨貪欲 先除事障, 未斷理障, 但能悟入 聲聞緣覺, 未能顯住 菩薩境界. 善男子, 若諸末世 一切衆生 欲泛如來 大圓覺海 先當發願 勤斷二障. 二障已伏 卽能悟入 菩薩境界, 若事理障 已永斷滅 卽入如來 微妙圓覺 滿足菩提 及大涅槃. 善男子, 一切衆生 皆證圓覺, 逢善知識 依彼所作 因地法行, 爾時, 修習 便有頓漸, 若遇如來 無上菩提, 正修行路, 根無大小, 皆成佛果, 若諸衆生 雖求善友 遇邪見者, 未得正悟, 是則名爲 外道種性 邪師過謬 非衆生咎, 是名衆生 五性差別.

선남자 약차이장 미득단멸 명미성불. 약제중생 영사탐욕 선제사장, 미단리장, 단능오입 성문연각, 미능현주 보살경계. 선남자, 약제말세 일체중생 욕범여래 대원각해 선당발원 근단이장. 이장이복 즉능오입 보살경계, 약사리장 이영단멸 즉입여래 미묘원각 만족보리 급대열반. 선남자, 일체중생 개증원각, 봉선지식 의피소작 인지법행, 이시, 수습 변유돈점, 약우여래 무상보리, 정수행로, 근무대소, 개성불과, 약제중생 수구선우 우사견자, 미득정오, 시즉명위 외도종성 사사과류 비중생구, 시명중생 오성차별.

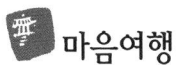 마음여행

오성의 차별이라는 것을 자세히 보겠습니다.

첫째 무성(無性: 성품이 없다)이니 부처의 성품이 없다는 것, 불도를 이룰 자질이 없는 중생을 무성이라고 합니다. 이 이야기는 어떻게 보면 모든 중생들, 고물고물한 벌레에게까지도 불성이 있다는 말과 상충되는 말처럼 보이기도 합니다. 하지만, 원각경에서는 불성을 키울 인연을 못 만나거나 잘못 만나는 경우를 말씀하시는 것입니다. 지금, 금생에 바로 불도를 이룰 자질이 없다는 말입니다. 먼먼 훗날 얘기는 아닙니다.

둘째는 정성성문(定性聲聞), 그러니까 성문의 성품이 정해져 있다는 말입니다. 이런 사람은 팔랑귀라고 할 수 있습니다. '우리 스님 우리 스님' 하며 자기 스님에게서 한 발자국도 못 벗어나시면 그렇게 됩니다. 다시 말해서 무슨 말을 들으면 그 말만 믿고 다른 생각, 다른 말은 한마디도 안 듣고 거기서 한 발짝도 못 나가는 사람은 결정적으로 성문밖에 못 된다는 얘기입니다.

셋째는 정성연각(定性緣覺)이니 결정적으로 연각밖에 못 된다는 것입니다. 이런 분은 경제계에 엄청나게 많습니다. 증권계, 금융계, 그리고 수학자, 과학자 중에도 많습니다. 함수관계와 상관관계만을 1차 방정식, 2차 방정식, 3차, 4차 방정식 등으로 풀어가는 사람들입니다. 그러나 5차 방정식에만 들어가면 석사·박사 아무리 공부를 많이 했다 해도 지식으로는 안 풀리므로 음양오행을 따지고 무속인 집에 자주 들락거립니다. 5차방정식부터는 근의 공식이 존재하지 않아 헷갈리기 때문입니다.

게다가 이 우주는 11차 방정식이니 아예 지식으로는 답이 안 나오니 더 하답니다.

넷째는 정성보살(定性菩薩)이니 결정적으로 보살이 될 중생입니다. 이런 분들은 보살님들 그리고 어머니들 중에 많습니다. 사실 어머니들은 자식에게만은 너무나도 헌신적입니다. 그에 비하면 아버지들은 폼만 잡지 아무 것도 아닙니다. 불교집안에서 어머니들을 보살이라고 하시는 것은 그럴만한 까닭이 있기 때문입니다. 단 한국 엄마들만 그렇습니다. 외국 엄마들은 아주 소수입니다. 그러나 어머니들은 아직은 지전보살이시지만, 원각경의 권화보살처럼 지상보살이 되실 확률이 가장 높으신 분들입니다.

다섯째는 부정성(不定性)이니 아직 성문·연각·보살·맨땅 중생 중에 어디로 갈지 모르는 사람들입니다. 재가자들에게 많습니다. 부처님의 10대제자 중에 우리가 아는 가섭, 라후라, 수보리 등은 출가재자이고, 재가재자 중에도 10대제자가 있었다고 합니다. 그 중에 대표적인 분이 유마 거사이신데, 재가 10대제자 중 급고독 장자 같으신 분을 모델로 설해진 경전이라고도 합니다.

위와 같이 다섯 가지 부류를 오성 중생이라고 합니다.

보살들아! 이렇게 하라

선남자여, 보살이 오직 큰 자비의 방편으로 모든 세간에 들어가 깨치지 못한 중생을 깨우치고, 여러 가지 형상을 나타내어 역순(逆順)의 경계에서 그들과 더불어 동사섭(同事攝)을 하며 그들을 교화 성불시키니, 이 모두는 무시이래의 청정한 원력에 의한 것이다.

善男子, 菩薩唯以 大悲方便 入諸世間 開發未悟, 乃至示現 種種形相 逆順境界 與其同事 化令成佛, 皆依無始 淸淨願力.
선남자, 보살유이 대비방편, 입제세간 개발미오, 내지시현 종종형상, 역순경계 여기동사 화령성불, 개의무시 청정원력.

마음여행

천수경 기도를 열심히 하십시오. 천수경에는 수많은 보살들이 나옵니다. 우리 어머니들이 자식들을 위해서 자기 한 몸 불태워서 무슨 일이든지 다 하시는 것처럼 부처님의 바른 법을 알고자 하고, 부처님의 법내로 하시면 무슨 일이든지 다 도와주시겠다며 서원을 세우신 보살들이 천수경에 나옵니다.

그리고 천수경은 부처님의 계·정·혜 삼학에 맞추어 정확하게 구성되어 있습니다. 정법 중에 정법을 편집해 놓은 경이 천수경입니다. 마치 주력처럼 "천수 친다."라고 표현하시는 분들이 많은데, 그것은 금을 놋쇠처럼 사용하는 아주 어리석은 일입니다. 신묘장구대다라니, 옴 마니 반메 훔, 준제진언 등을 따로 떼어내서 사마타행을 하시면 삼매에 드시기에 아주 좋습니다. 그 결과 혜가 밝아져, 위에서 말한 이장과 사장 중에 사장을 제거하고 세상 일을 하시는 데 필요한 지식, 필요한 사람들을 잘 찾아내는 최신식 네비게이션보다 더 훌륭한 사바세계의 길잡이가 될 것입니다.

발원문은 무엇이 좋은가요?

만약에 모든 말세의 일체중생이 대원각에 의지해서 더 공부하고자 하는 마음을 일으켰다면, 마땅히 보살의 청정한 대원력을 발하여 '바라옵건대 내가 지금 부처님의 원각에 머물러 선지식을 구하니, 외도나 이승(二乘)을 만나지 않게 하옵소서'라고 해야 한다. 이러한 원력에 의지하여 수행해서 점차 모든 장애를 끊어낸다면, 장애가 다하고 원력이 가득하여 문득 해탈의 청정한 법전(法殿)에 올라가서 대원각의 오묘한 장엄세계를 증득할 것이다."

若諸末世 一切衆生 於大圓覺 起增上心, 當發菩薩 清淨大願, 應作是言: 願我今者 住佛圓覺 求善知識, 莫值外道 及與二乘. 依願修行 漸斷諸障, 障盡願滿 便登解脫 清淨法殿 證大圓覺 妙莊嚴域.」
약제말세 일체중생 어대원각 기증상심, 당발보살 청정대원, 응작시언: 원아금자 주불원각 구선지식, 막치외도 급여이승. 의원수행 점단제장, 장진원만 변등해탈 청정법전 증대원각 묘장엄역.」

 마음여행

　금강경을 강의하면서 가장 많이 받은 질문이 '왜 발원이 필요한가?'와 '기도와 발원의 차이가 무엇인가'였습니다. 저는 의상 대사의 발원문을 좋아합니다. 그리고 그 때 그 때 제가 직접 하는 발원문을 예를 들어 설명해 드렸습니다.

　"대자대비하신 부처님! ○○절에서 저를 지켜보아 주시는 관세음보살님, 그리고 일체 법계의 화엄성중님! 저 기해생 우승택은 매일 반야심경 사경, 매일 108배 수행을 100일간 하여 아뇩다라삼먁삼보리를 성취하여, 장차 ○○일을 하여 부처님의 바른 법을 받들어 일체중생에게 회향하고자 하오니 부처님의 원력으로 저의 소원이 원만히 성취되게 하여 주소서."

　그리고 소원이 바뀌면 그 때 그 때 바라는 바를 바꾸어서 합니다.

　의상 대사의 '백화도량발원문'을 참조하십시오. 의상 대사는 저보다 욕심, 아니 원력이 더 많고 크십니다. 그러니 여러분도 욕심을 더 내십시오. 아니 원력을 더 내십시오. 부처님한테 기도하는데 너무 작은 것을 가지고 하지 마십시오. 큰 원력을 내야 크게 성취됩니다. 마음을 내고 심혈을 기울이면 성취할 수 있다는 믿음을 가지고 원력을 내시면 이루어집니다.

　머리를 낮추어 기도하나이다.
　본사 관음대성의 대원경지를 관찰하옵고

또 제자의 성정 본각에 계신 본사께서
수월로 장엄하신 무진 상호를 관찰하옵고
또한 제자의 공화 같은 유루 형태의 의보와 정보를 관찰하오니
맑고 더럽고 괴롭고 즐거운 차이가 있나이다.
이제 관음보살의 대원경지 가운데 있는
제자의 몸으로 귀명정례하오니
제자의 거울 가운데 계신 관음대성이
소리를 발하사 가피를 내려 주시옵소서.
바라옵건대 제자는 세세생생에 관세음을 일컬어 본사로 삼되
보살이 아미타 여래를 이마에 이고 계신 것같이
제자 또한 관음 대성을 이마 위에 정대하고
십원육향과 천수천안과 대자대비를 모두 균등하게 지니며
이 세상과 저 세상에서 몸을 버리거나 몸을 받는 곳마다
그림자가 형상을 따르는 것같이
항상 보살의 설법을 듣고 참된 법을 널리 퍼뜨리며
법계 안의 모든 중생이 다 함께
대비주를 외우고 보살의 명호를 염하여
다 같이 원통삼매의 성품바다에 들어지이다.
또 바라옵건대 제자의 이 몸이 다할 때
대성께서 광명을 놓으셔서
모든 두려움을 떠나 마음이 편안하게 해 주시고
잠깐 사이에 백화도량에 화생하여

여러 보살님들과 함께 바른 법을 듣게 하소서.
법류수에 젖어들어 찰나찰나 사이에
심성이 더욱 밝아져서 여래의 무생법인을 깨달아지이다.
지극한 마음으로 관음 대성께 귀명정례 하나이다.
관세음보살 관세음보살 관세음보살
나무 석가모니불 나무 석가모니불 나무 시아본사 석가모니불.

– 의상 대사 백화도량 발원문

그때에 세존께서 거듭 이 뜻을 펴시고자 하여 게송으로 다음과 같이 말씀하셨다.

爾時, 世尊 欲重宣此義, 而說偈言:
이시, 세존 욕중선차의, 이설게언:

彌勒汝當知	미륵여당지	미륵보살이여 마땅히 알라.
一切諸衆生	일체제중생	시방세계 살아가는 모든 중생이
不得大解脫	부득대해탈	평화로운 대해탈을 얻지 못함은
皆由貪欲故	개유탐욕고	이 모두 탐욕으로 말미암기에
墮落於生死	타락어생사	윤회하는 생사에 떨어지나니
若能斷憎愛	약능단증애	만약에 중생이 증오와 애욕
及與貪瞋癡	급여탐진치	탐진치 삼독(三毒)을 끊어 낸다면

:: 제5 미륵보살장

不因差別性	불인차별성	그 성품의 차별을 가리지 않고
皆得成佛道	개득성불도	모두 다 불도(佛道)를 이룰 수 있네.
二障永銷滅	이장영소멸	이장(理障)과 사장(事障)의 영원한 소멸
求師得正悟	구사득정오	바른 스승 구하여 깨달음 얻고
隨順菩提願	수순보리원	보살의 대원력에 수순하여서
依止大涅槃	의지대열반	대열반에 의지하고 안주를 하니
十方諸菩薩	시방제보살	시방세계 대원력의 모든 보살님
皆以大悲願	개이대비원	모두가 대비심의 원력으로써
示現入生死	시현입생사	그 모습을 나투어 생사에 드네.
現在修行者	현재수행자	정진하는 현재의 수행자들과
及末世衆生	급말세중생	불연(佛緣) 맺은 말세의 모든 중생이
勤斷諸愛見	근단제애견	부지런히 모든 애견(愛見) 끊어낸다면
便歸大圓覺	변귀대원각	그 자리서 대원각(大圓覺)에 돌아가리라.

제6 청정혜보살장

수행의 계위

이때에 청정혜보살이 대중 가운데서 일어나 부처님 발에 이마를 조아려 예배하고 존경의 표시로 우측으로 세 번 돌며 두 무릎을 땅에 대고 두 손을 모으면서 부처님께 사뢰었다.

於是淸淨慧菩薩 在大衆中 卽從座起 頂禮佛足, 右遶三匝, 長跪叉手 而白佛言:
어시청정혜보살 재대중중 즉종좌기 정례불족, 우요삼잡, 장궤차수 이백불언:

 마음여행

　원각경에서 지금까지 우리를 대신해서 질문을 해 주셨던 문수보살, 보현보살, 보안보살, 금강장보살, 그리고 미륵보살은 어느 정도 불교에 관심이 있으신 분들은 많이 들어보신 권화보살이십니다. 권화보살은 실로는 깨달음을 이루신 부처님이신데 중생들을 구제하기 위해 보살로 화현하신 분들을 말합니다. 지금부터 나오는 청정혜보살을 위시해서 위덕자재보살, 변음보살, 정제업장보살 등은 사실 잘 모르시는 분들일 것입니다. 이것은 불교를 공부하시는 분들에게는 참 좋은 일입니다.
　왜 그런고 하니, 원래 보살이 중생을 구제하기 위해서 다시 이 사바세계에 나투시기 위해서는 아무 것도 남김이 없는 무여열반에 드실 수가 없습니다. 무여열반에 들어가시면 사바세계에 오실 수가 없기 때문입니다. 사바세계는 '업'으로 이루어진 세계입니다. 그래서 결국은 일부러 업을 남기시고 열반하신 다음, 다시 그 업의 통로를 따라 화현하시는 것입니다.
　그래서 미륵장 마지막 부분에 동사섭(同事攝) 이야기가 나옵니다. 중생의 근기에 따라 제도하기 위해서 우리와 같은 모습으로, 우리와 같은 일을 하면서 우리를 깨달음으로 인도하십니다. 어느 때는 아주 자비로운 부자의 모습으로 나오시기도 하고, 아주 인색하고 냉혹하고 잔인한 부자로 화현해서 우리와 같이 생활하시기도 합니다. 어느 때는 어린이를 구하기 위해 저수지나 바다나 철길에 몸을 던지기도 하고, 어느 때는 흉악한 살인자의 모습으로 우리에게 법계의 가르침을 주기도 합니다.

참으로 믿고 싶지 않은 이야기고, 참으로 인정하기 싫은 이야기이기도 하지만, 나를 괴롭히고, 협박하고, 우리 아이를 때리고 죽이고 하는 일이나, 혹은 우리를 어느 순간 도와주고, 결정적으로 목숨을 구해주고, 취직 못하고 속썩이던 자식이나, 돈이 없어서 고통 받는 가족에게 갑자기 어떠한 은혜를 주는 일 등도, 불교에서는 우리가 인식하는 범위를 넘어서는, 그야말로 '누진통'이 열리기 전에는 그 사람이 나의 원수인지 은인인지 모른다는 것입니다. 오직 이 청정혜보살처럼 청정한 지혜의 눈이 열려야 그 인연관계를 깨달으며 남들의 희로애락을 넘어선 여여하며, 웃으며, 감사하며, 받아들이는 도인이 된다는 것입니다. 맑은 지혜를 가진 청정혜보살이 독자님들의 모습이 되기를 진심으로 발원합니다.

중생의 깨달음과 부처의 깨달음이 차이가 있나요?

크게 자비로우신 세존이시여, 저희들을 위하여 널리 이와 같이 부사의(不思議)한 일을 설하시니, 이는 일찍이 보거나 들었던 바가 없었습니다. 저희들은 지금 부처님의 훌륭한 가르침을 받고 몸과 마음이 태연하여 커다란 이익을 얻었으니, 바라옵건대 여기 모인 일체 법회 대중을 위하여 법왕(法王)의 원만각성(圓滿覺性)을 다시 한번 설하소서.
일체중생 및 모든 보살과 여래 세존께서 증득한 그 내용은 어떤 차별이 있습니까? 말세의 중생으로 하여금 이 거룩한 가르침을 듣고 수순 개오하여 점차 깨달아 들어가게 하옵소서. 이 말을 마치고서 오체투지하며,

이와 같이 거듭 세 번 청함으로 부처님의 가르침을 간청하였다.

而白佛言:「大悲世尊, 爲我等輩 廣說如是 不思議事, 本所不見 本所不聞. 我等今者 蒙佛善誘 身心泰然 得大饒益, 願爲一切 諸來法衆 重宣法王 圓滿覺性. 一切衆生 及諸菩薩 如來世尊 所證所得 云何差別? 令末世衆生, 聞此聖敎 隨順開悟 漸次能入. 作是語已 五體投地, 如是 三請 終而復始.

이백불언:「대비세존, 위아등배 광설여시 부사의사, 본소불견 본소불문. 아등금자 몽불선유 신심태연 득대요익, 원위일체 제래법중 중선법왕 원만각성. 일체중생 급제보살 여래세존 소증소득 운하차별? 영말세중생 문차성교 수순개오 점차능입. 작시어이 오체투지 여시 삼청 종이부시.

마음여행

역시 청정혜보살답지요? 여태까지 우리가 보지 못하고, 믿지 못하던 바를 부처님께서 설명해 주셨습니다. 하지만 부처님께서 아무리 말씀해 주신다 해도 우리의 인식으로는 도저히 알 수 없으니, 부처님과 같은 깨달음을 얻으려면 어떻게 해야 되는지 다시 한 번 말씀해 달라고 부탁하는 겁니다. 아울러 중생들과 보살들과 부처님께서 얻으신 깨달음이 어떠한 차이가 있는지 말씀해 주시고, 지금 저희들도 어느 정도 공부가 잘되기 시작하오니, 좀 더 진전하는 수행을 위해서 차례대로 밟아 들어가는 깨달음의 길을 가르쳐 달라고 간곡하게 청하는 것입니다.

그때에 세존께서 청정혜보살에게 다음과 같이 말씀하시었다.
"착하고 착하도다. 선남자여, 너희들이 능히 말세의 중생을 위하여 여래의 수행점차(修行漸次) 차별을 간청하여 묻는구나. 너희들은 자세히 들어라. 마땅히 너희들을 위하여 설하리라."
그러자 청정혜보살이 부처님의 가르침을 받들어 환희하며 모든 대중과 함께 묵연히 부처님의 말씀에 귀를 기울였다.

爾時, 世尊告 淸淨慧菩薩言:「善哉 善哉! 善男子, 汝等乃能 爲諸菩薩 及末世衆生 請問如來 漸次差別. 汝今諦聽. 當爲汝說.」時, 淸淨慧菩薩 奉敎歡喜, 及諸大衆 默然而聽.
이시, 세존고 청징혜보실인:「신재 신재! 신남자, 여등내능 위제보살 급말세중생 청문여래 점차차별. 여금제청. 당위여설. 시, 청정혜보살 봉교환희, 급제대중 묵연이청.

마음여행

부처님께서는 점차(漸次)와 차별(差別)을 말씀해 주시겠다고 합니다.
1960년대의 문화혁명으로 자기네들 문화를 거의 다 파괴해 버린 중국은 요사이 다시 조상들의 문화를 찾기 위하여, 한국으로 많이 옵니다.

우리의 강릉단오제가 세계 문화유산으로 등록된 것도 자기네의 단오절을 우리가 먼저 가지고 갔다고 생각하고, 성균관에서 매년 치르는 공자가례도 그 전통과 순서와 의미와 제식의 방법을 몰라서, 다시 우리에게 배워가서는 드디어 공자라는 브랜드를 전 세계로 홍보하기 시작했습니다. 원래 자기 것이라는 것이지요.

그뿐만 아닙니다. 우리 불교의 영산재도 배워가기 위해 수많은 중국의 스님들이 방문하고 있습니다. 더욱이 그들에게는 이미 그 문화가 단절된, 간화선 수행방법을 배우기 위해 정말로 수많은 중국불교 관계자들과 스님들이 한국에서 다시 배워갑니다. 우리나라 태권도는 일본의 가라데와 원류를 찾아가면 비슷합니다. 그런데 정부와 김용운 전 IOC 위원이 태권도를 먼저 정형화시키고 세계무대에서 홍보해서 태권도라는 브랜드를 우리가 가지게 되었다는 것은 알고 계실 것입니다. 한편 일본인들이 우리의 인삼을 '진셍'이라는 상표로 먼저 글로벌화하고, 우리의 김치마저 그들이 '기무치'라는 상품으로 알리려고 국제사회에서 치열하게 움직이는 행보를 지나쳐서는 안 됩니다. 이는 우리 불교계에 큰 경종이 되어야 할 것입니다.

솔직히 우리나라 절에 있는 신중탱화를 보면, 중국의 유비, 관우, 장비가 입던 군복을 입고 계신 신중님들이 많고, 머리에 쓴 관도 중국 관리의 화관을 묘사한 것이 많습니다. 절 법당 안의 닷집도 중국의 궁궐이나 중국 절의 기와 모양을 하고 있는 것이 많습니다. 중국이 우리 것을 다 배워가서 자기네 것이라고 세계적으로 홍보하기 전에 우리 것을 구체적으로 확립시켜 놓지 않으면, 앞으로 중국인들과 다투는 일이 자주 생길 것입니다. 우리가 먼저 특허신청을 하고, 우리의 특허를 무료로 그들에게 사용하게 해 주는 식의 민첩함과 현명한 안목이 필요한 시점입니다. 하지만 한국의 조계종단 스님들한테 이러한 것을 기대하기는 어려운 듯합니다.

스님들이 지난 50년 간, 해외포교를 하는 모습을 보면 알 수 있습니다. 그러니 한국의 재가불자들 그 중에서도 차에다 염주 걸고 다니고, 초파일이면 3사 순례해야 한다며 열심히 절에 다니는 분들이 하셔야 할 일들입니다. 달라이 라마는 1959년 망명하고 나서 전 세계에 불교를 전파했는데, 우리는 허구헌날 일본처럼 돈이 없어서 못 한다며 핑계나 대었지, 돈 없이 포교 잘 하신 숭산 스님, 그다지 많은 돈을 들이지도 않고 불교의 세계화에 앞장 선 대만불교를 본받지 않는 것만 보아도 한국불교의 수준을 알 수 있습니다.

물론 스님들에게 수행 이외의 다른 것을 기대하는 것도 부처님의 교법에 어긋납니다. 이는 재가자들의 몫입니다. 재가자들도 불교 발전이 제대로 이루어지지 않는 것은 종단이나 스님들 때문이라는 험담을 하지 말아야 합니다. 사실 잘못하면 스님들이 천연기념물이 될지도 모르는 일입니다. 몽골이나 티베트, 그리고 중국에서 아기스님들을 받아들여 옛날스님들 식으로 가르치기 시작했습니다. 이미 외국의 금융기관과 외국의 글로벌기업들이 한국 시장을 접수하기 시작했습니다. 요즘 중학생, 고등학생을 대상으로 하는 입시학원도 외국기업들이 많은 비중을 차지하고 있습니다.

사람들만 모을 수 있다면, 그래서 그들의 문화를 전파하고, 돈을 벌

수만 있다면 모든 것을 다 하는 것이 인간의 본성입니다. 우리 한국이 인도네시아의 지아지아 족한테 한글을 수출해서 온 국민이 열광하듯이, 불교와 스님들을 수출해서 그들의 문화를 전파하려 할 것입니다. 우리는 하면서 남들이 안 한다고 생각하는 것 자체가 어리석은 것입니다. 이미 한국에 남방불교의 새로운 종단이 생겼습니다. 달라이 라마나 틱낫한 스님 그리고 노랑머리의 유럽 스님이 한국불교 접수를 위한 시도를 하고 있습니다. 일본과 미국·러시아·청나라가 시시각각 조여 오는 데도 당파싸움만 일삼다가 총 한번 못 써보고 나라를 통째로 일본에 내 준 것과 같은 일이 한국불교에서 벌어지고 있는 것입니다.

기도불교, 방편불교, 제사불교의 촛불이 다 사그라져 꺼질 날이 얼마 남지 않았습니다. 지금이라도 원각경에서 부처님이 청정혜보살에게 해 주시는 가르침을 실천하면 됩니다. 수행은 하루 이틀에 되는 것이 아니기에 외국인들이 금세 흉내 낼 수 없기 때문입니다. 그런데 우리의 간화선 수행과 염불 수행에는 원각경에 나오는 수행 점차가 없습니다. 티베트불교는 '보리도차제'라고 해서 수행의 계위와 점차가 있습니다. 그런데 한국불교 조계종의 간화선, 천태종의 관음신앙, 진각종의 '옴 마니 반메 훔' 진언수행은 깨달음의 경지만 있지 그 점차가 없습니다. 그래서 저는 원각경을 소중히 생각하고 있습니다. 그리고 재가자들에게 원각경이 왜 중요한가 하는 이유를 설명해 주기 위해 법석이 열리는 곳이면 찾아가서 강의를 하고, 지금 이 책을 집필하고 있는 까닭도 원각경에 부처님의 수행 점차와 계위가 상세하게 언급되어 있기 때문입니다.

모쪼록 부처님의 수행 점차와 계위를 잘 공부하시기 바랍니다. 갓난 아기가 갑자기 걸을 수 없습니다. 기어다니면서 무릎 힘을 기르고 벽을 짚고 겨우 일어나서 수도 없이 넘어지면서 걸음마를 배우는 것입니다. 뒤뚱뒤뚱 걷다가 빨리 걷게 되고, 나중에는 달리기도 할 수 있지요. 그래서 수행 점차와 계위가 중요한 것입니다. 서지도 못하는 아기에게 뛰라고 할 수 있겠습니까?

부처님께서 평생 동안 수많은 방편을 실어서 온 우주를 가득 채울 만한 가르침을 설하시고, 근기에 따라 수도 없는 수행법을 열어놓으신 것에 늘 감사하면서 열심히 자기 근기에 맞는 수행을 하고, 점점 자신의 의식을 업그레이드시켜가야 합니다. 또한 무엇보다 중요한 것은 수행을 위한 수행을 해서는 안 된다는 것입니다. 우리가 수행을 하는 것은 마음을 변화시키기 위한 것입니다. 마음을 변화시킨다기보다는 우리에게 원래 충만해 있는 원각, 그 둥근 깨달음을 알아차리는 것입니다.

원각의 성품은 성품 아닌 성품이다 – 말과 글이 끊어진 것

"선남자여, 원각(圓覺)의 자성(自性)은 오성(五性)이 아닌데도 오성이 있다. 이 오성을 따라 원각이 움직이더라도 취하거나 증득할 것이 없으니, 실상(實相) 가운데에는 진실로 보살이나 중생들이 없기 때문이다. 무엇 때문인가? 보살과 중생들은 모두 실체가 없이 인연이 모여 허깨비처럼 만들어졌던 것인데, '원각(圓覺)의 깨달음'으로써 이것들이 사라졌으므로 이것들을 취득하거나 증득할 것이 없기 때문이다. 비유하면 자신의 눈이 스스로 자신의 눈을 보지 못하듯 성품 그 자체가 평등이어서 여기에 평등할 것이 없다는 것이다. 중생이 미혹하고 전도되어 일체 환화(幻化)를 제거할 수 없기에, 제거했다 못했다는 허망한 노력 가운데서 문득 차별을 드러낸다. 중생이 만약에 여래의 적멸수순(寂滅隨順)을 얻었다면, 그 자리는 진실로 적멸과 적멸할 자가 없는 것이다.

「善男子, 圓覺自性 非性性有. 循諸性起 無取無證, 於實相中 實無菩薩 及諸衆生. 何以故? 菩薩衆生 皆是幻化, 幻化滅故 無取證者. 譬如眼根 不自見眼性 自平等 無平等者. 衆生迷倒 未能除滅 一切幻化, 於滅未滅 妄功用中 便顯差別. 若得如來寂滅, 隨順實無 寂滅及寂滅者.
「선남자, 원각자성 비성성유. 순제성기 무취무증, 어실상중 실무보살 급제중생. 하이고? 보살중생 개시환화, 환화멸고 무취증자. 비여안근 부자견안성 자평등 무평등자. 중생미도 미능제멸 일체환화, 어멸미멸 망공용중 변현차별. 약득여래적멸, 수순실무 적멸급적멸자.

마음여행

깨달음을 찾는다, 나를 찾아서, 진리를 찾아서 떠난다는 말을 자주 듣는데, 제발 무엇을 찾으려고 하지 마십시오. 원각 자성을 찾는다거나, 본래자리를 찾는다거나, 주인공을 찾는다거나, 내 마음의 불성을 찾는다거나… 하는 것들은 본래 없는 것입니다. 여기에서도 원각 자성은 비성성유(非性性有)라, 그 성품이 없음을 성품으로 한다고 하지 않습니까?

부처님께서 보살과 중생이 본래 없는 것이라고 하셨습니다. 다 미혹으로 있는 것이고 환화, 허깨비 꽃이라고 하였습니다. 있다고 착각해서 그렇지 실제로는 없는 것입니다. 그러니 구할 것도 없고 버릴 것도 없다는 것입니다.

하도 많이 듣던 이야기라서 갑갑하시죠? 알 것 같기도 하고 모를 것 같기도 할 것입니다. 예를 들어 설명해 드리겠습니다. 제가 아주 좋아하는 중국인 친구가 있습니다. 천재적인 두뇌를 가지고 있는 이 친구는 홍콩대학과 미국의 명문대학을 나와 29살 때 영국 증권회사의 현지법인 사장도 했습니다. 지금도 나름대로 잘하고 있습니다. 부인은 일본여자이고, 자기의 4대 조상이 압록강 근처에서 살다가, 무슨 일 때문인지 압록강을 건너 만주지역에서 살다가, 그 이후로 흘러흘러 내려와 할아버지 대에는 중국 광주 지방에 살다가 자기 아버지 대부터 홍콩에 정착하게 되었다고 합니다. 그래서 그런지 한국을 아주 좋아하고, 생긴 것도 우리와 비슷하게 잘 생겼습니다.

어느 날 이 친구가 자기 아들을 데리고 한국에 스키를 타러 오는데 자기 아들을 보고 놀라지 말라는 이야기를 했습니다. 그러면서 사실 아들이 자폐증환자이고, 태어날 때부터 머릿속에 종양이 있어, 지능발달이 더디어 지금 12살인데 3, 4살 수준의 언어지능이라는 것이었습니다. 언어 장애가 있으니 당연히 학교 공부나 책을 통한 지식발달은 더딜 수밖에 없겠지요.

그 당시에, 제가 아는 분 중에 천안통이 열리신 분이 계셨는데, 그분은 천안뿐 아니라 혜안도 약간은 열리신 상태라서 인과 관계도 조금은

보시는 분이셨습니다. 홍콩에 출장 갔다 와서 그분을 뵈었는데 저를 물끄러미 보시더니,

"요즘 안 보이던데, 어디 갔다 왔어?"

"홍콩에 출장 갔다가 왔어요. 안녕하셨어요?"

"왜 갔는데?"

"일도 있고 친구도 만나려구요."

"그 친구 병신 자식(장애인 자녀) 있구먼?"

"예? 어떻게 아세요?"

"자네 얼굴 보면 알지."

"얼굴이요? 제 얼굴에 그런 게 나오나요?"

"그게 아니라, 사람이 만나면 자기가 몰라서 그렇지 서로 간에 업이 섞여서, 자네 얼굴에 그 사람 정보가 다 실려 있는 거야. 그래서 알지 뭐! 근데 그 친구 병신 아들 장애인이 아니라 천재야!"

"맞아요? 일반적 장애인은 아니에요. 천재예요. 근데 레인맨에 나오는 더스틴 호프처럼 생활이 불가능한 천재지요."

"그런 게 아니라, 그 아들 열여덟 살이 지나면 저절로 정상이 돼. 그리고 그 아들 돈도 많이 벌 거야. 큰 부자가 될 수 있지. 단지 참회진언이나 반야심경 독송, 관세음보살 정근을 하면서 절을 많이 해야지. 아직은 그 아들 나이가 어리니 열심히 한 5, 6년 기도하면 열여덟 살에 정상으로 바뀌게 되어 있어."

그래서 저는 며칠 후에 그 친구에게 전화를 해서, "사실 내가 한국에 이러이러한 분을 알고 있는데, 이분이 니네 아들에 대해서 이러저러한

이야기를 하더라!"라고 했더니, 며칠 후에 부인과 아이를 데리고 한국으로 온다는 것이었습니다. 그 친구 부인은 일본여자인데다 시집와서 낳은 첫 아들이 그러하니, 사실 자기 잘못도 아닌데 시집이나 남편에게 얼마나 미안하고 속이 상했겠습니까? 아들이 형제나 남들에게 괄시당하고 천대 당하는 꼴이 보기 싫어서, 어떻게 해서든지 그 아들이 죽는 것을 먼저 보고 자기들도 죽어야 한다면서 무조건 오래 살기만을 바라던 상황이었습니다. 그러던 차에 한국의 어떤 친구가 그것도 도인에게 들었다며, 아들이 원래 천재이고 열여덟 살이 되면 정상인으로 돌아온다고 하니까 그 기대심으로 단숨에 한국으로 온 것이었습니다.

그래서 그 집 부부와 함께 그 도인을 만났습니다. 그 집 부부는 태어난 지 100일 경에 아이가 이상해서 병원에 갔더니 머리에 종양이 있어서 그렇다고 하는데, 도인이 아들이 정상일 뿐만 아니라, 천재이고 집안의 복덩이라고 하니, 한편 기쁘면서도 서양인, 일본인, 그리고 영국 국적을 가지고 있는 홍공인으로서는 도저히 이해힐 수 없다는 표정이었습니다.

그리고는 세월이 흘러 그 아이가 열여덟 살이 되었습니다. 물론 친구 부부는 반야심경도 하는 둥 마는 둥 했고, 더더욱 한국에 올 때만 절하는 시늉을 겨우 했습니다. 도인이 내준 숙제를 하지 않은 상태에서 아들이 열여덟 살이 되어 버린 것입니다. 그래도 부모 마음은 그런 것이 아닌지, 아이를 데리고 한국으로 다시 왔습니다. 제가 보아도 아이는 거의 변화가 없었습니다. 약간 나아지긴 했지만 아직도 5살 아기였습니다.

그래서 제가 여기 저기 수배를 해서 용한 무속인(한국의 전통 사제)을 찾아가서 그 아이와 아버지를 보여 주었더니, 그야말로 용하게 거의 다 맞추는 것이었습니다. 아이가 그렇게 된 이유가 집안 대대로 '자라탕'을 너무나 즐겨 많이 먹었기에 벌을 받는 것인데, 고치기 힘들 거라고 하면서 용왕제를 지내 지극한 마음으로 참회를 하는 방법밖에 없다는 것이었습니다. 그것도 정성을 받아들여서 그 동안의 지은 죄에 대해 용서를 받으면 가능하지만, 그 사람들은 문화가 달라 자신의 말을 믿지 않을 것이기에 돈만 낭비하는 경우도 있고, 괜스레 용왕제 지낼 돈을 내라고 하면 저마저 친구 사이에 의심 받을지 모르니, 쓸데없는 데 신경 쓰지 말고 그냥 잘 놀다가 보내라는 것이었습니다.

무속인의 말은 제가 듣기에는 정확했습니다. 사실 그 친구는 자라탕을 너무 좋아했습니다. 그 친구가 그것을 먹을 때마다 저는 끔찍해서 아무 말도 못했으니까요. 우리는 우리가 실재한다고 믿지만, 그리고 죽은 자와 산 자를 나누고, 사람과 자라를 나누지만, 법계의 살림살이로 보면 죽고 삶이 모두 다 환화(幻化)이고, 시간과 공간도 없고 단지 인연법으로 존재하는 것이기에, 그 악연의 줄이 한쪽의 진실한 참회로 다른 쪽이 그 줄을 놓아 버리면 저절로 인과 관계가 종료된다는 불교의 가르침, 유식의 가르침, 반야심경과 금강경의 가르침, 그리고 이 원각경의 가르침에 절대로 어긋나는 것이 아니기에 그렇게 생각했던 것입니다.

다음날, 저는 이미 오랫동안 만나지 않았던, 그 도인을 수소문해서 홍콩 친구와 그의 아들과 함께 그분을 만났습니다. 6년 만에 그 아이를 다시 보더니, "절 안 했구나, 관세음보살 안 했구나, 참회진언 안 했구나."라고 하시는 것이었습니다.

"열여덟 살이 되었는데 이젠 가망이 없나요?"

"아직 희망이 있지. 머리와 뇌가 아직은 말랑말랑하니까?"

"어떻게 해야 되나요?"

"하루에 반야심경 21번씩 읽어 주어야지. 그 방법밖에 없어. 아빠와 엄마가 하든지 아니면 아들이 하면 더 빨리 낫게 돼. 이 아이는 천재고, 복덩이야. 단지 부모 죄를 자기가 받는 모습을 보이면서 그 부모를 괴롭히는 역행보살이지. 자기 자신은 행복한 아이야. 더 나이 들어 머리가 굳어지면 그땐 안 돼!"

저는 다시 그날 저녁 곰곰이 생각했습니다.

'반야심경을 읽는 것이 아니라, 읽어 준다? 누가 듣는 거지? 누구에게 들으라고 읽어주는 거지?' 하는 의문이 들었습니다. 또한 '법계의 어느 한 구석에 영혼의 형태로 혹은 식(識)의 형태로 존재하는 그 과보를 주는 존재에게 반야심경을 21번씩 읽어주어 공 도리를 깨닫게 하고, 미워할 일도 없으며, 서운하게 생각할 일도 없으며, 벌을 줄 일도 없게 하는 것이구나.' 하는 생각을 했습니다. 벌을 주고 벌 받고 하는 것도 사실은 없는 것인데 불이문을 통과하지 못한 일체 세간의 천인과 아수라들은 있다고 생각을 하기 때문에 그러한 것입니다.

모든 의문이 풀렸습니다. 무속인이 내린 처방은 가해자가 참회하는 스타일이고, 도인이 가르쳐 준 반야심경을 21독씩 읽어주는 것은 피해자에게 법계의 이치, 이 원각경의 청정혜보살에게 답해주고 있는 부처님의 살림살이를 가르쳐 주어, 스스로 용서하게 하는 스타일임을 알고 홍콩 친구에게 상세히 설명을 해 주었습니다. 제 친구와 그 아들이 반야심경을 열심히 봉독하여, 모든 인과를 정산하고 행복한 가정을 꾸미기를 바라는 지극한 마음으로 설명을 해 주었습니다.

그 마음은 지금 이 순간도 마찬가지입니다. 이 원각경을 공부하시는 우리 도반님들이 법계의 이치와 원각경이 우리에게 주는 지혜와 축복을 다 받아 진정으로 행복하시기를 바라면서 한 줄 한 줄 원각경을 공부해 나가고 있는 것입니다.

부처님의 가르침이 이어집니다. 그런 것이 본디 없는 것인데, 그래서 일체 환화인데(一切幻化) 이 환을 멸했느니, 못 멸했느니 하는 것도(於滅未滅) 다 허망한 애씀, 허망한 수행이지만(妄·功用中) 그 가운데에서도 문득 차별이 나타나니(便顯差別) 허망한 것이라고 해서 수행을 안 한다든지, 혹은 기도를 안 한다든지, 참회를 안 한다든지, 하지 말고 그렇게 허망한 수행이지만 꾸준히 하다보면 여래의 경계에 수순한다는 것입니다. 아시겠어요? 정말 아셨으면 좋겠습니다.

저는 지금 부처님의 말씀을 제 이야기를 예로 들어가며 설명하는데, '이 사람 용한 도사 2명이나 아네, 무속인도 알고 도인도 아네!' 하면서 그 용한 사람들 소개받고 싶은 마음에 끄달리면 안됩니다. 인연이 되면 다 만나는 것이고, 안 만날 인연도 업을 지어놓으면 다 만나지는 것입니다.

거미줄에 걸린 잠자리에게

선남자여, 일체중생은 무시이래로 망상적 존재인 나와 그런 나를 좋아하는 것으로 말미암아, 일찍이 생각 하나하나가 생멸한다는 사실을 알지 못하므로, 미워하고 사랑하는 마음을 일으켜 오욕(五欲)에 탐착하게 된다. 만약 선우(善友)를 만나 그의 가르침으로 청정한 원각의 성품을 깨우쳐 마음의 생멸을 드러내면 곧 이 중생의 성품은 스스로 애써 사려(思慮)하는 것인 줄 알 것이다.

善男子, 一切衆生 從無始來, 由妄想我 及愛我者 曾不自知, 念念生滅 故起憎愛 耽著五欲. 若遇善友 敎令開悟 淨圓覺性 發明起滅 卽知此生 性自勞慮.
선남자, 일체중생 종무시래, 유망상아 급애아자 증부자지, 염념생멸 고기증애 탐착오욕. 약우선우 교령개오 정원각성 발명기멸 즉지차생 성자로려.

🕮 마음여행

우리가 태어나 살아간다는 것이 다 우리의 허망한 마음이 허망한 물질과 몸을 탐착하다가 이렇듯 생고생을 한다는 것입니다. 윤회는 부처님께서 중생들 착하게 살라고 일부러 조작해 놓은 것이 아니라, 인간의 마음, 그리고 자신의 마음을 자세히 밀밀히 들어가시다 보니 우리의 마음이 물질을 엄청 그리워하고, 그러하기에 어디든지 가서 달라붙는 속성을 아시고 하신, 과학적이고 분석적인 수행의 결과로 밝히신 우주의 진리입니다.

왜 우리는 이것을 모르고 바보같이 살다가 바보같이 죽어서 또 돌고 돌아야 하는지는 앞의 제 5장인 미륵장에서 밝혀놓으셨습니다. 우리에게 2가지 장애, 이장과 사장이 있기 때문이라고 말씀하셨지요. 이장은 이치의 장애로 소지장이라고 하며, 우리가 우리 자신에 대해서 잘못 알고 있다는 소리입니다. 그리고 사장은 일에 대한 장애로 번뇌장이라고 하며, 우리가 대상세계에 대해서 잘못 알고 있기에 그렇다고 합니다.

그러니 중생이 자신에 대해서도 모르고 대상세계에 대해서도 모르는 주제에 욕심만 앞서서 일을 벌이고 윤회의 고리에 덜커덕 걸려듭니다. 마치 거미줄에 걸린 파리나 잠자리 신세처럼 업의 그물에 갇히어 한 발자국도 못 내밀며 사는 것입니다. 그렇기 때문에 마음이 스스로 수고로운 것이라며 원각경에서 말씀하십니다.

범부의 각성

만약에 다시 어떤 사람이 애써 사려(思慮)하는 생멸을 영원히 끊어서 법계의 청정함을 얻었다면, 곧 그 청정하다는 견해 그 자체가 장애가 되니, 그러므로 원각에 자재(自在)하지 못한 것이다. 이를 두고 '범부가 각성(覺性)에 수순한다'고 말한다.

若復有人 勞慮永斷 得法界淨, 卽彼淨解 爲自障碍 故於圓覺 而不自在. 此名凡夫 隨順覺性.

약부유인 노려영단 득법계정, 즉피정해 위자장애 고어원각 이부자재. 차명범부 수순각성.

 마음여행

문제는 이장과 사장을 벗어나도 생깁니다. 맨땅 중생이 차라리 낫지 아무리 열심히 수행해서 이장과 사장에서 벗어났다 해도, 5가지 종류의 근기가 있습니다. 성문·연각·보살을 다 내버려두고, 사도·마도·외도에 걸려드는 부처님의 5성 중에 다섯 번째에 걸리면 자기가 잘났다는 것이 도리어 장애가 됩니다. 그리하여 스스로 원각에 자재하지 못해 반야심경의 반야도리를 모르고 역시 업의 그물 속에 사는 것입니다.

지전보살의 각성

선남자여, 일체보살의 견해(見解)는 장애가 되니, 비록 알음알이의 장애는 끊었다 하더라도 오히려 각(覺)을 보았다는 자리에 머물러 있어서, 장애를 깨달았다는 그 자체가 장애가 되어 원각에 자재하지 못하는 것이다. 이를 두고 '각(覺)의 근본자리에 들어가지 못한 보살이 각성(覺性)에 수순한다'라고 말한다.

善男子, 一切菩薩 見解爲碍, 雖斷解碍 猶住見覺, 覺碍爲礙, 而不自在. 此名菩薩 未入地者 隨順覺性.

선남자, 일체보살 견해위애, 수단해애 유주견각, 각애위애 이부자재. 차명보살 미입지자 수순각성.

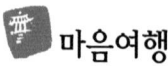 마음여행

중생만 그런 것이 아니라 보살이 이장과 사장을 끊었어도, 그리고 관력이 생겨도, 그저 바라보기만 할 뿐 자재하지 못하니 이것이 보안보살장에 나오는 임병(맡겨 두는 병)입니다. 부처님의 법은 인연사에 휘둘리지 않는 자재한 법이지, 인연사에 순응해서 그저 따라다니기만 하는 그런 소극적인 가르침이 아닙니다. 주로 중생 구제를 하지 않는 소승의 성자나 경지 이전의 보살들에게 많이 나타납니다.

지상보살의 각성

선남자여, 비춰지는 것이 있고 깨달을 것이 있다면 모두 장애라 한다. 이 때문에 보살은 항상 깨달음에 머물지를 않아, 비춰지는 대상과 비추는 주체가 동시에 적멸하다. 비유하면 어떤 사람이 스스로 자기 머리를 잘라냄에, 머리가 이미 잘렸기 때문에 머리를 끊어낼 자가 없는 것과 같다. 곧 장애하는 마음으로써 스스로 모든 장애를 멸함에, 장애가 이미 단멸하여 장애를 멸할 자가 없다. 이것은 경에서 '마치 달을 가리키는 손가락과 같다'라고 가르치니, 만약 여기서 달을 본다면 달을 가리키는 손가락은 결국 달이 아님을 알 것이다. 일체 여래가 여러 가지 언설로 보살을 깨우치는 것도 이와 같으니, 이를 두고 '근본자리에 들어간 보살이 각성(覺性)에 수순한다'라고 말한다.

善男子, 有照有覺, 俱名障碍. 是故菩薩 常覺不住, 照與照者, 同時寂滅. 譬如有人 自斷其首, 首已斷故, 無能斷者, 則以碍心, 自滅諸碍, 碍已斷滅, 無滅碍者, 修多羅敎 如摽月指, 若復見月, 了知所摽, 畢竟非月, 一切如來 種種言說, 開示菩薩, 亦復如是, 此名菩薩. 已入地者, 隨順覺性.
선남자, 유조유각, 구명장애. 시고보살 상각부주, 조여조자, 동시적멸. 비여유인 자단기수, 수이단고, 무능단자, 즉이애심, 자멸제애, 애이단멸, 무멸애자, 수다라교 여표월지, 약부견월, 요지소표, 필경비월, 일체여래 종종언설, 개시보살, 역부여시, 차명보살. 이입지자, 수순각성.

마음여행

어느 경지를 넘어선 지상보살의 경지를 말씀하십니다. 불을 피우려면 나무가 필요합니다. 그 결과 나무는 불로 인하여 타고, 불은 나무로 인하여 탑니다. 문수보살장에 나오는 것처럼 몸뚱이도 없고 다 허공 꽃과 같고 그림자 같은 것입니다. 보는 놈도 없고, 보는 대상도 없어서, 착한 일을 해도 한 바가 없고, 중생들에게 벌을 주어도 벌을 준 바가 없습니다. 모든 인식세계의 분별이 우리의 생각으로는 갈 수 없는 세계에 계시는 보살을 말합니다.

그래서 미워하지 마십시오. 그 사람이 보살일 수 있습니다.

그래서 원망하지 마십시오. 그 사람이 보살일 수 있습니다.

그래서 사랑하지 마십시오. 그 사람이 전생 빚 받으러 온 사람일 수 있습니다.

그래서 탐착하지 마십시오. 그 대상이 나의 공덕을 불태워 버릴 지도 모릅니다.

단지 관찰하는 힘과 밝은 지혜의 힘으로 사실 수 있는 그 날까지 몸과 마음과 대상을 함부로 방치하지 않으셔야 합니다.

여래의 각성

선남자여, 일체장애가 곧 구경각이니, 얻었다거나 잃었다는 생각이 해탈 아님이 없고, 이루었다거나 타파했다는 법을 모두 열반이라 하며, 지혜와 어리석음이 통하여 반야가 되고, 보살과 외도가 성취한 법이 똑같이 보리(菩提)이며, 무명과 진여가 다른 경계가 없고, 모든 계정혜(戒定慧)와 음노치(淫怒癡)가 모두 함께 청정한 범행(梵行)이며, 중생과 국토가 동일한 법성(法性)이고, 지옥과 천당이 모두 정토가 되며, 어떤 성품이 있거나 없거나 일제히 불도(佛道)를 이루고, 일체번뇌가 필경에 해탈이며, 법계의 바다 같은 지혜로 모든 상(相)을 비추는 것이 마치 허공과 같으니, 이를 두고 '여래가 각성(覺性)에 수순한다'라고 말한다.

善男子, 一切障碍 卽究竟覺, 得念失念 無非解脫, 成法破法 皆名涅槃 智慧愚癡 通爲般若, 菩薩外道 所成就法 同是菩提, 無明眞如 無異境界, 諸戒定慧 及婬怒癡 俱是梵行, 衆生國土 同一法性, 地獄天宮 皆爲淨土, 有性無性 齊成佛道, 一切煩惱 畢竟解脫, 法界海慧 照了諸相 猶如虛空, 此名如來 隨順覺性.
선남자, 일체장애 즉구경각, 득념실념 무비해탈, 성법파법 개명열반 지혜우치 통위반야, 보살외도 소성취법 동시보리, 무명진여 무이경계, 제계정혜 급음노치 구시범행, 중생국토 동일법성, 지옥천궁 개위정토, 유성무성 제성불도, 일체번뇌 필경해탈, 법계해혜 조료제상 유여허공, 차명여래 수순각성.

마음여행

이래도 호호, 저래도 호호는 수수방관입니다. 그러나 관(觀)을 하는 사람의 이래도 호호, 저래도 호호는 세상살이의 베 짜기, 베가 짜지는 것을 바라보는 것이 재미있어 그 과정을 지켜보는 것입니다.

우리가 좋다고 생각하는 것들, 성스럽다고 생각하는 것들, 아름답다고 생각하는 것들, 고맙다고 생각하는 사람들, 원수라고 여기며 보고 싶지도 않은 사람이라고 생각하는 사람들 등 모든 생각을 내려놓고 관하십시오.

정법과 사법이 다 각자가 업놀음 하는 환(幻)의 장난입니다. 사랑하고, 화내고 어리석고 바보 같은 모든 인간살이가 단지 한 시간 혹은 이번 생 혹은 3년, 5년, 10년의 러닝타임을 가진 연극입니다. 그 연극을 실제라고 착각하고, 헤헤거리며 좋아하고, 바위 위에서 뛰어 내리고, 목매달아 죽고 하는 것들, 그러한 일들이 요사이 우리나라에 너무 많이 일어납니다.

왜 그럴까요? 자기가 생각하던 자기, 그리고 자기가 생각하던 세상과, 자신이 온 몸으로 부딪히는 세상이 너무나 차이가 나기 때문입니다. 그러나 그 차이가 본래 없는 것입니다. 자신이 이장(理障)에 걸려 자기 자신이 누구인 줄 모르고, 사장(事障)에 걸려 세상이 무엇인지 모르니 괴로운 것입니다. 적을 알고 나를 알면 백 번을 싸워도 영화롭지는 않으나, 위태롭지도 않을 텐데, 소지장(所知障)에 걸려 자신을 모르고, 번뇌장(煩惱障)에 걸려 적을 모르니 100번을 싸워도 100번을 실패하는 것입니다. 그래서 사회적으로 아무리 명예와 이익과 환대를 받고, 아무리 수천 만금의 재산을 모았어도, 온 집안사람 다 싸움 붙여 놓고 가거나 자신도 눈을 부릅뜨고 저승사자에게 끌려가는 것입니다. 올 때는 모르고 와도 갈 때는 알고 갔으면 하는 간곡한 마음으로 이 글을 쓰고 있습니다.

사유하고 분별하는 망상만 버려라

선남자여, 단지 모든 보살과 말세의 중생이 모든 생활 속에서 망념을 일으키지 아니하고, 모든 허망한 마음에서 또한 그것을 쉬어 멸하려 하지 않으며, 망상의 경계에 머물면서 그 망상을 알려 하지 않고, 알 것이 없는 데서 그 진실을 분별하지도 않는다. 저 모든 중생들이 이 법문을 듣고 신해수지(信解受持)하여 놀라거나 두려워하지 않으니, 이를 '각성(覺性)에 수순한다'고 말하는 것이다.

善男子, 但諸菩薩 及末世衆生 居一切時 不起妄念, 於諸妄心, 亦不息滅, 住妄想境 不加了知, 於無了知 不辨眞實. 彼諸衆生 聞是法門 信解受持 不生驚畏, 是則名爲 隨順覺性.
선남자, 단제보살 급말세중생 거일체시 불기망념, 어제망심 역불식멸, 주망상경 불가료지, 어무료지 불변진실. 피제중생 문시법문 신해수지 불생경외, 시즉명위 수순각성.

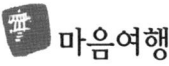 마음여행

마치 원각경의 총 결론을 내는 것처럼 말씀하시는 대목입니다. 사실 보안보살장부터 여기까지 아무런 의심 없이 스펀지가 물 빨아들이듯이 빨아들이신 분은 모든 것이 방하착이 되신 분입니다.

일체지를 얻음

선남자여, 너희들은 마땅히 알아야 한다. 이와 같은 중생은 일찍이 백천만억(百千萬億) 항하사 모든 부처님과 대보살에게 공양을 올려서 많은 공덕의 근본을 심어 놓았으니, 부처님께서는 '이 사람이 일체종지(一切種智)를 성취했다'라고 말씀하시는 것이다."

善男子, 汝等當知. 如是衆生 已曾供養 百千萬億 恒河沙 諸佛及大菩薩 植衆德本. 佛說是人 名爲成就 一切種智.」
선남자, 여등당지. 여시중생 이증공양 백천만억 항하사 제불급대보살 식중덕본. 불설시인 명위성취 일체종지.」

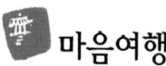 **마음여행**

부처님의 오도송을 감상하다 보면 일체지가 어렴풋하게나마 가슴에 새겨질 것입니다.

부처님 오도송

태어남이 무엇인 줄 모르고
다생 동안 윤회에 헤매일 때
집 짓는 자를 찾을 수 없어 계속 태어나야 했고

태어남은 참으로 고통이었어라.

이와 같이 나는 번뇌가 소멸된 일체지(一切智)의 지혜로서
집 짓는 자를 보았노라.
집 짓는 자여!
너는 참으로 욕망이었노라.
이제 너의 집은 무너져 서까래도 무너지고 기둥과 대들보도 무너져 없어져
너는 더 이상 집을 짓지 못하노라.
이제 나는 지극한 적멸의 길에 이르러
다시는 갈애의 영향을 받지 않는 존재가 되었노라.

그때에 세존께서 이 뜻을 거듭 펴시고자 하여 게송으로 다음과 같이 말씀하셨다.

爾時, 世尊 欲重宣此義, 而說偈言:
이시, 세존 욕중선차의, 이설게언:

清淨慧當知	청정혜당지	청정혜보살이여 알아야 한다.
圓滿菩提性	원만보리성	두렷하게 원만한 보리(菩提)의 성품
無取亦無證	무취역무증	취하거나 증득할 자리 아니니
無菩薩衆生	무보살중생	보살과 중생이 본래 없다네.

:: 제6 청정혜보살장

覺與未覺時	각여미각시	깨닫고 깨닫지 못한 사이에
漸次有差別	점차유차별	수행의 점차로 차별이 있어
衆生爲解碍	중생위해애	중생은 알음알이 장애가 되고
菩薩未離覺	보살미리각	보살은 깨달음을 못 벗어나네.
入地永寂滅	입지영적멸	근본자리 들어가 영원한 적멸
不住一切相	부주일체상	일체 모습 어디든 머물지 않고
大覺悉圓滿	대각실원만	모두 다 원만한 대각(大覺)이 되니
名爲遍隨順	명위변수순	이것을 수순이라 이름한다네.
末世諸衆生	말세제중생	시방세계 말세의 모든 중생이
心不生虛妄	심불생허망	허망한 마음을 내지 않으면
佛說如是人	불설여시인	부처님은 이 중생을 가리키면서
現世卽菩薩	현세즉보살	현세의 보살이라 말씀하시네.
供養恒沙佛	공양항사불	이 중생은 많은 부처 공양 올리어
功德已圓滿	공덕이원만	그 과보의 공덕으로 법계가 원만
雖有多方便	수유다방편	이 자리에 많은 방편 있을지라도
皆名隨順智	개명수순지	모두 다 수순하는 지혜라 하네.

제7 위덕자재보살장

세 가지 관행법

이때에 위덕자재보살이 대중 가운데서 일어나 부처님 발에 이마를 조아려 예배하고 존경의 표시로 우측으로 세 번 돌며 두 무릎을 땅에 대고 두 손을 모으면서 부처님께 사뢰었다.
"크게 자비로우신 세존이시여, 널리 우리들을 위하여 이와 같이 각성(覺性)에 수순하는 것을 분별하여 모든 보살로 하여금 마음의 광명을 깨닫게 하니, 부처님의 원음(圓音)을 받아들여 수습(修習)하지 않고도 좋은 이익을 얻었습니다.

於是 威德自在菩薩 在大衆中 卽從座起 頂禮佛足, 右遶三匝, 長跪叉手, 而白佛言:「大悲世尊, 廣爲我等 分別如是 隨順覺性 令諸菩薩 覺心光明, 承佛圓音 不因修習 而得善利.

어시 위덕자재보살 재대중중 즉종좌기 정례불족, 우요삼잡, 장궤차수, 이백불언: 「대비세존, 광위아등 분별여시 수순각성 영제보살 각심광명, 승불원음 불인수습 이득선리.

마음여행

드디어 본격적인 수행의 시작인 위덕자재보살장까지 오셨습니다. 반야심경의 관자재보살 덕분에 '자재'라는 용어가 익숙하실 것입니다. 어쨌든 원각경에도 '자재'라는 단어가 무척이나 많이 나옵니다. 여기서 확실히 복습하시고 수행의 길로 가시면 좋을 듯합니다. 이 자재라는 말뜻만 제대로 아셔도 여러분이 하시고 싶은 일을 다 하실 수 있습니다.

1) 선남자여, 일체 장애가 곧 구경각이니 얻은 생각과 잃은 생각이 해탈 아님이 없으며,
2) 이루어진 법과 파괴된 법이 모두 이름이 열반이며,
3) 지혜와 어리석음이 통틀어 반야가 되며,
4) 보살과 외도가 성취한 법이 한 가지 보리며,
5) 무명과 진여가 다른 경계가 없으며,
6) 모든 계·정·혜와 음·노·치(婬怒癡)가 함께 범행이며,
7) 중생과 국토가 동일한 법성이며,
8) 지옥과 천궁이 다 정토가 되며,

9) 성품이 있는 이나 없는 이나 모두 불도를 이루며,
10) 일체 번뇌가 필경 해탈이라, 법계 바다[法界海]의 지혜로 모든 상을 비추어 요달함이 마치 허공과 같으니, 이것을 여래가 원각에 수순하는 것이라 이름하느니라.

바로 앞의 장인 청정혜보살장에서 보신 기억 나시나요? 위의 10가지가 다 무엇이죠?
정답은 바로 유마경의 불이(不二) 법문입니다. 상대세계에 익숙해져 있는 우리의 습(習)을 버리고 수행에 들어가야 그 위세와 덕망이 자재하여지는 것입니다.

수행하는 방법을 묻다

세존이시여, 비유하면 큰 성의 사방에 문이 있어 어느 방향으로 가든지 성에 들어가는 길이 하나가 아니듯, 일체보살이 불국토를 장엄하고 깨달음을 완성하는 것도 하나의 방편만은 아닙니다. 오직 바라옵건대 세존께서는 널리 저희들을 위하여 일체의 방편점차(方便漸次)와 아울러 수행인이 대략 몇 부류가 있는가를 말씀하여 주옵소서. 그리하여 이 법회의 보살과 말세의 중생으로서 대승(大乘)을 구하는 자로 하여금 하루빨리 깨우쳐 여래의 대적멸(大寂滅) 바다에 노닐 수 있게 하옵소서."
이 말을 마치고서 오체투지하며, 이와 같이 거듭 세 번 청함으로 부처님

의 가르침을 간청하였다.

그때에 세존께서 위덕자재보살에게 다음과 같이 말씀하셨다.

"착하고 착하도다. 선남자여, 너희들이 모든 보살과 말세의 중생을 위하여 여래의 이와 같은 방편을 간청하여 묻는구나. 너희들은 자세히 들어라. 마땅히 너희들을 위하여 설하리라."

그러자 위덕자재보살이 부처님의 가르침을 받들어 환희하며 모든 대중과 함께 묵연히 부처님의 말씀에 귀를 기울였다.

世尊, 譬如大城 外有四門 隨方來者 非止一路. 一切菩薩 莊嚴佛國 及成菩提 非一方便. 唯願世尊, 廣爲我等 宣說一切 方便漸次 幷修行人 摠有幾種? 令此會菩薩 及末世衆生 求大乘者 速得開悟 遊戲如來 大寂滅海. 作是語已, 五體投地, 如是三請, 終而復始.

爾時, 世尊告 威德自在菩薩言:「善哉 善哉! 善男子, 汝等乃能 爲諸菩薩 及末世衆生, 問於如來 如是方便, 汝今諦聽, 當爲汝說.」時, 威德自在菩薩 奉教歡喜, 及諸大衆 默然而聽.

세존, 비여대성 외유사문 수방래자 비지일로. 일체보살 장엄불국 급성보리 비일방편. 유원세존, 광위아등 선설일체 방편점차 병수행인 총유기종? 영차회보살 급말세중생 구대승자 속득개오 유희여래 대적멸해. 작시어이, 오체투지, 여시삼청, 종이부시.

이시, 세존고 위덕자재보살언:「선재 선재! 선남자, 여등내능 위제보살 급말세중생, 문어여래 여시방편, 여금제청, 당위여설.」시, 위덕자재보살 봉교환희, 급제대중 묵연이청.

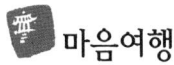 마음여행

위덕자재보살님은 역시 모든 경기에 자재하신 분입니다. 에베레스트에 오르는 길이 단 하나가 아니고, 한라산 등반길이 단 하나가 아니듯이 불국토를 장엄하고 보리를 얻는 것도 한 가지 방법만은 아닐 것이라고 말씀하십니다. 위덕자재보살님은 중생도 5가지 종류의 근기가 있고, 각 근기마다 수행의 계위가 다르니 각자의 근기에 맞는 수행 방법을 가르쳐 달라고 부처님께 부탁드립니다.

2005년에 아주 오랫동안 수행해 오신 노스님을 뵐 기회가 있었습니다. 그 스님께서 저를 보시더니, "나중에 돈 많이 벌겠구나."라고 하셨습니다. 사실은 좋으면서 "예? 월급쟁이가 어떻게 돈을 많이 벌어요?"라고 당치 않은 소리라는 어조로 스님께 반문하였습니다.

"내 말만 잘 들으면 벌지."

"에, 스님 하시는 말씀 잘 들을게요."

(종이를 하나 가져오라고 하시며, 품속에서 펜을 꺼내, 무엇이라 적으신다.)

"逆順縱橫, 이것 한번 읽어 봐."

"역, 순, 종, 횡이요."

"그래, 무슨 소리인지는 알지? 사람들의 상황이지. 자기 마음에 어긋날 때, 자기 마음에 상황이 따라줄 때, 상황에 자기가 잘 따라갈 때, 그리고 상황에 맞추어 그럭저럭 살 수 있을 때 정도라고 하자. 그런데 조건이 있어. 바로 이거야."

(또 뭐라고 적으신다. 이번엔 한자가 아주 쉽다.) 自在.

"이건 알지? 반야심경 첫머리에 관자재보살 할 때의 자재."

"예, 압니다."

"그럼 되었어! 역순종횡에 자재를 터득하면 자넨 큰 부자가 돼, 설사 월급쟁이를 하더라도 말이야."

생각해 보면 너무나 지당하신 말씀입니다. 또한 그 말씀은 저에게만 해당되는 말이 아니라 이 책을 읽는 모든 분들, 모든 사람들에게 해당되는 말입니다. 역순종횡의 인간사에 자재할 수 있다면, 국가를 세우고, 나라를 세우고, 기업을 세우는 정도는 할 수 있는 대단한 역량이 됩니다. 지금 위덕자재보살께서는 그 이름에 걸맞은 질문을 하고 계십니다. 당신은 자재하신 분이지만 우리 같은 후학자를 위해서 여쭙는 것입니다.

수행의 3가지 방법

선남자여, 위없는 묘각(妙覺)이 모든 시방세계에 두루하여 여래와 일체법을 내놓으니, 그 바탕이 같고 평등하여 모든 수행에 실로 둘이 없는 것이나, 방편으로 수순하기에 그 수가 무량하다. 원만히 돌아갈 바를 거두어 그 성품의 차별에 따른다면 마땅히 세 종류가 있게 된다.

善男子, 無上妙覺 遍諸十方 出生如來 與一切法 同體平等, 於諸修行 實無有二, 方便隨順 其數無量. 圓攝所歸 循性差別 當有三種.

선남자, 무상묘각 변제시방 출생여래, 여일체법 동체평등, 어제수행

실무유이, 방편수순 기수무량. 원섭소귀 순성차별 당유삼종.

 마음여행

여기에 나오는 사마타, 삼마발제, 그리고 선나를 구별할 수 있고, 이 원각경이 지겹게 느껴지던 단계에서 너무나 고맙고, 감사하고 항상 애지중지하고 싶어지게 된 것은 바로 이 위덕자재보살의 3가지 수행방법을 마음속에서 정리한 다음부터입니다. 그 요령을 여러분들에게도 전해드리고 싶습니다.

사마타 수행 – 고요함, 청정함, 맑음

선남자여, 만약 모든 보살이 청정한 원각을 깨달아 이 청정한 원각의 마음으로 고요를 취하여 수행을 삼는다면, 모든 망념이 맑아져 알음알이의 번거로운 움직임을 알게 되며, 고요한 지혜가 발생하여 신심(身心)의 번뇌가 이로 인해 영원히 멸하게 되니, 문득 그 안에서 고요하고 상쾌하게 편안한 마음[寂靜輕安]을 낼 수 있다. 마음이 고요해져 시방세계 모든 여래의 마음이 그 가운데 현현함이 마치 거울 속의 그림자와 같을새, 이 방편을 사마타(奢摩他)라 한다.

善男子, 若諸菩薩 悟淨圓覺 以淨覺心 取靜爲行, 由澄諸念 覺識煩動靜慧發生, 身心客塵 從此永滅, 便能內發 寂靜輕安. 由寂靜故 十方世界 諸如來心 於中顯現 如鏡中像, 此方便者 名奢摩他.

선남자, 약제보살 오정원각 이정각심 취정위행, 유징제념 각식번동 정혜발생, 신심객진 종차영멸, 변능내발 적정경안. 유적정고 시방세계 제여래심 어중현현 여경중상, 차방편자 명사마타.

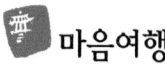 마음여행

사마타라는 말은 원래는 계·정·혜 삼학 중의 정학입니다. 고요함이며, 컵 속의 흙탕물을 가라앉혀 컵 속의 흙이 가라앉은 단계를 말합니다 (우리말로 정학, 고요함, 청정함 등이 나올 때 '사마타'라고 생각하면 됩니다).

삼마발제 수행- 컵 속에 가라앉은 흙에서 싹이 자라는구나

선남자여, 만약 모든 보살이 청정한 원각을 깨달아 이 청정한 원각의 마음으로 심성(心性) 및 육근(六根)과 육진(六塵)이 모두 환화(幻化)로 인(因)한 것임을 알게 되면, 모든 환지(幻智)를 일으켜서 그것으로 이 환(幻)이라는 것을 제거한다. 모두 환(幻)인 방편을 사용하여 환(幻) 같은 중생을 깨우치면, 이 환지(幻智)를 일으킴으로, 문득 안에 크게 자비로우며 상쾌하고 편안한 마음을 낼 수 있다. 일체보살은 이것으로 수행을 일으켜 점차 공부해 나가는 것이다. 저 환(幻)을 관(觀)한다는 것은 똑같은 환(幻)이 아

니기 때문이며, 똑같은 환(幻)이 아닌 관(觀)도 모두 환이므로, 환(幻)의 모습을 영원히 여의게 된다. 모든 보살의 원만하고 오묘한 이 수행은, 마치 흙에서 싹을 자라게 하는 것과 같으니, 이 방편을 삼마발제라고 한다.

善男子, 若諸菩薩 悟淨圓覺 以淨覺心 知覺心性 及與根塵 皆因幻化, 卽起諸幻 以除幻者. 變化諸幻 而開幻衆 由起幻故, 便能內發 大悲輕安. 一切菩薩 從此起行 漸次增進. 彼觀幻者, 非同幻故, 非同幻觀 皆是幻故, 幻相永離. 是諸菩薩 所圓妙行, 如土長苗, 此方便者 名三摩鉢提.
선남자, 약제보살 오정원각 이정각심 지각심성 급여근진 개인환화 즉기제환 이제환자. 변화제환 이개환중 유기환고, 변능내발 대비경안. 일체보살 종차기행 점차증진. 피관환자 비동환고, 비동환관 개시환고, 환상영리. 시제보살 소원묘행, 여토장묘, 차방편자 명삼마발제.

마음여행

삼마발제는 기본적으로는 여환(如幻) 곧, 모든 것은 환과 같다. 그러기에 움직여도 움직이는 것이 아니라는 것입니다(우리말로는 변화, 중생제도, 작용이 '삼마발제'라고 생각하면 됩니다).

선나 수행 - 번뇌를 바라보기만 해도 없어진다

선남자여, 만약 모든 보살이 청정한 원각을 깨달아 이 청정한 원각의 마음으로 환화(幻化)와 모든 고요한 모습을 취하지 않는다면, 신심(身心)이 모두 장애가 됨을 알게 되어, 망상의 경계에 대해 알 것이 없는 무지각명(無知覺明)이 모든 장애를 의지하지 않으니, 장애가 된다거나 되지 않는다는 상대적 경계를 영원히 초월할 수 있다.

받아들인 세계와 신심(身心)의 모습이 중생의 영역에 있더라도, 마치 그릇 속의 울림소리가 밖으로 나오듯 번뇌와 열반이 서로 장애하지 않아, 문득 안으로 적멸(寂滅)한 가운데 상쾌하고 편안한 마음을 낼 수 있다. 묘각(妙覺)이 수순하는 적멸(寂滅)의 경계는 자타(自他)와 신심(身心)이 미칠 수 없는 바, 중생의 수명(壽命)이란 모두 헛된 생각이 되니, 이 방편을 선나(禪那)라 한다.

善男子, 若諸菩薩 悟淨圓覺 以淨覺心 不取幻化 及諸靜相, 了知身心, 皆爲罣碍, 無知覺明 不依諸碍, 永得超過 碍無碍境. 受用世界 及與身心 相在塵域 如器中鍠 聲出於外, 煩惱涅槃 不相留碍, 便能內發 寂滅輕安. 妙覺隨順 寂滅境界 自他身心 所不能及, 衆生壽命 皆爲浮想, 此方便者, 名爲禪那.

선남자, 약제보살 오정원각 이정각심 불취환화 급제정상, 요지신심, 개위가애, 무지각명 불의제애, 영득초과 애무애경. 수용세계 급여신심 상재진역 여기중굉 성출어외 번뇌열반 불상류애 변능내발 적멸경안. 묘각수순 적멸경계 자타신심 소불능급, 중생수명 개위부상, 차방편자 명위선나.

 마음여행

이 '선나'는 위빠사나 곧 '관'이라고 할 수 있습니다. 모든 불교의 수행이 관이고, 사마타든 삼마발제든 다 관 아님이 없으나, 수행법의 3가지 종류에서 선나는 '관'이라고 생각하십시오. 선나는 우리말로는 '번뇌, 적멸' 등의 단어로 나오고, '번뇌를 멸하다, 번뇌를 보다' 등으로 25수행 방법에 나옵니다.

3가지 재료로 수천만 가지 요리를 만들 수 있다

선남자여, 이 세 법문은 모두 이 원각을 친근하며 수순한다. 시방의 여래가 이로 인하여 성불(成佛)하고, 시방세계에 있는 보살의 온갖 방편의 같고 다름이 모두 이와 같은 세 종류의 수행에 의지한다. 만약 이를 원만 증득할 수 있다면 곧 원각(圓覺)을 이룬다.
선남자여, 설사 어떤 사람이 거룩한 도를 닦아 백천만억 아라한과 벽지불(辟支佛)의 과보를 교화 성취했더라도, 어떤 사람이 이 원각의 무애법문(無碍法門)을 듣고 한 찰나경이라도 이 원각을 수순하여 수습(修習)하는 것만 못하다."

善男子, 此三法門 皆是圓覺 親近隨順. 十方如來 因此成佛, 十方菩薩 種種方便 一切同異 皆依如是 三種事業. 若得圓證 卽成圓覺. 善男子, 假使有人 修於聖道 敎化成就 百千萬億 阿羅漢 辟支佛 果不如有人聞 此圓覺無碍法門 一刹那頃, 隨順修習.」

선남자, 차삼법문 개시원각 친근수순. 시방여래 인차성불, 시방보살 종종방편 일체동이 개의여시 삼종사업. 약득원증 즉성원각. 선남자, 가사유인 수어성도 교화성취 백천만억 아라한 벽지불 과불여유인문 차원각무애법문 일찰나경 수순수습.」

 **마음여행**

사마타, 삼마발제, 선나 이 3가지 재료로 백천만 가지 법문이 나오고, 백천만 가지 수행이 나옵니다. 원각경을 공부하는 여러분은 이제 어느 수행자보다 확실한 선지식을 만나신 것입니다. 이 원각경과의 만남을 통해 여러분이 원하시는 것을 모두 다 성취하게 될 것입니다. 그래서 이 위덕자재장이 중요하며, 그 다음부터는 실전으로 들어가는 변음장이 됩니다. 여기서 정리가 확실하게 되신 분은 아주 쉽습니다.

그때 세존에서 이 뜻을 거듭 되풀이 펴시고자 하여 게송으로 다음과 같이 말씀하셨다.

爾時, 世尊 欲重宣此義, 而說偈言:

이시, 세존 욕중선차의, 이설게언:

威德汝當知	위덕여당지	위덕자재보살이여 마땅히 알라.
無上大覺心	무상대각심	위없는 깨달음의 커다란 마음
本際無二相	본제무이상	근본자리 그 곳은 하나의 모습
隨順諸方便	수순제방편	그 모습이 인연의 방편 따라서
其數卽無量	기수즉무량	중생의 숫자만큼 무량하다네.
如來摠開示	여래총개시	여래가 총괄하여 이를 보이니
便有三種類	변유삼종류	세 종류로 분류되어 나누어지네.
寂靜奢摩他	적정사마타	고요하고 공적(空寂)한 사마타 모습
如鏡照諸像	여경조제상	거울이 모든 상을 비춤과 같고
如幻三摩提	여환삼마제	실체 없이 환(幻)과 같은 삼마제 모습
如苗漸增長	여묘점증장	어린 싹이 점차로 자람과 같네.
禪那唯寂滅	선나유적멸	선나는 오로지 적멸(寂滅)의 모습
如彼器中鍠	여피기중굉	비유하면 그릇의 울림소리라.
三種妙法門	삼종묘법문	세 종류로 나타나는 오묘한 법문
皆是覺隨順	개시각수순	깨달음에 수순하여 흘러나온다.
十方諸如來	시방제여래	시방세계 계시는 모든 여래와
及諸大菩薩	급제대보살	육바라밀 실천하는 큰 보살들은
因此得成道	인차득성도	이것으로 인하여 불도(佛道) 이루니
三事圓證故	삼사원증고	세 가지 관법(觀法)을 증득하기에
名究竟涅槃	명구경열반	구경의 열반이라 이름한다네.

제8 변음보살장

실제 수행에 들어가려면 어느 길로 가오리까?

이때에 변음보살이 대중 가운데서 일어나 부처님 발에 이마를 조아려 예배하고 존경의 표시로 우측으로 세 번 돌며 두 무릎을 땅에 대고 두 손을 모으면서 부처님께 사뢰었다.
"크게 자비로우신 세존이시여, 이와 같은 법문은 참으로 희유합니다. 세존이시여, 이 모든 방편을 일체보살이 원각문(圓覺門)에서 닦아 익히는 데 몇 종류의 수습이 있는 것입니까? 바라옵건대 법회에 모인 대중과 말세의 중생들을 위하여 방편을 가르쳐 그들이 그 실상(實相)을 깨치도록 하여 주옵소서."
이 말을 마치고서 오체투지하며, 이와 같이 거듭 세 번 청함으로 부처님의 가르침을 간청하였다. 그때에 세존께서 변음보살에게 다음과 같이 말씀하셨다.

"착하고 착하도다. 선남자여, 너희들이 능히 법회에 모인 대중과 말세의 중생을 위하여 여래의 이와 같은 수습방편을 묻는구나. 너희들은 자세히 들어라. 마땅히 너희들을 위하여 설하리라."

於是 辯音菩薩 在大衆中 卽從座起 頂禮佛足, 右遶三匝, 長跪叉手, 而白佛言:「大悲世尊, 如是法門 甚爲希有. 世尊, 此諸方便 一切菩薩 於圓覺門 有幾修習? 願爲大衆 及末世衆生 方便開示 令悟實相.」作 是語已 五體投地, 如是三請 終而復始. 爾時, 世尊告 辯音菩薩言: 「善哉, 善哉! 善男子, 汝等乃能 爲諸大衆 及末世衆生 問於如來 如是 修習. 汝今諦聽. 當爲汝說.」

어시 변음보살 재대중중 즉종좌기 정례불족, 우요삼잡, 장궤차수, 이백불언:「대비세존, 여시법문 심위희유. 세존, 차제방편 일체보살 어원각문 유기수습? 원위대중 급말세중생 방편개시 영오실상.」작 시어이 오체투지, 여시삼청 종이부시. 이시, 세존고 변음보살언: 「선재, 선재! 선남자, 여등내능 위제대중 급말세중생 문어여래 여시 수습. 여금제청. 당위여설.」

마음여행

앞 장의 위덕자재보살님 덕택에 계·정·혜 3가지 재료로 수천만 가지 음식을 자유자재하게 다 만들 수 있음을 알았을 것입니다. 그런데 변음보살님은 너무 많으면 없는 것과 같으니, 좀 간략하게 해 달라고 말씀하십니다. 우리가 학교 다닐 때도 시험범위만 알려주는 선생님하고 예상 문제를 3배수, 5배수로 콕 찍어주는 선생님이 계셨던 것처럼 변음보살님은 부처님에게 오성중생이 각 근기에 따라 5가지 다른 스타일의 수행을 할 수 있도록 몇 가지 방법 혹은 수학문제 공식 같은 것처럼 콕 찍어 달라고 하십니다. 이럴 때 예전에 "반장 잘 한다."고 박수 쳐준 것처럼 변음보살님께 찬탄하며 감사 인사를 올려야 합니다.

25가지 수행방법

그러자 변음보살이 부처님의 가르침을 받들어 환희하며 모든 대중과 함께 묵연히 부처님의 말씀에 귀를 기울였다.
"선남자여, 일체 여래의 원각이 청정하여 본래 수습할 것과 수습할 자가 없는데도 일체보살과 말세의 중생은 각(覺)이 아닌 것에 의지하여 환(幻)의 힘으로 수습하려 하니, 이때에 스물다섯 종류의 청정한 선정(禪定)의 가르침이 있는 것이다.

時 辯音菩薩 奉敎歡喜 及諸大衆 默然而聽.「善男子, 一切如來 圓覺 淸淨 本無修習 及修習者 一切菩薩 及末世衆生 依於未覺 幻力修習. 爾時, 便有二十五種 淸淨定輪.
시 변음보살 봉교환희 급제대중 묵연이청.「선남자, 일체여래 원각

청정, 본무수습 급수습자, 일체보살 급말세중생, 의어미각 환력수습. 이시, 변유이십오종 청정정륜.

 마음여행

거듭 강조해도 부족함이 없을 '마음여행 안내문'을 드립니다.
'고요할 정'이 나오면 사마타입니다.
'환'이 나오면 삼마발제입니다.−중생제도−작용, 변화를 뜻합니다.
'번뇌를 끊는다(번뇌를 그냥 본다)' 함은 선나−적멸을 취함입니다.
아울러 25가지 수행방법 중에 헷갈리지 않도록 고요할 정, / 여환 변화, 중생제도, 작용/ 번뇌, 적멸/ 등으로 문장을 끊어 표시해 놓았으니 잘 살펴보시기 바랍니다.

1. 사마타 수행 하나만 닦는 길

만약 보살이 지극한 고요만을 오로지 취한다면 고요한 힘으로 영원히 번뇌를 끊어 구경(究竟)을 성취하고 그 앉은 자리에서 문득 열반에 들어가리니, 이 보살은 하나의 사마타만을 닦는다고 할 것이다.

若諸菩薩 唯取極靜 由靜力故 永斷煩惱 究竟成就 不起于座 便入涅槃. 此菩薩者 名單修奢摩他.
약제보살 유취극정 유정력고 영단번뇌 구경성취 불기우좌 변입열반. 차보살자, 명단수사마타.

2. 삼마발제 수행 하나만 닦는 길
만약 보살이 오직 환(幻) 같은 것만을 관(觀)한다면 부처님의 힘으로 세계의 온갖 흐름을 변화시키고, 보살의 청정하고 오묘한 행을 갖춰 행하며, 다라니(陀羅尼)에서 고요한 생각과 지혜를 잃지 않으니, 이 보살은 하나의 삼마발제(三摩鉢提)만을 닦는다고 할 것이다.

若諸菩薩 唯觀如幻 以佛力故 變化世界 種種作用, 備行菩薩 淸淨妙行, 於陀羅尼 不失寂念 及諸靜慧, 此菩薩者 名單修三摩鉢提.
약제보살 유관여환 이불력고 변화세계 종종작용, 비행보살 청정묘행, 어다라니 부실적념 급제정혜, 차보살자 명단수삼마발제.

3. 선나 수행 하나만 닦는 길
만약 보살이 오직 모든 환(幻)만을 멸하고 일체의 작용을 취하지 않으며, 오로지 번뇌를 끊어 번뇌가 다한다면, 문득 실상(實相)을 증득하게 되니, 이 보살은 하나의 선나(禪那)만을 닦는다고 할 것이다.

若諸菩薩 唯滅諸幻 不取作用, 獨斷煩惱 煩惱斷盡, 便證實相, 此菩薩者 名單修禪那.
약제보살 유멸제환 불취작용, 독단번뇌 번뇌단진, 변증실상, 차보살자 명단수선나.

4. 마음을 가라앉힌 뒤, 환임을 닦음(사마타-삼마발제)

만약 보살이 먼저 지극한 고요를 취하고 고요한 지혜로써 모든 환(幻)을 비추면, 문득 이 가운데 보살행을 일으키게 되니, 이 보살은 먼저 사마타를 닦고 나중에 삼마발제를 닦는다고 할 것이다.

若諸菩薩 先取至靜 以靜慧心 照諸幻者, 便於是中 起菩薩行, 此菩薩者 名先修奢摩他, 後修三摩鉢提.
약제보살 선취지정 이정혜심 조제환자, 변어시중 기보살행 차보살자 명선수사마타, 후수삼마발제.

5. 마음을 가라앉힌 뒤 번뇌가 흘러감을 봄(사마타-선나)

만약 보살이 고요한 지혜로써 지극히 고요한 성품을 증득하면 문득 번뇌를 끊어 영원히 생사를 벗어나니, 이 보살은 먼저 사마타를 닦고 나중에 선나를 닦는다고 할 것이다.

若諸菩薩 以靜慧故 證至靜性 便斷煩惱 永出生死, 此菩薩者 名先修奢摩他, 後修禪那.
약제보살 이정혜고 증지정성 변단번뇌 영출생사, 차보살자 명선수사마타, 후수선나.

6. 고요함-환이라고 봄- 번뇌를 그저 봄(사마타-삼마발제-선나)

만약 보살이 적정(寂靜)한 지혜를 가지고, 다시 환(幻)의 힘으로 여러 가지

변화를 나타내어 모든 중생을 제도하며, 나중에 번뇌를 끊어 적멸(寂滅)에 들어간다면, 이 보살은 먼저 사마타를 닦고 중간에 삼마발제를 닦으며 나중에 선나를 닦는다고 할 것이다.

若諸菩薩 以寂靜慧, 復現幻力 種種變化 度諸衆生, 後斷煩惱, 而入寂滅 此菩薩者 名先修奢摩他, 中修三摩鉢提, 後修禪那.
약제보살 이적정혜, 부현환력 종종변화 도제중생, 후단번뇌 이입적멸, 차보살자 명선수사마타, 중수삼마발제, 후수선나.

7. 고요함- 번뇌를 바라 봄- 환임을 자각함(사마타-선나-삼마발제)

만약 보살이 지극한 고요의 힘으로 번뇌를 끊고, 나중에 보살의 청정하고 오묘한 행을 일으켜 모든 중생을 제도하면, 이 보살은 먼저 사마타를 닦고 중간에 선나를 닦으며 나중에 삼마발제를 닦는다고 할 것이다.

若諸菩薩 以至靜力 斷煩惱已, 後起菩薩 淸淨妙行 度諸衆生, 此菩薩者 名先修奢摩他, 中修禪那 後修三摩鉢提.
약제보살 이지정력 단번뇌이, 후기보살 청정묘행 도제중생, 차보살자 명선수사마타, 중수선나 후수삼마발제.

8. 고요한 상태에서 중생제도와 번뇌를 봄(사마타-삼마발제/선나)

만약 보살이 지극한 고요의 힘으로 마음의 번뇌를 끊고, 다시 중생을 제도하여 일체가 하나인 경계를 만든다면, 이 보살은 먼저 사마타를 닦고 삼마발제와 선나를 함께 닦는다고 할 것이다.

若諸菩薩 以至靜力 心斷煩惱, 後度衆生 建立世界, 此菩薩者 名先修奢摩他, 齊修三摩鉢提, 及修禪那.
약제보살 이지정력 심단번뇌, 후도중생 건립세계, 차보살자 명선수사마타, 제수삼마발제, 급수선나.

9. 적정과 번뇌 보냄, 마지막으로 여환을 닦다(사마타/삼마발제)
만약 보살이 지극한 고요의 힘으로 변화를 일으키고 그 힘으로 나중에 번뇌를 끊는다면, 이 보살은 먼저 사마타와 삼마발제를 함께 닦고 나중에 선나를 닦는다고 할 것이다.

若諸菩薩 以至靜力 資發變化 後斷煩惱, 此菩薩者 名齊修奢摩他, 三摩鉢提, 後修禪那.
약제보살 이지정력 자발변화 후단번뇌, 차보살자 명제수사마타, 삼마발제, 후수선나.

10. 적정과 번뇌 보냄을 닦고 나서 여환을 닦음(사마타/선나-삼마발제)
만약 보살이 지극한 고요의 힘으로 적멸(寂滅)을 도와주고, 나중에 모든 작용을 일으켜 세계를 변화시킨다면, 이 보살은 먼저 사마타와 선나를 함께 닦고 나중에 삼마발제를 닦는다고 할 것이다.

若諸菩薩 以至靜力 用資寂滅, 後起作用 變化境界. 此菩薩者, 名齊修
奢摩他, 禪那, 後修三摩鉢提.
약제보살 이지정력 용자적멸, 후기작용 변화경계. 차보살자 명제수
사마타, 선나, 후수삼마발제.

11. 변화작용, 그리고 적정(삼마발제-사마타)

만약 보살이 변화시키는 힘으로 여러 가지 경계에 수순하여 지극히 고요한 것을 취한다면, 이 보살은 먼저 삼마발제를 닦고 나중에 사마타를 닦는다고 할 것이다.

若諸菩薩 以變化力 種種隨順 而取至靜, 此菩薩者 名先修三摩鉢提,
後修奢摩他.
약제보살 이변화력 종종수순 이취지정, 차보살자 명선수삼마발제,
후수사마타.

12. 변화작용, 그리고 경계의 번뇌를 보냄(삼마발제-선나)

만약 보살이 변화시키는 힘으로 여러 가지 경계에서 적멸(寂滅)을 취한다면, 이 보살은 먼저 삼마발제를 닦고 나중에 선나를 닦는다고 할 것이다.

若諸菩薩 以變化力 種種境界 而取寂滅, 此菩薩者 名先修三摩鉢提,
後修禪那.
약제보살 이변화력 종종경계 이취적멸, 차보살자 명선수삼마발제,

후수선나.

13. 흘러 보냄 적정, 그리고 여환(삼마발제-사마타-선나)
만약 보살이 변화시키는 힘으로써 불사(佛事)를 하고 적정(寂靜)에 안주하여 번뇌를 끊는다면, 이 보살은 먼저 삼마발제를 닦고 중간에 사마타를 닦으며 나중에 선나를 닦는다고 할 것이다.

若諸菩薩 以變化力 而作佛事, 安在寂靜 而斷煩惱, 此菩薩者 名先修 三摩鉢提, 中修奢摩他, 後修禪那.
약제보살 이변화력 이작불사, 안재적정 이단번뇌, 차보살자 명선수 삼마발제, 중수사마타, 후수선나.

14. 여환, 번뇌 끊음, 그리고 적정(삼마발제-선나-사마타)
만약 보살이 변화시키는 힘으로 걸림 없이 작용하며 번뇌를 끊어 지극한 고요에 안주한다면, 이 보살은 먼저 삼마발제를 닦고 중간에 선나를 닦으며 나중에 사마타를 닦는다고 할 것이다.

若諸菩薩 以變化力 無碍作用 斷煩惱故 安住至靜, 此菩薩者 名先修 三摩鉢提, 中修禪那, 後修奢摩他.
약제보살 이변화력 무애작용 단번뇌고 안주지정, 차보살자 명선수 삼마발제, 중수선나, 후수사마타.

15. 여환, 그리고 적정과 번뇌 보냄은 함께(삼마발제-사마타/선나)
만약 보살이 변화시키는 힘을 방편으로 삼아 지극한 고요와 적멸(寂滅)
이 두 가지에 수순하면, 이 보살은 먼저 삼마발제를 닦고 나중에 사마타
와 선나를 함께 닦는다고 할 것이다.

若諸菩薩 以變化力 方便作用 至靜寂滅 二俱隨順, 此菩薩者 名先修
三摩鉢提, 齊修奢摩他, 禪那.
약제보살 이변화력 방편작용 지정적멸 이구수순, 차보살자 명선수
삼마발제, 제수사마타, 선나.

16. 여환과 고요함을 함께, 그리고 번뇌보냄(삼마발제/사마타-선나)
만약 보살이 변화시키는 힘으로 여러 가지 작용을 일으켜 지극한 고요를
돕고, 나중에 번뇌를 끊는다면, 이 보살은 먼저 삼마발제와 사마타를 닦
고 나중에 선나를 닦는다고 할 것이다.

若諸菩薩 以變化力 種種起用 資於至靜, 後斷煩惱, 此菩薩者 名齊修
三摩鉢提, 奢摩他, 後修禪那.
약제보살 이변화력 종종기용 자어지정, 후단번뇌, 차보살자 명제수
삼마발제, 사마타, 후수선나.

17. 여환과 번뇌 끊음을 함께, 그리고 적정(삼마발제/선나-사마타)
만약 보살이 변화시키는 힘으로 적멸(寂滅)을 돕고 나중에 청정하고 조작

없는 고요한 생각에 안주한다면, 이 보살은 먼저 삼마발제와 선나를 함께 닦고 나중에 사마타를 닦는다고 할 것이다.

若諸菩薩 以變化力 資於寂滅 後住淸淨 無作靜慮, 此菩薩者 名齊修 三摩鉢提, 禪那, 後修奢摩他.
약제보살 이변화력 자어적멸 후주청정 무작정려, 차보살자 명제수 삼마발제, 선나, 후수사마타.

18. 번뇌 보냄, 그리고 적정(선나-사마타)

만약 보살이 적멸의 힘으로 지극한 고요를 일으켜 청정한 곳에 안주한다면, 이 보살은 먼저 선나를 닦고 나중에 사마타를 닦는다고 할 것이다.

若諸菩薩 以寂滅力 而起至靜 住於淸淨, 此菩薩者 名先修禪那, 後修奢摩他.
약제보살 이적멸력 이기지정 주어청정, 차보살자 명선수선나, 후수사마타.

19. 번뇌 끊음, 그리고 여환작용(선나-삼마발제)

만약 보살이 적멸(寂滅)의 힘으로 모든 작용을 일으켜 일체의 경계에서 적(寂)과 용(用)으로서 수순하면, 이 보살은 먼저 선나를 닦고 나중에 삼마발제를 닦는다고 할 것이다.

若諸菩薩 以寂滅力 而起作用 於一切境 寂用隨順, 此菩薩者 名先修禪那, 後修三摩鉢提.
약제보살 이적멸력 이기작용 어일체경 적용수순, 차보살자 명선수선나, 후수삼마발제.

20. 번뇌 끊음, 적정, 여환·작용·변화(선나-사마타-삼마발제)

만약 보살이 적멸(寂滅)의 여러 가지 자성(自性)으로 고요한 생각에 안주하여 일체의 변화를 일으키면, 이 보살은 먼저 선나를 닦고 중간에 사마타를 닦으며 나중에 삼마발제를 닦는다고 할 것이다.

若諸菩薩 以寂滅力 種種自性 安於靜慮 而起變化, 此菩薩者, 名先修禪那, 中修奢摩他, 後修三摩鉢提.
약제보살 이적멸력 종종자성 안어정려 이기변화, 차보살자, 명선수선나, 중수사마타, 후수삼마발제.

21. 번뇌 끊음, 여환, 적정(선나-삼마발제-사마타)

만약 보살이 적멸(寂滅)의 힘으로써 조작 없는 자성(自性)으로 일체 흐름의 청정한 경계를 일으켜서 고요한 생각에 돌아가면, 이 보살은 먼저 선나를 닦고 중간에 삼마발제를 닦으며 나중에 사마타를 닦는다고 할 것이다.

若諸菩薩 以寂滅力 無作自性 起於作用 淸淨境界 歸於靜慮, 此菩薩者, 名先修禪那, 中修三摩鉢提, 後修奢摩他.

약제보살 이적멸력 무작자성 기어작용 청정경계 귀어정려, 차보살자 명선수선나, 중수삼마발제, 후수사마타.

22. 적정, 번뇌 바라봄과 여환은 함께 (선나-사마타/삼마발제)

만약 보살이 적멸(寂滅)의 여러 가지 청정으로 고요한 생각에 안주하여 변화를 일으키면, 이 보살은 먼저 선나를 닦고 나중에 사마타와 삼마발제를 함께 닦는다고 할 것이다.

若諸菩薩 以寂滅力 種種淸淨 而住靜慮 起於變化, 此菩薩者 名先修禪那, 齊修奢摩他, 三摩鉢提.
약제보살 이적멸력 종종청정 이주정려 기어변화, 차보살자 명선수선나, 제수사마타, 삼마발제.

23. 번뇌 끊음과 적정은 함께, 그리고 변화작용 (선나/사마타-삼마발제)

만약 보살이 적멸(寂滅)의 힘으로 지극한 고요를 도와 일체 변화를 일으키면, 이 보살은 먼저 선나와 사마타를 함께 닦고 나중에 삼마발제를 닦는다고 할 것이다.

若諸菩薩 以寂滅力 資於至靜 而起變化, 此菩薩者 名齊修禪那, 奢摩他, 後修三摩鉢提.
약제보살 이적멸력 자어지정 이기변화, 차보살자 명제수선나, 사마타, 후수삼마발제.

24. 번뇌 끊음, 환의 변화·작용은 함께, 적정(선나/삼마발제-사마타)

만약 보살이 적멸(寂滅)의 힘으로 변화를 도와 지극히 고요하고 청명한 경계의 지혜를 일으키면, 이 보살은 먼저 선나와 삼마발제를 함께 닦고 나중에 사마타를 닦는다고 할 것이다.

若諸菩薩 以寂滅力 資於變化 而起至靜 淸明境慧, 此菩薩者 名齊修 禪那, 三摩鉢提, 後修奢摩他.
약제보살 이적멸력 자어변화 이기지정 청명경혜, 차보살자 명제수 선나, 삼마발제, 후수사마타.

25. 세 가지 수행을 두루 원만히 닦다

만약 보살이 원각(圓覺)의 지혜로 일체에 원만히 계합(契合)하여 모든 성(性)과 상(相)에서 각성(覺性)을 벗어날 것이 없다면, 이 보살은 삼관(三觀)을 원만히 닦아 자성청정(自性淸淨)에 수순한다 할 것이다.

若諸菩薩 以圓覺慧 圓合一切 於諸性相 無離覺性, 此菩薩者 名爲圓修 三種自性淸淨隨順.
약제보살 이원각혜 원합일체 어제성상 무리각성, 차보살자 명위원수 삼종자성청정수순.

21일 기도 혹은 21일 수행이면 족하다

선남자여, 이것이 보살의 스물다섯 가지 수행법이니 일체 보살의 수행이 이와 같은 것이다. 만약 모든 보살과 말세의 중생으로서 이 수행법에 의지할 자는 마땅히 깨끗한 행을 지니고 고요히 사유하여 지난 일에 남김없이 간절한 참회를 구하되, 삼칠일(三七日)이 지난 후에 스물다섯 가지 수행법을 하나하나 표에 기록하여 두고, 지극한 마음으로 간절히 구하여서 손이 가는 대로 맺어놓은 표를 취하여 그 표에 나타난 부처님의 개시(開示)에 의지하면, 문득 공부할 돈(頓)과 점(漸)을 알게 된다. 그러나 여기에 단 한 생각이라도 의심이 있다면 공부할 인연을 성취하지 못한다."

善男子 是名菩薩 二十五輪, 一切菩薩 修行如是. 若諸菩薩 及末世衆生, 依此輪者 當持梵行 寂靜思惟 求哀懺悔 經三七日 於二十五輪標記, 至心求哀 隨手結取 依結開示, 便知頓漸. 一念疑悔, 卽不成就.」
선남자, 시명보살 이십오륜 일체보살 수행여시. 약제보살 급말세중생 의차륜자 당지범행 적정사유 구애참회, 경삼칠일 어이십오륜표기, 지심구애 수수결취 의결개시, 변지돈점. 일념의회 즉불성취.」

 **마음여행**

원각경의 위대함은 단계단계 수행력의 정도에 따라 향상할 수 있도록 이끌어줄 뿐만 아니라 세세한 가르침을 주는 것이라고 생각합니다.

반야심경, 천수경, 금강경, 그리고 원각경에는 불·법·승삼보를 공경하라는 말이 단 한 마디도 들어가 있지 않습니다. 불·법·승은 밖에 계시는 것이 아니라, 우리 마음속에 계시기 때문입니다. 공경함과 공경 안 함, 성스러움과 비속함을 다 떠난 자리입니다.

그래서 재가자, 출가자를 구별할 게 없습니다. 여기서 부처님은 말씀하십니다. 25가지 방법 중에 어느 것이 더 좋은지는 마치 퇴계 이황 선생님이 아침마다 일어나셔서 주역을 펴시며, 하늘의 뜻을 물으셨듯이, 21일간 계를 굳게 지키고, 참회를 하고, 그리고 법계의 뜻을 묻되 한 순간도 의심하거나 후회하지 말라. 그러면 25가지 방법 중에 그대에게 맞는 한 가지 혹은 몇 가지 방법이 돈(頓: 문득) 혹은 점(漸: 서서히)으로 그대 앞에 나타나리라고 설해 주십니다. 이런 자상하고 자세한 가르침을 받아 보신 적 있으신가요? '고맙습니다, 감사합니다' 하는 생각이 들면 그냥 수행하시면 됩니다. 세상에 이렇게 해결법을 콕 찍어 주신 선생님 보신 적 있나요? 어디 이렇게 콕 찍어 주신 스님 계신가요?

그때에 세존께서 거듭 이 뜻을 펴시고자 하여 게송으로 다음과 같이 말씀하셨다.

爾時, 世尊 欲重宣此義, 而說偈言:
이시, 세존 욕중선차의, 이설게언:

辯音汝當知	변음여당지	변음보살이여, 마땅히 알라.
一切諸菩薩	일체제보살	일체 보살의
無碍淸淨慧	무애청정혜	걸림 없는 청정한 지혜
皆依禪定生	개의선정생	모두 다 선정(禪定)에서 만들어지니
所謂奢摩他	소위사마타	말하자면 사마타
三摩提禪那	삼마제선나	삼마발제와 선나의
三法頓漸修	삼법돈점수	세 가지를 닦는 돈점법(頓漸法)
有二十五種	유이십오종	나누면 스물다섯 종류로 되나
十方諸如來	시방제여래	시방의 모든 여래
三世修行者	삼세수행자	삼세(三世) 수행자
無不因此法	무불인차법	이 법으로 보리를 성취하나니
而得成菩提	이득성보리	순식간에 깨달음 얻은 이들과
唯除頓覺人	유제돈각인	참다운 법 수순하지 않는 사람은
并法不隨順	병법불수순	돈집법(頓漸法)인 이 법에서 제외된다네.
一切諸菩薩	일체제보살	일체 보살과
及末世衆生	급말세중생	말세의 중생이
常當持此輪	상당지차륜	항상 이 수행법을 지녀
隨順勤修習	수순근수습	수순하여 부지런히 닦아 나간다면
依佛大悲力	의불대비력	부처님의 크신 자비로운 힘에 의해
不久證涅槃	불구증열반	오래지 않아 열반을 증득할 것이다.

제9 정제업장보살장

업장 소멸의 장

이때에 정제업장보살이 대중 가운데서 일어나 부처님 발에 이마를 조아려 예배하고 존경의 표시로 우측으로 세 번 돌며 두 무릎을 땅에 대고 두 손을 모으면서 부처님께 사뢰었다.
"크게 자비로우신 세존이시여, 저희들을 위하여 널리 이와 같은 부사의(不思議)한 일체여래의 인지행상(因地行相)을 설하셨습니다. 그리하여 모든 중생으로 하여금 일찍이 경험하지 못한 것을 얻게 하고 부처님이 오랜 세월 끊임없이 애쓴 경계인 일체 수행의 노력을 마치 한 생각인 듯 보게 하시니, 저희 보살들은 스스로 깊이 기뻐하며 위로를 받습니다.

於是 淨諸業障菩薩 在大衆中 卽從座起 頂禮佛足, 右遶三匝, 長跪叉手, 而白佛言:「大悲世尊, 爲我等輩 廣說如是 不思議事 一切如來 因地行相. 令諸大衆 得未曾有 睹見調御 歷恒沙劫, 勤苦境界 一切如一念 我等菩薩 深自慶慰.

어시 정제업장보살 재대중중, 즉종좌기, 정례불족, 우요삼잡, 장궤차수, 이백불언:「대비세존, 위아등배 광설여시 부사의사 일체여래 인지행상. 영제대중 득미증유 도견조어 역항사겁, 근고경계 일체여 일념 아등보살 심자경위.

마음여행

정제업장보살님은 모든 업을 청정히 다 소멸하신 분이십니다. 천수경 독경 후 관음정진을 한 다음에 염하는 '멸업장진언', 업장을 없애는 진언을 잘 아실 것입니다.

"옴 아로륵게 사바하!"

이 정제업장보살장은 '멸업장진언'처럼 여러분의 업장 소멸을 도와드리는 장입니다. 전생부터 지금까지 우리가 그동안 알게 모르게 지어온 업장을 소멸시켜 주는 매우 중요한 내용입니다. 업장이 턱 가로막혀 있으면 될 일도 안 되고, 금세 해결될 것 같은 일도 잘 안 풀려서 훨씬 더 많은 수고를 해야 하기 때문입니다. 그래서 무슨 일을 하든 그간의 업장을 소멸해야 일이 술술 풀립니다.

우리의 본래 청정한 마음이 어째서 오염이 되었나요?

세존이시여, 만약 이 각심(覺心)의 본래 성품이 청정하다면, 어떻게 오염되어 모든 중생들로 하여금 흐릿하고 답답하게 하여 원각에 들어가지 못하게 합니까? 오직 바라옵건대 여래께서는 널리 저희들을 위하여 법성(法性)을 가르쳐 주시어, 이 법회에 모인 대중과 말세의 중생들로 하여금 미래를 살아가는 안목을 갖게 하옵소서."
이 말을 마치고서 오체투지하며, 이와 같이 거듭 세 번 청함으로 부처님의 가르침을 간청하였다. 그때에 세존께서 정제업장보살에게 말씀하셨다.
"착하고 착하도다. 선남자여, 너희들이 능히 법회에 모인 대중과 말세의 중생들을 위하여 여래의 이와 같은 방편을 묻는구나. 너희들은 자세히 들어라. 마땅히 너희들을 위하여 법을 설하리라."
그러자 정제업장보살이 부처님의 가르침을 받들어 환희하며 모든 대중과 함께 묵연히 부처님의 말씀에 귀를 기울였다.

世尊, 若此覺心 本性淸淨, 因何染汚, 使諸衆生 迷悶不入? 唯願如來 廣爲我等 開悟法性, 令此大衆 及末世衆生, 作將來眼.」說是語已 五體投地, 如是三請 終而復始. 爾時, 世尊告 淨諸業障菩薩言:「善哉, 善哉! 善男子, 汝等乃能 爲諸大衆 及末世衆生 諮問如來 如是方便. 汝今諦聽. 當爲汝說.」時, 淨諸業障菩薩 奉敎歡喜, 及諸大衆 默然而聽.
세존, 약차각심 본성청정, 인하염오 사제중생 미민불입? 유원여래 광위아등 개오법성, 영차대중 급말세중생 작장래안.」설시어이 오체투지, 여시삼청 종이부시. 이시, 세존고 정제업장보살언: 「선재, 선재! 선남자, 여등내능 위제대중 급말세중생 자문여래 여시방편. 여금제청. 당위여설.」 시, 정제업장보살 봉교환희, 급제대중 묵연이청.

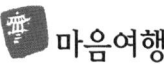 마음여행

"우리가 본래 부처이고 우리가 원래 원각을 가지고 있다면, 어째서 중생들의 삶이 이다지도 괴롭습니까?"라고 다니시는 절의 스님에게 여쭤보십시오. 그럼 대부분 "거사님(혹은 보살님)도 참으로 업이 지중하시군요."라고 하시면서 참회진언을 많이 하라고 하시던지, 백팔대참회문을 하라고 하실 것입니다. 왜 그러셨는지 우리 한 번 공부해 볼까요?

망상의 4가지 상

"선남자여, 일체중생은 무시이래로 망상(妄想)으로 아(我)·인(人)·중생(衆生)·수명(壽命)을 집착하고, 이 네 가지 전도된 것을 실제 자신의 바탕으로 삼았다. 이로 인하여 저 허망한 바탕에서 증오와 사랑의 두 경계가 문득 생기니, 거듭 허망함에 집착하는 것이다. 이 두 허망한 것이 서로 의지하여 허망한 업도(業道)를 만들었다. 허망한 업이 있음으로 허망하게 윤회를 보고, 윤회를 싫어하는 자는 허망하게 열반을 보니, 이로 인해 청정한 원각에 들어갈 수 없다.

이는 각(覺)이 깨달아 들어갈 모든 사람을 거부하고 멀리하는 것이 아니니, 깨달아 들어가는 사람들이 있다 해도 각이 들게 하는 것이 아니기 때문이다. 이 때문에 한 생각 움직이거나 멈추는 것이 모두 미혹하고 흐릿한 곳으로 돌아간다.

「善男子, 一切衆生 從無始來 妄想執有 我人衆生 及與壽命, 認四顚倒 爲實我體. 由此便生 憎愛二境, 於虛妄體 重執虛妄. 二妄相依 生妄業道. 有妄業故 妄見流轉, 厭流轉者 妄見涅槃, 由此不能 入淸淨覺. 非覺違拒 諸能入者, 有諸能入 非覺入故. 是故動念 及與息念 皆歸迷悶.
「선남자, 일체중생 종무시래 망상집유 아인중생 급여수명, 인사전도 위실아체. 유차변생 증애이경, 어허망체 중집허망. 이망상의 생망업도. 유망업고 망견유전, 염유전자 망견열반, 유차불능 입청정각. 비각위거 제능입자, 유제능입 비각입고. 시고동념 급여식념 개귀미민.

 마음여행

반야심경에 나오는 "원리전도몽상 구경열반(遠離顚倒夢想 究竟涅槃: 전도몽상을 멀리 여윈 후에 구경 열반에 이른다)."을 아실 것입니다. 사실 우리의 몸과 마음은 고정된 실체가 없는데, 우리가 있다고 하는 유병(有病)에 걸려서, 아상·인상·중생상·수자상에 집착하여 '내가 있다'라고 착각한다는 것입니다.

부처님은 단지 무아와 연기라고 하셨는데 말입니다. 그러다 보니 망령되이 업이 생겨버렸는데, 그 업은 좋은 업도 있고 나쁜 업도 있습니다. 업이라 함은 우리가 짓는 모든 행위의 기록 정보를 말합니다. 흔히 신·구·의 삼업이라고 하여, 몸과 입, 뜻과 마음으로 짓는 업이 이 우주에는 대형컴퓨터보다도 잘 저장되어 있습니다.

이 업들이 죄의 장애와 업의 장애를 만들어 우리가 맑은 우리의 원각묘심 거울을 보려고 해도 흐린 물, 탁한 물, 거울 속의 때처럼 우리의 시야를 가려버립니다. 그래서 우리는 바로 보지 못하는 것입니다. 그래서 이 업이라는 놈을 제거해야 하는데, 업이라는 놈 역시 그 실체가 없으므로 우리가 바로 보기만 하면 그 놈은 모든 기능이 정지되어 버립니다.

미혹, 무명 유병은 다 타고난 병이다 — 그래서 돌고 돌아 윤회한다

무슨 연유인가? 무시이래의 무명이 자기를 움직이는 주체가 됨으로써, 일체중생이 태어나면서 지혜의 눈이 없어 신심(身心)으로 이루어진 그들의 성품이 모두 무명이기 때문이니, 이는 비유하면 사람이 스스로 자기의 명근(命根)을 끊지 못하는 것과 같다.

그러므로 알아야 한다. 나를 좋아하는 마음이 있는 자에게는 수순하는 마음이 일어나나, 나에게 수순하지 않는 자에게는 증오와 원망하는 마음을 낸다. 그 증오하고 사랑하는 마음으로 무명을 키우기에 도(道)를 계속하여 구한다 해도, 그 도(道)는 모두 성취할 수 없는 것이다.

何以故? 由有無始 本起無明 爲己主宰, 一切衆生 生無慧目 身心等性
皆是無明, 譬如有人 不自斷命. 是故當知. 有愛我者 我與隨順, 非隨
順者 便生憎怨. 爲憎愛心 養無明故 相續求道, 皆不成就.
하이고? 유유무시 본기무명 위기주재, 일체중생 생무혜목 신심등성
개시무명, 비여유인 부자단명. 시고당지. 유애아자 아여수순, 비수
순자 변생증원. 위증애심 양무명고 상속구도, 개불성취.

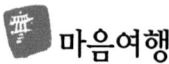 **마음여행**

우리가 있다고 생각해서 나를 위주로 모든 것을 보고, 듣고, 행동을 하는 게 업이 됩니다. 그리고 그 업은 내가 있다는 근본무명에서 생긴 것입니다. 도대체 업은 무엇일까요?

달마 대사께서 한 마디로 말씀하셨습니다.

"심동왈업(心動曰業), 마음이 움직이는 즉시 업이 되는 것이니라."

그러니 나를 위해주고, 나를 따르는 사람에게는 사랑하는 마음을 내고, 나를 배척하고 나를 챙겨주지 않는 사람은 미워하고, 나보다 잘난 놈이 나에게 잘하면 그를 사랑하고, 나보다 잘난 놈이 나에게 관심이 없으면 그를 시기하거나 미워하는 모든 업들! 그 업이 길을 막아 깨달음의 길로 올라서기 힘들다는 것입니다.

아상이란? – 증(證)하는 것이 아상이다

선남자여, 무엇을 아상(我相)이라 하는가? 모든 중생이 마음으로 증득한 바를 말한다. 선남자여, 비유하면 마치 어떤 사람이 몸의 상태가 좋아 몸이 어떤지 모르고 있다가, 사지(四肢)가 당기거나 늘어지는 등의 몸의 섭생을 잘못하여 그 자리에 살짝 침이나 뜸을 뜨게 되면, 그 반응으로 내 몸이 있다는 사실을 아는 것과 같다. 이 때문에 증득하여 취하는 것이 있어야 '나'라는 몸의 정체가 나타난다. 선남자여, 그 마음이 여래가 필경에 요지하는 청정열반을 증득했다 해도 모두 다 아상(我相)이다.

善男子, 云何我相? 謂諸衆生 心所證者. 善男子, 譬如有人 百骸調適, 忽忘我身, 四支絃緩 攝養乖方 微加鍼艾, 則知有我. 是故證取 方現我體. 善男子, 其心乃至 證於如來 畢竟了知 淸淨涅槃 皆是我相.

선남자, 운하아상? 위제중생 심소증자. 선남자, 비여유인 백해조적, 홀망아신, 사지현완 섭양괴방 미가침애, 즉지유아. 시고증취 방현아체. 선남자, 기심내지 증어여래 필경요지 청정열반 개시아상.

마음여행

약간 긴장해 주십시오. 금강경의 아상과 원각경의 아상은 다릅니다. 금강경의 아상·인상·중생상·수자상은 눈으로 보고, 귀로 듣고, 코로 냄새 맡고 등등의 안·이·비·설·신·의를 다 포함하는 인간의 그릇된,

내가 있다고 생각하는 데서 오는 4가지 상을 말합니다. 반면에 원각경의 사상은 오직 마음세계, 그리고 자기의 내면세계에서 일어나는 상입니다. 마음을 찾아 들어가는 여행인 수행에서 나타나는 4가지 상을 말하는 것입니다.

몸이 있는 둥 없는 둥 살다가, 머리 위로 조그만 돌이라도 하나 떨어지면 "아야" 하며 아파하는 그 놈, 의사가 주사바늘을 들거나 한의사가 침을 들었을 때 겁먹고 싫어하는 그 놈, 그 놈을 아상이라고 합니다.

사람들은 아상이 세다, 아상이 있는 사람이라고 할 때에 그 사람이 겸손하지 않거나 잘난 척하거나, 돈이 있다고 폼 잡는다고 하거나, 내세울 것이 있는 사람을 일러 아상이 있다고 합니다. 물론 완전히 틀린 이야기는 아닙니다. 그러나 부처님께서 말씀하신 아상은 그러한 아상이 아닙니다. 불교에서의 상(相)은 우리가 그렇다고 알고 있는 것, 우리가 그렇다고 믿고 있는 것을 말합니다.

지금이 주식을 사야 할 때라고 믿으십니까? 지금이 한국의 '국운 상승기'라고 믿으십니까? 아니면 세계 최고의 자동차 회사인 도요타가 흔들리고, 미국의 대형은행들이 없어지고 하는 마당에, 주식을 사기는 뭘 사? 있는 것도 다 팔아야지 하고 믿으십니까?

부처님께서 여기서 말씀하십니다. 주식을 사야 한다고 믿는 너의 마음은 얼마나 믿을 만한가? 주식을 다 팔아 치워야 한다는 너의 마음은 얼마나 믿을 만한가? 너의 믿음은 어디서 생기는가? 너의 머리? 너의 총명함? 너의 정보원? 너의 데이터? 웃기지 마라! 나(I), 나의(my), 나를, 나에게(me), 나의 것, 나의 소유(mine) 그것은 다 일시적으로 결합된 것이고, 인연의 소치로 잠시 머물러 있는 것이라고 강조하셨습니다.

예쁜 여인을 보고 가슴이 두근거리는 것은 누구이며, 잘 생긴 사내를 보고 힐끔힐끔 고개가 돌아가는 것은 누구인가? 무아(無我)인데 그렇게 너의 몸과 마음을 움직이게 하는 놈은 누구인가?

"그것은 갈망이고 애욕이니라. 그리고 너의 의지력과 달리, 너의 건장한 신체와 뿌리를 알 수 없는 욕망을 재료로 업이라는 놈이 집을 지어 너를 그 곳에 가둔 것이니라."라고 말씀하셨습니다.

인상(人相)이란? - 오(悟) 하는 놈

선남자여, 무엇을 인상(人相)이라 하는가. 모든 중생이 마음으로 증득한 바를 깨닫는 것을 말한다.

선남자여, '내'가 있다는 사실을 깨달은 이는, 다시 '나'를 '나'라고 인정하지 않는다. 깨달은 바가 '나'가 아니라는 깨달음 또한 이와 같다. 깨닫는 것이 일체 증득한 것을 초월했더라도 모두 다 인상(人相)이 된다.

선남자여, 그 마음에서 열반이 모두 다 '나'라는 사실을 원만하게 깨달았다 하더라도, 그 마음에 깨달았다는 내용을 조금이라도 가지고서 증득한 이치를 두루 갖추었다면, 이를 두고 모두 다 인상(人相)이라 한다.

善男子, 云何人相? 謂諸衆生 心悟證者. 善男子, 悟有我者, 不復認我. 所悟非我 悟亦如是. 悟已超過 一切證者 悉爲人相. 善男子, 其心

乃至 圓悟涅槃 俱是我者 心存少悟 備殫證理 皆名人相.

선남자, 운하인상? 위제중생 심오증자. 선남자, 오유아자, 불부인아. 소오비아 오역여시. 오이초과 일체증자, 실위인상. 선남자, 기심 내지 원오열반 구시아자 심존소오, 비탄증리 개명인상.

마음여행

　금강경의 인상과 원각경의 인상이 다릅니다. 금강경의 인상은 '남이 있다고 생각하는 것', '대상이 있다고 생각하는 것'을 말하는 반면에 원각경에서는 이른바 모든 중생들이 마음으로 깨닫고 증득한 모든 것을 말한다고 합니다.

　원각경에서 말하기를, 앞에서 원래 우리가 없는데 '아야' 하는 것, 아상이라는 것이 있다고 배웠으니, 아상이라는 것의 정체를 안 사람(悟有我者)은 다시는 '아야' 하는 놈이 나타나더라도, '아! 지·수·화·풍의 화합과 육진의 그림자가 자신을 위한답시고 그렇게 생각하는 것이지, 그 생각이 영원히 지속되는 것이 아니다.'라고 한 생각 돌이켜 다시는 속지 않게 됩니다.

　그렇지만 '아야!' 하는 집을 짓는 것이 그렇게 생각하는 것이 나라는 것이 있어서 그런 것이 아니다'라고 생각하는 것을 인상이라고 한다는 것입니다. 결국 한 생각 일으켜서 아는 것도 결국은 알았다는 아상과 안 대상이 있는 것이 인상입니다. 그래서 다 상입니다. 보는 것이 있고, 보이는 대상이 있으면 인상에 빠진 것이며, 주관과 객관이 있으면 이미 그

것이 인상이라는 것입니다. 원각경에서는 보는 것, 관하는 것, 그것이 인상입니다.

중생상이란? - 증(證)하고 오(悟)하는 놈

선남자여, 무엇을 중생상(衆生相)이라 하는가? 모든 중생의 마음이 스스로 증득해 깨달은 내용이 미치지 않는 곳을 말한다.

선남자여, 비유하면 마치 어떤 사람이 '나는 중생이다'라는 말을 하면 그 사람이 말하는 중생은 '나'도 아니고 '그'도 아님을 아는 것과 같다. 무엇을 '나'가 아니라고 하는가? 내가 중생이라면 '나'가 아니다. 무엇을 '그'가 아니라고 하는가? 내가 중생이라면 '그'도 '나'도 아니다.

선남자여, 단지 모든 중생이 증득하고 깨달아 아는 것은 모두 아상(我相)과 인상(人相)이 되니, 아상과 인상의 세력이 미치지 않는 것을 깨달아 아는 바가 존재하여 있다면, 이를 두고 중생상(衆生相)이라 한다.

善男子, 衆生相? 謂諸衆生 心自證悟 所不及者. 善男子, 譬如有人 作如是言 我是衆生 則知彼人 說衆生者 非我非彼. 云何非我? 我是衆生 則非是我. 云何非彼? 我是衆生, 非彼我故 善男子, 但諸衆生 了證了悟 皆爲我人, 而我人相 所不及者 存有所了, 名衆生相.

선남자, 중생상? 위제중생 심자증오 소불급자. 선남자, 비여유인 작여시언 아시중생 즉지피인 설중생자 비아비피. 운하비아? 아시중생

즉비시아. 운하비피? 아시중생 비피아고. 선남자, 단제중생 요증료 오 개위아인, 이아인상 소불급자 존유소료, 명중생상.

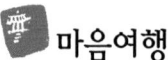 마음여행

원각경에서 중생상이라 함은 마음으로는 제 스스로 증득하고 깨달았지만, 아직 원각의 자리에 미치지 못한 자를 일컫는다고 합니다. 예를 들어 설명하자면, 어떤 사람이 "나는 중생이다."라고 말한다면 부처님도 어쩔 수 없다고 하셨습니다. 지금의 나는 상황에 맞게 행동하는 본래의 나와는 다른 또 다른 나일 뿐입니다. 그래서 이른바 중생이라 함은, 나도 아니고 남도 아닌 것을 말한다고 하셨지요. 다시 말해, 중생상이라고 하는 놈은 '아야' 하는 놈이나, '아야' 하는 놈이 본래 내가 아닌 것을 아는 놈이나, 증득하고 깨달은 놈이 따로 있는 이상 모두 아상이고, 인상이라는 것입니다. 그래서 마음 밖의 어느 것, 보이는 대상의 어느 것으로 안다고 해 보아야 그것도 중생상이라는 것입니다.

수자상이란?

선남자여, 무엇을 수명상(壽命相)이라 하는가? 모든 중생의 마음이 청정한 자리를 비추어 깨달아 안 바를 말하니, 일체 업을 아는 지혜 그 자체로 업의 근본을 보지 못하는 바가 마치 명근(命根)과 같다. 선남자여, 만약 마음이 일체의 각(覺)을 비추어 보았다면 이것은 모두 번뇌가 되니, 각(覺)과 소각(所覺)은 번뇌를 벗어나지 못했기 때문이다. 이는 마치 뜨거운 물로 얼음을 녹일 때 따로 얼음이 있어서 얼음이 녹는 것을 아는 얼음이 따로이 없듯, 내가 있어서 나를 깨닫는다는 것도 또한 이 예와 같다.

善男子, 云何壽命相? 謂諸衆生, 心照淸淨 覺所了者, 一切業智 所不自見 猶如命根 善男子, 若心照見 一切覺者 皆爲塵垢 覺所覺者 不離塵故. 如湯銷冰 無別有冰 知冰銷者, 存我覺我 亦復如是.
선남자, 운하수명상? 위제중생 심조청정 각소료자, 일체업지 소불자견 유여명근. 선남자, 약심조견 일체각자 개위진구 각소각자 불리진고. 여탕소빙 무별유빙 지빙소자, 존아각아 역부여시.

 마음여행

원각경의 수명상은 앞의 다른 상과 마찬가지로 금강경의 수자상과 다릅니다. 수명상이라는 것은 마음을 비추어 반조함이 청정하여 깨달은 바를 마친 것이라고 합니다. 생각하고 분별하고 따지는 사유의 지혜는 업지(業智)입니다. 인간의 목숨은 분명히 존재합니다. 그러나 목숨을 볼 수 있는 방법이 없습니다. 건강 상태와 환경과 조건에 의해서 명줄이 왔다 갔다 합니다. 총 한 번 맞으면 즉각 그 자리에서 끊어지는 것이 명줄이기에 그렇다는 것입니다.

제가 아무리 반야심경을 10년 이상 사경하며 스스로 무아임을 알아가며 마음으로 오온(五蘊: 물질계와 정신계의 양쪽에 걸치는 모든 유위법을 가리킨다. 인간 또한 色·受·想·行·識 다섯 가지 온이 인연에 따라 잠정적으로 모여서 이루어진 것이다.)을 잘 비추어 본다고 해도, 그래서 나름대로 한소식 해서 소위 일체지를 깨달은 자가 된다고 해도, 모두 깨달음의 티끌이지 깨달음이 아니라는 것입니다. '본 놈'이 있고 '보는 놈'이 있으면 절대 원각의 자리가 아닙니다.

사상(四相)이 있는 한, 그 곳(圓覺)에 갈 수 없다

선남자여, 말세의 중생이 사상(四相)을 알지 못한다면, 비록 오랜 세월 부지런히 애써 도(道)를 닦는다 하더라도 단지 유위(有爲)일 뿐이니, 끝내 일체의 성스런 과보를 성취할 수 없다. 그러므로 이를 정법(正法)의 말세(末世)라고 한다. 왜냐하면 일체의 나를 인정하여 열반으로 삼았기 때문이며, 증(證)과 오(悟)가 있어 이를 성취했다고 이름하기 때문이다. 비유하면 어떤 사람이 도적을 자기의 아들이라 주장해도, 도적이 끝내 그 집안의 재산을 상속할 수 없는 것과 같다.

善男子, 末世衆生 不了四相, 雖經多劫 勤苦修道 但名有爲, 終不能成 一切聖果. 是故名爲 正法末世. 何以故 認一切我, 爲涅槃故, 有證有悟 名成就故. 譬如有人 以賊爲子, 其家財寶 終不成就.
선남자, 말세중생 불료사상, 수경다겁 근고수도 단명유위, 종불능성

일체성과. 시고명위 정법말세. 하이고 인일체아 위열반고. 유중유오 명성취고. 비여유인 이적위자, 기가재보 종불성취.

 **마음여행**

다시 말씀드리지만 금강경의 4상은 날줄과 씨줄을 모두 포함하는 것, 진실세계와 현상세계를 다 포함하는 것입니다. 그래서 부처님께서 마가다 국의 기수 왕자와 급고독 장자가 힘을 합쳐 이룬 '기수급고독원'에서 금강경을 설하신 것입니다. 기수급고독원은 지금도 우리가 가 볼 수 있고, 느낄 수 있는 곳입니다. 그리고 청중들도 수보리 등을 위시해서 1,250명의 제자들, 몸을 가진 살아있는 사람들이었습니다.

반면에 부처님께서 원각경을 설하신 장소는 부처님의 신통대광명장이라는 마음 세계의 삼매처입니다. 그래서 시간과 공간의 개념이 없습니다. 부처님의 말씀을 듣는 청중도 몸 있는 사람이 아닙니다. 10대 제자나 비구, 비구니 등 1,250인이 아니라 보살님들이십니다.

그래서 원하는 결과(output)는 같지만, 들어가는 원인과 방법(input)이 다릅니다. 그래서 일체의 의도한 바 있는 생각으로 짓는 유위로는 원하는 결과를 얻을 수 없습니다. 나를 잘못 알기에 원하는 열반을 얻을 수 없다는 것입니다. 그렇기 때문에 나타나는 모든 경계가 사실은 나를 해하려는 도적놈인데, 그 도적놈을 나를 살리는 조상님의 가피, 기도의 감응으로 온 불보살님으로 잘못 알 수밖에 없다는 것입니다. 불보살님과 화엄성중님이 떼로 몰려와서 나에게 3배를 올리며 생불이 화현하셨다

고 하여도 '별 마구니가 다 나와서 설치는구나, 나는 너의 정체를 안다!'
라고 휘익 돌아앉으셔야 합니다.

나를 사랑하는 자, 열반도 사랑한다! -그래서 해탈하지 못한다

무엇 때문인가? 나를 좋아한다는 것은 또한 열반을 좋아한다는 것이니, 나를 좋아하는 뿌리가 잠복하여 열반의 모습이 되기 때문이다. 나를 싫어한다는 것은 또한 생사를 싫어하는 것이니, 좋아한다는 것이 진짜 생사임을 알지 못하므로 따로이 생사를 싫어하니, 이 생사를 '해탈하지 못한 것'이라고 명명하는 것이다.

何以故? 有我愛者 亦愛涅槃, 伏我愛根 爲涅槃相. 有憎我者 亦憎生死, 不知愛者 眞生死故, 別憎生死 名不解脫.
하이고? 유아애자 역애열반, 복아애근 위열반상. 유증아자 역증생사, 부지애자 진생사고, 별증생사 명불해탈.

 **마음여행**

부처님께서 계속 말씀하십니다. "내가 깨달았다. 드디어 내가 알았다. 내가 드디어 인간계와 천상계의 속박으로부터 벗어났다."라고 하거나, 그 속박에서 벗어난 해탈경지의 무애로운 대자유인인 나를 보거나

인정하거나 인식한다면 마구니의 소굴로 빨려 들어간다는 것입니다.

주식시장에서도 '이젠 드디어 알았다'라고 하면 언제 망해도 꼭 망합니다. 그것이 법계의 이치입니다. 알아차린 내가 없고, 터득한 내가 없어야 합니다. 그래서 유마 거사가 한 마디도 안 하고 입을 닫아 버리는 '유마의 일묵'에 문수보살님이 대단한 법문이라며 칭하한다는 유마경의 내용을 자주 말씀드리는 것입니다.

사랑을 벗지 못하면 미움도 벗지 못한다 — 그래서 해탈하지 못한다

해탈하지 못한 법을 어떻게 알겠는가? 선남자여, 저 말세의 중생이 보리(菩提)를 수습하는 데 있어, 자신의 조그마한 깨달음으로써 자기의 청정을 삼는 것은, 아상의 근본이 아직 다 사라지지 않았기 때문이다. 만약에 어떤 사람이 그의 법을 찬란하면 즉시 환희심을 내어 문득 그를 제도하려 하거나, 그의 법을 비방함에 한(恨)을 품고 문득 성을 낸다면, 이것으로 그는 아상을 견고하게 집착하여 그것을 장식(藏識)에 감추고 모든 근(根)에 노닐면서, 일찍이 아상을 끊은 적이 없었다는 사실을 알게 될 것이다.

云何當知 法不解脫? 善男子, 彼末世衆生 習菩提者, 以己微證 爲自淸淨, 猶未能盡 我相根本. 若復有人 讚歎彼法, 卽生歡喜, 便欲濟度, 若復誹謗 彼所得者, 便生瞋恨, 則知我相, 堅固執持, 潛伏藏識, 遊戲諸根, 曾不間斷.

운하당지 법불해탈? 선남자, 피말세중생 습보리자, 이기미증 위자 청정, 유미능진 아상근본. 약부유인 찬탄피법 즉생환희 변욕제도, 약부비방 피소득자 변생진한, 즉지아상 견고집지 잠복장식 유희제근, 증불간단.

마음여행

"누가 내 귀를 즐겁게 하면 칭찬인 줄 알고 좋아하고, 누가 내 귀를 거스르는 말을 하면 비방한다고 벌컥 화를 내거나 침울해 하고……."

저는 항상 이 구절을 읽을 때면 제 이야기를 하시는 것 같아 가슴이 덜컥 내려앉곤 했습니다. 금강경 강의를 참 잘 하더라고 칭찬받으면 흰희심을 내어서 더 가르쳐 주려고 하고, 강의가 깊이가 없다고 비판하면 문득 '그러는 본인은 알면 얼마나 안다고?' 하는 화내는 마음이 됩니다. 솔직히 그렇습니다. 이럴 때 3조 승찬 대사의 『신심명』이 큰 도움이 됩니다. 첫 구절을 소개하면 다음과 같습니다.

지도무난(至道無難) 지극한 도라는 것도 어렵지 않으니
유혐간택(唯嫌揀擇) 단지 고르고 선택하는 마음만 내려놓아라.
단막증애(但莫憎愛) 단지 사랑함과 미워함만 내려놓으면
통연명백(洞然明白) 문득 다 명백하게 깨달으리라.
호리유차(毫釐有差) 털끝만큼의 차이가 있어도
천지현격(天地懸隔) 하늘과 땅 차이처럼 확 벌어지니

욕득현전(欲得現前) 도가 눈앞에 나타나기를 바라거든
막존순역(莫存順逆) 단지 순경계와 역경계를 두지 마라.

아공(我空)을 수행하라!

선남자여, 그런 도를 닦는 자는 아상(我相)을 제거하지 않았기에 청정한 원각에 들어갈 수 없다. 선남자여, 아공(我空)을 안다면 나를 훼손할 것이 없다. 내가 있어 법을 설하는 것은, 아직 나를 끊지 않았기 때문이며, 중생상(衆生相)과 수명상(壽命相) 또한 이와 같은 것이다.

善男子, 彼修道者 不除我相 是故不能 入淸淨覺. 善男子, 若知我空 無毀我者. 有我說法, 我未斷故 衆生壽命 亦復如是.
선남자, 피수도자 부제아상 시고불능 입청정각. 선남자, 약지아공 무훼아자. 유아설법, 아미단고, 중생수명 역부여시.

마음여행

이 대목 역시 제가 따로 설명할 게 없습니다. 3조 승찬 대사께서 『신심명』을 통해 깊은 가르침을 명백하게 일깨워 주셨습니다. 다시 위의 구절 다음의 『신심명』을 읽으시면 제가 왜 해설 대신 『신심명』을 계속 보여드리는지 이해가 가실 것입니다.

위순상쟁(違順相爭) 거슬리는 것과 즐거운 것이 서로 다툼은
시위심병(是爲心病) 그것이 이른바 마음의 병이 된다.
불식현지(不識玄旨) 현묘한 지혜는 알지도 못하면서
도로염정(徒勞念靜) 애써 생각만 고요히 하려 함이로다.

사상(四相)에 묶여 있다가는 깨달음은 찾을 길이 없다

선남자여, 말세의 중생은 병(病)을 법이라 설하니, 이 때문에 가련한 사람이라 한다. 그들이 비록 애써 정진하더라도 모든 병만 더 보탤 뿐이니, 그러므로 청정한 원각에 들어갈 수 없다. 선남자여, 말세의 중생이 사상(四相)을 알지 못하고 여래의 앎과 실천하는 삶을 자기의 수행처로 삼는다면, 이 중생은 공부를 끝내 성취하지 못할 것이다. 혹여 중생들이 얻지 못한 것을 얻었다 하고, 증득하지 않은 것을 증득했다 하며, 공부 잘하는 사람을 보고 마음에 질투심을 낸다면 이는 그 중생이 아직 아애(我愛)를 끊지 못했기 때문이다. 이 때문에 청정한 원각에 들어갈 수 없다.

善男子, 末世衆生 說病爲法, 是故名爲 可憐愍者. 雖勤精進 增益諸病, 是故不能 入淸淨覺. 善男子, 末世衆生 不了四相, 以如來解 及所行處, 爲自修行, 終不成就, 或有衆生 未得謂得, 未證謂證, 見勝進者, 心生嫉妒 由彼衆生 未斷我愛. 是故不能 入淸淨覺.
선남자, 말세중생 설병위법, 시고명위 가련민자. 수근정진 증익제

병, 시고불능 입청정각. 선남자, 말세중생 불료사상, 이여래해 급소행처, 위자수행 종불성취. 혹유중생 미득위득, 미증위증, 견승진자, 심생질투 유피중생 미단아애. 시고불능 입청정각.

 마음여행

계속 『신심명』으로 대신합니다.

원동태허(圓同太虛) 둥근 원각은 큰 허공과 같아서
무흠무여(無欠無餘) 모자람도 없고 남음도 없거늘
양유취사(良由取捨) 취하고 버림으로 말미암아
소이불여(所以不如) 그 까닭에 여여하지 못하노라.

깨달음을 향하여 즐겁게 기왓장을 던져라!

선남자여, 말세의 중생은 도(道) 이루기를 희망하나 깨달음을 구하지도 않고, 오직 많이 듣기를 원하여 아견(我見)만을 더한다. 단지 부지런히 정진하여 번뇌를 항복 받고, 대용맹심을 일으켜 얻지 못한 것을 얻고 끊지 못한 것을 끊도록 한다면, 탐(貪)·진(瞋)·애(愛)·만(慢)과 아첨 및 질투가 상대하는 경계에서 생겨나지 않고 피차(彼此)의 은혜와 사랑이 일체 적멸(寂滅)할 것이다. 부처님은 '이런 사람은 점차 도를 성취할 사람'이라 하셨으니, 이 사람이 선지식을 구한다면 사견(邪見)에 떨어지지 않을 것이다. 만약 구하는 곳에서 따로 증오나 사랑하는 마음을 낸다면 청정한 원각의 바다에 들어갈 수 없다."

善男子, 末世衆生 希望成道, 無令求悟, 唯益多聞 增長我見. 但當精勤 降伏煩惱, 起大勇猛 未得令得 未斷令斷, 貪瞋愛慢 諂曲嫉妬 對境不生 彼我恩愛 一切寂滅. 佛說是人 漸次成就, 求善知識 不墮邪見. 若於所求 別生憎愛 則不能入 清淨覺海.」

선남자, 말세중생 희망성도 무령구오, 유익다문 증장아견. 단당정근 강복번뇌, 기대용맹 미득령득 미단령단, 탐진애만 첨곡질투 대경불생, 피아은애 일체적멸. 불설시인 점차성취, 구선지식 불타사견. 약어소구 별생증애 즉불능입 청정각해.」

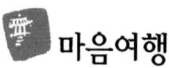 **마음여행**

우리가 깨달음에 들지 못하는 이유를 계속 설하십니다.

막축유연(莫逐有緣)　세간의 인연법에 따라가지도 말고
물주공인(勿住空忍)　세상 법을 멀리 떠나 공도리에만 머물지도 마라.
일종평회(一種平懷)　그 한 가지만 바로 지니면
민연자진(泯然自盡)　그대로 망상이 사라져 저절로 망상이 그치리라.
지동귀지(止動歸止)　움직임을 그쳐, 그침으로 돌아가면

지갱미동(止更彌動) 그침이 다시 움직임을 나타내느니라.

제가 좋아하고, 역대 조사스님들이 좋아하고, 지금도 많은 스님들이 마음공부의 지침으로 삼는 3조 승찬 대사의 『신심명』은 짧으면서도 진리를 함축하고 있는 내용입니다. 원각경의 뜻을 제대로 아는 데도 큰 도움을 주는 책입니다. 거듭 새겨보시기 바랍니다.

어쨌든 정제업장보살장은 앞에서도 언급하였듯이 업장을 소멸하는 내용입니다. 무슨 일을 하든지 업의 장애가 있고, 죄의 장애로 인하여 성취하기 힘드니 먼저 장애를 없애야 합니다. 제 7장인 변음보살장에서 부처님께서는 우리에게 25가지 수행방법 중에 자신에게 맞는 수행법을 찾으려면 21일간 기도하라고 하셨습니다. 그 21일간 부지런히 참회하고, 애써서 구하면 돈(頓)이 되었든 점(漸)이 되었든 자신에게 맞는 수행법이 나올 것이라고 하셨습니다.

기도 일수에 관한 것이 뒷부분에 다 나오지만, 현재까시는 21일민 니왔기에, 왜 21일이 22일이나 30일보다 좋은지 말씀드리겠습니다. 물론 제 생각입니다.

원각경에서는 지·수·화·풍의 사대가 우리들의 몸을 구성하고, 색·성·향·미·촉·법의 육진의 그림자가 우리들의 마음을 구성한다고 하였습니다.

그런데 우리의 옛 선인들은 우리들의 정신이 3가지 혼(魂)이고, 육체는 7가지 백(魄)으로 구성되어 있다고 보셨습니다. 몸과 마음이 이리도 만나고 저리도 만나는데 그 만날 수 있는 경우의 수는 많아 봐야 21(3×7)

입니다. 그래서 21일간 일심 일념으로 정성껏 기도하다 보면 21일 중에 어느 한 날은 딱 걸리는 것입니다. 물론 변음보살장에도 나오지만 의심하지 않고 일심으로 하셔야 합니다. 스님들이 21일 기도를 하라고 하고, 신묘장구대다라니 21독, 혹은 반야심경 21독, 화엄경약찬게 21독을 하라고 하신 까닭을 이해하셨지요? 알고 하시든, 스님의 말씀을 그대로 따라하시든 다 우리 중생들을 위한 진실, 정법입니다.

그때에 세존께서 거듭 이 뜻을 펴시고자 하여 게송으로 다음과 같이 말씀하셨다.

爾時, 世尊 欲重宣此義, 而說偈言:
이시, 세존 욕중선차의, 이설게언:

淨業汝當知	정업여당지	정제업장보살이여 마땅히 알라.
一切諸衆生	일체제중생	시방세계 일체의 모든 중생은
皆由執我愛	개유집아애	모두 다 아애(我愛)를 집착하여서
無始妄流轉	무시망유전	무시이래 허망하게 윤회를 하니
未除四種相	미제사종상	사상(四相)을 제거하지 못하였다면
不得成菩提	부득성보리	보리(菩提)는 얻을 수 없는 것이다.
愛憎生於心	애증생어심	애증(愛憎)이 마음에서 생겨 나오고
諂曲存諸念	첨곡존제념	아첨하는 마음이 생각에 있어

是故多迷悶	시고다미민	이 때문에 미혹하고 흐릿하여서
不能入覺城	불능입각성	깨달음의 나라에 못 들어간다.
若能歸悟刹	약능귀오찰	깨달음의 국토에 돌아가고자
先去貪瞋癡	선거탐진치	맨 먼저 탐진치를 제거하고서
法愛不存心	법애부존심	법애(法愛)를 마음에 두지 않으면
漸次可成就	점차가성취	점차로 깨달음을 얻을 수 있네.
我身本不有	아신본불유	나의 몸도 본래가 있지 않거늘
憎愛何由生	증애하유생	증애(憎愛)가 어디에서 생겨날 건가.
此人求善友	차인구선우	이 사람이 선지식을 구하게 되면
終不墮邪見	종불타사견	끝끝내 사견(邪見)에는 안 떨어지네.
所求別生心	소구별생심	구할 바에 다른 생각 일어난다면
究竟非成就	구경비성취	구경에 성취하는 각(覺)이 아니다.

제10 보각보살장

작병·지병·임병·멸병을 묻다

이때에 보각보살이 대중 가운데서 일어나 부처님 발에 이마를 조아려 예배하고 존경의 표시로 우측으로 세 번 돌며 두 무릎을 땅에 대고 두 손을 모으면서 부처님께 사뢰었다.
"크게 자비로우신 세존이시여, 선병(禪病)을 시원하게 말씀해 주시어서, 모든 보살로 하여금 일찍이 없었던 경계를 얻게 하셨으며, 마음이 활짝 트여 완전한 평온을 갖게 하셨습니다.
세존이시여, 말세의 중생은 부처님 열반 후 그 시절과 멀어지게 되니, 성인과 현자가 숨고 삿된 법이 더욱 치성해집니다. 그러니 모든 중생으로 하여금 어떤 선지식을 구하고, 어떤 법에 의지해야 하며, 어떠한 수행을 하고, 어떤 병을 제거하게 해야 합니까? 어떻게 발심해야 그 눈먼 중생들로 하여금 사견(邪見)에 떨어지지 않도록 하겠습니까?"
이 말을 마치고서 오체투지하며, 이와 같이 거듭 세 번 청함으로 부처님의 가르침을 간청하였다.

於是 普覺菩薩 在大衆中 卽從座起 頂禮佛足, 右遶三匝, 長跪叉手 而白佛言:「大悲世尊, 快說禪病, 令諸大衆 得未曾有, 心意蕩然 獲大安隱. 世尊, 末世衆生 去佛漸遠, 賢聖隱伏, 邪法增熾. 使諸衆生 求何等人, 依何等法, 行何等行, 除去何病? 云何發心, 令彼群盲 不墮邪見?」作是語已 五體投地, 如是三請 終而復始.

어시 보각보살 재대중중 즉종좌기 정례불족, 우요삼잡, 장궤차수 이백불언:「대비세존, 쾌설선병, 영제대중 득미증유, 심의탕연 획대안은. 세존, 말세중생 거불점원, 현성은복, 사법증치. 사제중생 구하등인, 의하등법, 행하등행, 제거하병? 운하발심, 영피군맹 불타사견?」작시어이 오체투지, 여시삼청 종이부시.

마음여행

이 질문을 하시는 보각보살님은 '두루 깨닫게 하는 보살'이라는 이름을 가지신 분이십니다. 마음공부를 하다가 능엄경에 나오는 50마장과 같은 병에 걸려서 부산 간다던 사람이 천안쯤 내려서는 부산이라고 생각하는 착각도인들이 계십니다. 그런 병을 스님들은 흔히 증상만(增上慢)이라고 하시는데, 원각경에서는 선병(禪病)이라고 하십니다.

"현인과 선인은 숨고, 정법은 숨고 사법은 더욱 설치고 하니 도대체 우리 중생들은 무엇에 의지하오리까?"라는 구절은 요사이 우리 불자들의 마음을 대변하시는 것 같습니다.

얼마 전 법정 스님이 열반하시고 난 다음에 조계종단에 불협화음이 있었습니다. 잘 모르지만 싸울 때는 가톨릭처럼 제발 문 닫아놓고 하든지, 아니면 승복 벗어 놓고 했으면 좋겠습니다. 김수환 추기경이 선종하신 다음에 가톨릭에 대한 이미지가 더욱 좋아지던데, 왜 우리 불교는 법정 스님 열반 이후에 온 국민이 추모하는 분위기에서 찬물을 끼얹고 그 흙탕물이 전 국민들이 보는 신문과 방송에서까지 튀어나오는지 모르겠습니다. 참으로 안타까운 일이 아닐 수 없습니다.

세존께서 흔쾌히 설해 주시다

그때에 세존께서 보각 보살에게 말씀하셨다.
"착하고 착하도다. 선남자여, 너희들이 여래의 이와 같은 수행을 자문(諮問)하여 능히 말세의 중생에게 두려움 없는 도안(道眼)을 베푸니, 이로 인해 그 중생들로 하여금 성스러운 도(道)를 얻게 하는구나. 너희들은 자세히 들어라. 마땅히 너희들을 위하여 설하리라."
그러자 보각보살이 부처님의 가르침을 받들어 환희하며 모든 대중들과 함께 묵연히 부처님의 말씀에 귀를 기울였다.

爾時, 世尊告 普覺菩薩言:「善哉, 善哉! 善男子, 汝等乃能 諮問如來 如是修行, 能施末世 一切衆生 無畏道眼, 令彼衆生 得成聖道. 汝今諦聽. 當爲汝說.」時, 普覺菩薩 奉敎歡喜, 及諸大衆 默然而聽

이시, 세존고 보각보살언:「선재, 선재! 선남자, 여등내능 자문여래 여시수행, 능시말세 일체중생 무외도안, 영피중생 득성성도. 여금제청. 당위여설.」시, 보각보살 봉교환희, 급제대중 묵연이청.

마음여행

보각보살님이 부처님께 "우리 같은 사람들은 누구를 믿고 의지하여야 이 깜깜절벽 같은 무명을 벗어나서 두려움 없는 도안(道眼)을 얻게 되나요?" 하고 여쭈니 부처님께서 보각보살님을 칭찬하시며 흔쾌히 설해 주시겠다고 말씀하십니다. 원래는 부처님께서 열반하시기 직전에 하신 말씀인 "자등명 법등명(自燈明 法燈明), 자신을 등불로 삼고, 법을 등불로 삼으라."는 이 한마디로 딱 끝나는 것인데, 스승이 없으면 옳은 길을 갈 수 없는 길이 이 길이기에 선지식을 구별하는 안목을 열어주신다는 것입니다.

선지식과 악지식을 구분하는 안목

"선남자여, 말세의 중생이 큰 마음을 내고 선지식을 구하여 수행하고자 하면 마땅히 일체의 정지견(正知見)을 가진 사람을 구하여야 한다. 그는 상(相)에 머물지 않고 성문(聲聞)과 연각(緣覺)의 경계에 집착하지 않는다. 비록 중생의 모습을 드러내더라도 마음이 항상 청정하고, 모든 허물을 보이면서도 깨끗한 행을 찬탄하여, 중생들로 하여금 바른 모습이 아닌 곳에 들어가지 않게 한다. 이와 같은 사람을 구한다면 곧 아뇩다라삼먁삼보리를 성취할 것이다.

「善男子, 末世衆生 將發大心 求善知識 欲修行者, 當求一切 正知見人. 心不住相, 不著聲聞 緣覺境界. 雖現塵勞 心恒淸淨, 示有諸過 讚歎梵行, 不令衆生 入不律儀. 求如是人 卽得成就 阿耨多羅三藐三菩提.
「선남자, 말세중생 장발대심 구선지식, 욕수행자, 당구일체 정지견인. 심부주상, 불착성문 연각경계. 수현진로 심항청정, 시유제과 찬탄범행, 불령중생 입불율의. 구여시인 즉득성취 아뇩다라삼먁삼보리.

마음여행

아시겠습니까? 우리 절의 주지스님은 저도 좋아합니다. 그러나 '수행을 해야겠다'라고 발심한 경우에는 무조건 따라해서는 안 됩니다. 부처님께서 말씀하시는 것처럼 일단 수행자의 스승은 바른 견해인 정견을 가지신 분이어야 합니다. 용한 스님, 기도 열심히 해 주시는 스님은 좋은 스님이나 수행자의 스승이 될 만한 분인지는 꼼꼼이 따져봐야 합니다.

선지식은 마음이 어떤 상에 머물면 안 됩니다. 종단이나 동국대, 혹은 불교단체의 벼슬자리 등 명예와 이익과 환대가 따라붙는 자리는 다 사람들이 상(相)을 만들어 놓고 섬기는 자리입니다. 교단의 발전을 위해서 할 수밖에 없는 상황이라면 몇 년 동안 최선을 다해 봉사하고, 임무를 마치면 더러운 물건을 버리듯 냉큼 버리고 가시는 분들이 선지식이십니다.

단 이것도 본인이 수행을 하실 때 그렇다는 말씀입니다. 스님들이 종단 일도 안 하시고, 포교도 안 하시고, 정부와 관련된 일도 안 하시면 불교는 망합니다. 그래서 총무원장, 포교원장 등 사판(事判)의 보직 자리는 참으로 중요한 자리입니다. 여기서는 수행을 주로 하시는 스님들의 경우만을 말하는 것입니다. 전부 스님들이 벽 바라보고 수행만 하시면 일은 누가 하고, 수행하는 스님들 공양과 건강은 누가 챙겨드리겠습니까? 이판과 사판을 나누어서 이판이 사판 되고 사판이 이판 될 수 있지만 사판 보직을 맡은 스님들이 가정주부처럼 이판수행을 하시는 분들을 잘 보살펴드리는 것이 절집문화입니다. 그리고 화도 안 내고 평온하고, 자비하고 순하고, 그저 바라보기만 해도 마음이 편해지는 분이 꼭 수행자의 선지식은 아니라고 하셨습니다. 위의 경전 말씀에 나오듯이 화도 내고 성도 내지만 그 경계에 끄달리지 않는 분이 선지식입니다.

선지식을 받들어라!

말세의 중생이 이와 같은 사람을 만나면 공양을 올리되 최선을 다해야 할 것이다. 그 선지식은 행주좌와(行住坐臥)에서 항상 청정함을 드러내며 여러 허물을 보이더라도 마음에 교만이 없으니, 하물며 처자와 재산과 권속이 있다고 문제가 되겠는가? 만약 선남자가 저 선우(善友)에게 나쁜 생각을 일으키지 않는다면 곧 구경에 정각(正覺)을 성취할 수 있어 마음의 꽃이 빛을 발하며 시방극토를 비출 것이다.

末世衆生 見如是人 應當供養 不惜身命. 彼善知識 四威儀中 常現清淨, 乃至示現 種種過患 心無憍慢, 況復搏財 妻子眷屬? 若善男子 於彼善友 不起惡念, 即能究竟 成就正覺 心花發明 照十方刹.
말세중생 견여시인 응당공양 불석신명. 피선지식 사위의중 상현청정, 내지시현 종종과환 심무교만, 황부박재 처자권속? 약선남자 어피선우 불기악념, 즉능구경 성취정각 심화발명 조시방찰.

마음여행

선지식을 받들어야 합니다. 그리고 무엇인가를 내 놓아야 합니다. 그것은 몸이기도 하고 목숨이기도 합니다. 화엄경에서 선재동자는 목숨을 수도 없이 바칩니다. 또한 천박해서 개도 안 먹는 돈이나 재물은 물론이고 부인과 자식 그리고 일가친척도 다 내놓을 각오를 해야 한다고 하십니다.

이해가 되시나요? 이것이 절대세계인 날줄을 얻는 궁극의 공부입니다. 삼성의 이건희 회장이 1993년 소위 신 경영 선언을 하며, 삼성을 글로벌 기업으로 성장시킬 때 "마누라와 자식 빼고 다 바꾸라!"고 했습니다. 그것은 씨줄을 갈아치우는 궁극의 방법입니다.

그런데 날줄은 씨줄과 다릅니다. 눈을 달라면 눈을 주고, 신장을 달라면 신장을 주고, 하나밖에 없는 심장을 달라고 해도 심장을 주고, 남편을 달라고 하면 남편을 주고, 아내를 달라고 하면 아내를 주어야 한다고 합니다. 애지중지 키운 자식을 달래도 주어야 합니다. 그리고 자신의 목숨을 달라면 목숨 또한 줄 수 있어야 합니다.

이유는 하나입니다. 다 환(幻)이기에 그렇습니다. 갑자기 자신이 없어지십니까? 부처님 말씀이 다 옳은 것 같아서 따라하기는 해보겠지만, 벌써부터 '제발 부처님 저에게 시험에 들지 말게 하옵시고…' 하시면서 '만약 그런 경계가 생기면 어떻게 하지?'라는 걱정이 드시죠? 그것이 사실 머리 깎은 출가자와 머리 안 깎은 재가자의 차이입니다. 그래서 진짜 스님을 만나면 참으로 배울 것이 많고, 저절로 3배를 올리게 된답니다. 그런 분이 단 한 분이라도 계시는 한, 미륵보살은 오시지 않습니다. 지금은 그런 스님이 아직 많이 계시므로 자기가 미륵의 화신이라고 하는 분은 사기꾼은 아니더라도 증상만에 빠진 불쌍한 수행자라고 할 수 있습니다. 그런 분은 대개 말년에 몸이 아파서 수년간 고생하시다가 열반에 들어가십니다. 공짜 점심은 없다는 것은 출가자나 재가자에게 다 같은 법계의 진리이기에 그렇습니다.

선지식은 잘난 체, 아는 체, 깨달은 체 등 '체' 하는 사람들이 아니다

선남자여, 저 선지식이 증득한 오묘한 법은 응당 네 가지 병을 여의어야 한다. 무엇을 네 가지 병이라 하는가?

善男子, 彼善知識 所證妙法 應離四病. 云何四病?
선남자, 피선지식 소증묘법 응리사병. 운하사병?

1. 작병(作病) - 무엇을 해서 깨달음을 얻겠다는 병

첫째는 작병(作病)이다. 만약 어떤 사람이 자기의 마음에서 '나는 여러 가지 수행으로 원각(圓覺)을 구하고자 한다'라고 말하면, 그 원각의 성품은 수행하여 얻어지는 것이 아니기에 작병이라고 한다.

一者作病, 若復有人 作如是言: 我於本心 作種種行 欲求圓覺, 彼圓覺性 非作得故 說名爲病.
일자작병, 약부유인 작여시언: 아어본심 작종종행 욕구원각, 피원각성 비작득고 설명위병.

 마음여행

깨달음은 3,000배를 하네, 사경을 하네, 장좌불와를 하네 등 무엇인

가를 '만들어서' 얻어지는 경지가 아닙니다. 갖가지 행을 지어서 수행을 하면 깨달을 수 있다는 것이 작병입니다.

2. 임병(任病) - 내 마음 비우면 불보살과 하늘이 다 알아서 해 준다는 병

둘째는 임병(任病)이다. 만약 어떤 사람이 '우리들은 지금 생사를 끊지도 않고, 열반을 구하지도 않으며, 열반과 생사에 일어나거나 멸하는 생각 없이 일체의 흐름에 맡기어 모든 법성을 따라 원각을 구하고자 한다'라고 말하면, 그 원각의 성품은 일체의 흐름에 맡겨 있는 것이 아니기에 임병이라 한다.

二者任病, 若復有人 作如是言: 我等今者, 不斷生死, 不求涅槃, 涅槃生死 無起滅念, 任彼一切 隨諸法性 欲求圓覺, 彼圓覺性 非任有故 說名爲病.

이자임병, 약부유인 작여시언: 아등금자, 부단생사, 불구열반, 열반생사 무기멸념, 임피일체 수제법성 욕구원각, 피원각성 비임유고 설명위병.

마음여행

깨달음은 불보살님이 알아서 해 주시는 것도 아니고, 자성자리에 맡긴다고 되는 것도 아니고, 주인공에 맡긴다고 되는 것도 아니고, 인연사에 맡긴다고 되는 것도 아니라고 하십니다.

그런데 맡기면 된다고 생각하는 것이 임병입니다.

3. 지병(止病) - 생각만 놓으면 다 된다는 병

셋째는 지병(止病)이다. 만약 어떤 사람이 '나는 지금 내 마음에서 모든 생각을 영원히 쉬어 일체의 성품이 적연(寂然) 평등한 것을 얻어 원각을 구하고자 한다'라고 한다면, 그 원각의 성품은 생각을 쉬어서 계합하는 것이 아니기에 지병이라고 한다.

三者止病, 若復有人 作如是言: 我今自心 永息諸念, 得一切性 寂然平等, 欲求圓覺, 彼圓覺性 非止合故 說名爲病.
삼자지병, 약부유인 작여시언: 아금자심 영식제념, 득일체성 적연평등 욕구원각, 피원각성 비지합고 설명위병.

 마음여행

스님들에게 '방하착 하라'는 말씀을 들어보신 일이 있으실 것입니다. 고민을 말씀드리면, "방하착 하십시오. 한 생각 내려놓으면 다 해결될 것입니다."라고 답해 주시는 스님들이 많습니다. 그렇듯 "한 생각 내려놓으면 갑자기 은산철벽이 다 무너져 내리고 혜가 밝아져서 저절로 원각 묘심의 평등자리가 나타난다."라고 말씀하시면 그것이 지병이라는 것입니다.

앞에서는 3조 승찬 스님의 『신심명』에서 '단막증애 통연명백이라고 하더니, 그럼 사랑과 미움을 내려놓으면 저절로 명백해 진다는 것이 사실이 아니란 말인가?'라는 의문이 들 것입니다.

네, 그렇습니다. 지금 여기서는 분명히 지병이라고 했습니다. 우리 대승불교의 수행방법은 지관쌍수이고 정혜쌍수입니다. 지(止)와 관(觀)을 동시에 닦으셔야 하고, 정학과 혜학을 동시에 닦으셔야 합니다. 단막증애는 정학이고 통연명백은 그냥 앉은자리에서 되는 것이 아니라 혜학을 닦아야 되는 것입니다. 지만 한다고 되는 것이 아니라 관도 하셔야 된다는 의미이기도 합니다.

예를 들면, 유리 맥주잔에 흙과 물을 가득 채웠다고 가정해 보세요. 그 흙탕물이 든 유리 맥주잔을 들고 회사로 집으로 왔다 갔다 하다 보면, 유리잔 안이 부연 흙탕물 때문에 아무것도 보이지 않습니다. 하지만, 책상 위나 침대 위에 가만히 놔두면 어느 순간 흙이 다 가라앉아서 다시 맑은 물이 되어 질 보입니다. '드디어 나는 되있다!'라고 생각하는 것이 '지병'입니다. 왜냐하면 그 컵을 들고 왔다 갔다 하면 다시 아무것도 안 보이는 흙탕물이 되기 때문입니다.

4. 멸병(滅病) - 번뇌만 박멸하면 다 된다는 병

넷째는 멸병(滅病)이다. 만약 어떤 사람이 '나는 지금 일체 번뇌를 영원히 끊어 신심(身心)도 결국에 공(空)하여 있는 바가 없는데, 하물며 근진(根塵)의 허망한 경계가 있겠는가? 일체가 영원히 공적(空寂)한 것으로 원각을 구하고자 한다'라고 한다면, 그 원각의 성품은 공적(空寂)한 상(相)이 아니기에 멸병이라고 한다.

四者滅病. 若復有人 作如是言:我今永斷 一切煩惱, 身心畢竟 空無所有, 何況根塵 虛妄境界? 一切永寂 欲求圓覺, 彼圓覺性 非寂相故 說名爲病.
사자멸병. 약부유인 작여시언: 아금영단 일체번뇌 신심필경 공무소유, 하황근진 허망경계? 일체영적, 욕구원각, 피원각성 비적상고 설명위병.

마음여행

이 병은 말은 그럴 듯하나 병인 이유가 있습니다. 우리는 번뇌를 없애려고 합니다. 그러나 그 번뇌는 소위 객진번뇌입니다. 손님처럼 왔다가 가는 것입니다. 번뇌는 내가 만든 것도 아니고, 부른 것도 아닙니다. 나와 상관없이 그냥 온 것입니다. 그야말로 자유롭게 왔다가 자유롭게 갑니다. 객진번뇌(客塵煩惱)라는 말에서 객은 손님이라는 말입니다. 손님이 꼭 초대해야만 오나요? 그렇지 않습니다. '초대받지 않은 손님'이라는 영화제목도 있듯이 "작년에 왔던 각설이가 잊지도 않고 또 왔네." 하는 식으로 오는 것입니다. 거지가 와도 사람에 따라 대하는 것이 다릅니다. 기분 나쁘다고 쫓고, 버릇 나빠진다고 쫓는 경우도 있고, '아이고 저 놈도 우리와 인연이 있으니까 왔지' 하며, 밥 주고 돈 주고 재워주고 하는 사람도 있는 등 사람마다 거지를 대하는 방법이 다릅니다.

번뇌도 그러합니다. 번뇌를 박멸한다는 것 자체가 번뇌의 실체를 인정한다는 소리입니다. 그리고 번뇌를 박멸하면 원각이 나타난다는 소리도 원각의 실체를 인정한다는 소리입니다. 부처님께서는 그 어느 것도 실체를 인정하지 않으셨습니다. "번뇌도 원각이 있으니까 번뇌가 나오는 것이고, 원각도 번뇌가 있으니까 원각의 존재가 드러나는 것이다."라는 것이 부처님의 무아(無我)와 연기(緣起)에 입각한 답입니다.

바른 관찰과 그른 관찰

이 네 가지 병을 떠난다면 청정을 아는 것이니, 이와 같은 관(觀)을 정관(正觀)이라 한다. 만약 이를 떠나 다른 관(觀)을 행한다면 삿된 관(觀)이다.

離四病者 則知淸淨, 作是觀者 名爲正觀. 若他觀者 名爲邪觀.
이사병자 즉지청정, 작시관자 명위정관. 약타관자 명위사관.

마음여행

작·지·임·멸을 알고 하는 수행은 정법 수행이요, 작·지·임·멸을 모르고 하는 수행은 사법 수행이라고 하십니다.

선지식을 섬기는 법

선남자여, 말세의 중생이 수행하고자 하면 목숨이 다하도록 선지식을 공양하고 섬기어야 한다. 선지식이 가까이 하려 하면 교만한 마음을 버려야 하며, 멀리하더라도 성을 내지 말아야 한다. 역(逆)과 순(順)의 경계를 나타내더라도 보는 마음을 허공같이 하여, 신심(身心)이 필경에 평등하여 모든 중생과 동체(同體)로서 다를 것이 없음을 알아야 하니, 이와 같은 수행으로 원각(圓覺)에 들어가는 것이다.

善男子, 末世衆生 欲修行者 應當盡命 供養善友 事善知識. 彼善知識 欲來親近 應斷憍慢, 若復遠離 應斷瞋恨. 現逆順境, 猶如虛空, 了知身心, 畢竟平等 與諸衆生 同體無異, 如是修行 方入圓覺.
선남자, 말세중생 욕수행자 응당진명 공양선우 사선지식. 피선지식 욕래친근 응단교만, 약부원리 응단진한. 현역순경 유여허공, 요지신심 필경평등 여제중생 동체무이, 여시수행 방입원각.

마음여행

불용구진(不用求眞) 원각(眞)을 구한다고 애쓰지 말고
유수식견(唯須息見) 단지 망령된 그 견해만 내려놓고 쉬어라.
이견부주(二見不住) 역이다 순이다 하는 2가지 견해에 머물지 말고
신막추심(愼莫追尋) 원각을 쫓아가지도 말라.

이유일유(二由一有) 둘이 있다는 것(원각과 번뇌)은 하나가 있기 때문이니
일역막수(一亦莫守) 그 하나(원각)마저도 지키지 마라.

중생들이 깨닫지 못하는 주된 이유

선남자여, 말세의 중생이 도(道)를 성취하지 못하는 것은 무시이래 자기와 남으로 나누어 증오하고 사랑하는 일체종자가 있어 왔기 때문에 해탈하지 못하는 것이다. 만약에 어떤 사람이 원한 있는 이를 볼 때 자기의 부모와 같이 여겨서 마음에 원수다 부모다 하는 것이 둘이 없으면 곧 모든 병을 제거하리니, 모든 법 가운데서 자기와 남으로 나누어 증오하고 사랑하는 것도 또한 이와 같은 것이다.

善男子, 末世衆生 不得成道, 由有無始 自他憎愛 一切種子, 故未解脫. 若復有人 觀彼怨家 如己父母 心無有二 卽除諸病, 於諸法中 自他憎愛 亦復如是.
선남자, 말세중생 부득성도, 유유무시 자타증애 일체종자, 고미해탈. 약부유인 관피원가 여기부모 심무유이 즉제제병, 어제법중 자타증애 역부여시.

 **마음여행**

　우리의 몸에는 모든 정보가 다 기록되어 있습니다. 우리가 박테리아부터 짐승, 개, 하늘 사람, 미국 사람, 고구려 사람, 말갈족, 여진족 그리고 어쩌면 왜구로 살아갔던 적도 있을지 모릅니다. 부처님의 전생담을 보면, 부처님은 전생에 의사, 건달, 깡패, 보살, 하늘 사람, 토끼, 늑대 등등 백천만 억 겁 동안에 모든 생을 다 살아보셨습니다.

　우리도 그러합니다. 우리는 신·구·의 삼업으로 지은 모든 업의 정보를 다 가지고 있습니다. 그 중에 몸으로 지은 업과 입으로 지은 업은 그나마 행동과 말투로 스스로를 돌아다보면 알 수 있습니다. 그런데 이 마음으로 지어놓은 업은 한눈에 드러나는 것이 아닙니다. 살생을 수백 번 했고, 사음·간음을 수도 없이 했고, 폭력·절도·사기·약 올림 등등의 업을 한 컨테이너도 부족할 정도로 지어 놓았을 텐데, 그 지어놓은 것이 마음이기에 실현되지 않은 것입니다. 마음으로 지어놓은 업이 중음신처럼 우주법계를 떠돌다가 참선을 하거나 좌선 좀 해 보려고 앉아 있으면 다시 찾아옵니다. 동해안의 연어가 태평양에 가서 평생 동안 놀다가 돌아오듯이 그 마음을 일으켰던 주체에게 다시 돌아옵니다.

　그래서 미워하는 마음, 사랑하는 마음을 다 내려놓아야 수행이 된다고 하십니다. 원수를 보았을 때 마음속 총으로 수백 번 쏘아 죽이고, 찢어 죽이고, 불태워 죽이고 싶은 마음을 낸다면 수행자 본인에게 해를 끼치는 것입니다. 그 마음이 다시 번뇌로 작용하여 마음을 낸 생산자에게로 귀신같이 돌아오는 법계의 이치 때문에 그렇습니다. 그래서 수행자는 파천자(破天者)라고도 합니다. 하늘의 이치를 부수어 버린 자라고 하는 것입니다.

원수를 미워하지 않고 부모처럼 대한다는 것이 무척 어려워 보이겠지만 한 생각 돌리면 그리 어려운 일은 아닙니다. 다 환이고 공이기 때문입니다. 실재하지 않는 것인데 허깨비에 속아서 놀아날 필요가 없습니다. 앞에서 자기 부모, 아니 사랑하는 자식이 죽어도 눈 하나 꿈쩍하지 않고, 자기 도반이 건달한테 맞아서 죽는 것을 보면서도 '여보게 지금 상황에 속으면 안 되네… 여보게 속으면 안 되네' 하면서 목탁을 칠 수 있어야 합니다. 눈앞에 보이는 것이 다 망상 경계이기에 그렇습니다. 그래서 만공 스님도 열반하시기 전에 거울을 바라보시면서 "여보게 만공! 참 사느라고 욕 봤네."라고 하며 마치 남한테 인사하듯 인사하면서 입적하셨다는 것입니다. 이 도리를 아시겠습니까?

맹세코 원하라! 그리고 발심하라!

선남자여, 말세의 중생이 원각(圓覺)을 구하려면 응당 발심하여 이와 같은 말을 해야 한다. '허공계가 다하도록 내가 일체중생으로 하여금 구경의 원각에 들어가게 하되, 그 원각 중에서 각(覺)이라 취할 것이 없게 하여 아상(我相)과 인상(人相) 및 일체 모든 상(相)을 제거하리라'고 이와 같이 발심해야 삿된 견해에 떨어지지 않는 것이다."

善男子, 末世衆生 欲求圓覺 應當發心 作如是言: 盡於虛空 一切衆生 我皆令入, 究竟圓覺 於圓覺中 無取覺者 除彼我人 一切諸相. 如是發心 不墮邪見.」
선남자, 말세중생 욕구원각 응당발심 작여시언: 진어허공 일체중생 아개령입, 구경원각 어원각중 무취각자 제피아인 일체제상. 여시발심 불타사견.」

 마음여행

능수경멸(能隨境滅)　주관은 객관을 따라 소멸하고
경축능침(境逐能沈)　객관은 주관을 따라 잠겨서 사라지니
경유능경(境由能境)　객관은 주관으로 말미암아 객관이요,
능유경능(能由境能)　주관은 객관으로 말미암아 주관이라.

이렇게 『신심명』의 내용처럼 나와 남의 경계를 다 멸하시면 원각에 드시게 됩니다. 유식30송의 첫머리는 다음과 같이 시작합니다.

'나'라고 생각되는 모든 것
'남'이라고 생각되는 모든 것
그것은 다 식이 전변되어 나타난 것이다.
그러니 부처님이 말씀하시는 나와 남의 모든 상을 제하라.

이것이 절대세계를 느끼시는 첫 걸음입니다. 이것이 날줄의 존재를 인정하고 그 날줄에 기대어 씨줄을 짜내려 갈 근간이 되는 것입니다.

그때에 세존께서 거듭 이 뜻을 펴시고자 하여 게송으로 다음과 같이 말씀하셨다.

爾時, 世尊 欲重宣此義, 而說偈言:
이시, 세존 욕중선차의, 이설게언:

普覺汝當知	보각여당지	보각보살이여 알아야 한다.
末世諸衆生	말세제중생	수행하는 말세의 모든 중생이
欲求善知識	욕구선지식	스승 삼을 선지식을 구하려 하면
應當求正覺	응당구정각	지견이 바른 사람 구해야 하고
心遠二乘者	심원이승자	이승(二乘)을 멀리멀리 떠나야 하네.
法中除四病	법중제사병	법 가운데 네 가지 병 제거할지니
謂作止任滅	위작지임멸	상대 개념 작지임멸(作止任滅) 이것이로다.
親近無憍慢	친근무교만	선지식이 가까워도 겸손해 하고
遠離無瞋恨	원리무진한	멀리멀리 있더라도 불만이 없이
見種種境界	견종종경계	여러 가지 경계를 지켜보면서
心當生希有	심당생희유	희유한 일이라고 생각을 하면
還如佛出世	환여불출세	그 자리는 부처님이 출현하신 곳

不犯非律儀	불범비율의	바른 행이 아니면 행하질 않아
戒根永淸淨	계근영청정	계의 근본 영원히 청정하여라
度一切衆生	도일체중생	이 마음으로 일체중생 제도를 하니
究竟入圓覺	구경입원각	구경에 원각으로 들어가도다.
無彼我人相	무피아인상	그들에게 아상(我相) 인상(人相) 존재치 않아
常依止智慧	상의지지혜	영원히 이 지혜에 의지한다면
便得超邪見	변득초사견	순식간에 삿된 견해 초월하여서
證覺般涅槃	증각반열반	깨달음의 열반을 증득하리라.

제11 원각보살장

어떻게 안거하오이까? 동안거·하안거

이때에 원각보살이 대중 가운데서 일어나 부처님의 발에 이마를 조아려 예배하고 존경의 표시로 우측으로 세 번 돌며 두 무릎을 땅에 대고 두 손을 모으면서 부처님께 사뢰었다.

"크게 자비로우신 세존이시여, 우리들을 위하여 널리 청정한 원각의 여러 방편을 설하시어 말세의 중생으로 하여금 큰 이익이 있게 하셨습니다. 세존이시여, 지금 우리들은 이미 마음을 깨쳤으나, 부처님이 열반하신 후 깨달음을 얻지 못한 말세의 중생은 어떻게 안거해야 이 원각의 청정한 경계를 닦겠습니까? 이 원각의 세 가지 청정한 관(觀)에서 무엇을 그 으뜸으로 삼아야 합니까? 오직 바라옵건대 큰 자비심으로 모든 대중과 말세의 중생을 위하여 큰 이익을 베풀어 주옵소서."

이 말을 마치고서 오체투지하며, 이와 같이 거듭 세 번 청함으로 부처님의 가르침을 간청하였다.

그때에 세존께서 원각보살에게 말씀하셨다.

"착하고 착하도다. 선남자여, 너희들이 능히 여래에게 이와 같은 방편을 물어 큰 이익을 모든 중생에게 베푸는구나. 너희들은 자세히 들어라. 마땅히 너희들을 위하여 설하리라."

그러자 원각보살이 부처님의 가르침을 받들어 환희하며 모든 대중들과 함께 묵연히 부처님의 말씀에 귀를 기울였다.

於是 圓覺菩薩 在大衆中, 卽從座起, 頂禮佛足, 右遶三匝, 長跪叉手, 而白佛言:「大悲世尊, 爲我等輩 廣說淨覺 種種方便 令末世衆生 有大增益. 世尊, 我等今者 已得開悟, 若佛滅後 末世衆生 未得悟者 云何安居? 修此圓覺 淸淨境界? 此圓覺中 三種淨觀 以何爲首? 唯願大悲 爲諸大衆 及末世衆生 施大饒益.」作是語已 五體投地, 如是三請, 終而復始. 爾時, 世尊告 圓覺菩薩言:「善哉, 善哉! 善男子, 汝等乃能 問於如來 如是方便, 以大饒益, 施諸衆生. 汝今諦聽. 當爲汝說.」時, 圓覺菩薩 奉教歡喜, 及諸大衆 默然而聽.

어시 원각보살 재대중중 즉종좌기 정례불족, 우요삼잡, 장궤차수, 이백불언:「대비세존, 위아등배 광설정각 종종방편 영말세중생 유대증익. 세존, 아등금자 이득개오, 약불멸후 말세중생 미득오자 운하안거? 수차원각 청정경계? 차원각중 삼종정관 이하위수? 유원대비 위제대중 급말세중생 시대요익.」작시어이 오체투지, 여시삼청 종이

부시. 이시, 세존고 원각보살언:「선재, 선재! 선남자, 여등내능 문어여래 여시방편 이대요익 시제중생. 여금제청. 당위여설.」시, 원각보살 봉교환희, 급제대중 묵연이청.

 마음여행

스님들은 동안거라고 해서 겨울에 90일 동안 선방에서 수행하시고, 하안거라 해서 여름 90일 동안 수행하십니다. 원각의 청정한 경계를 닦기 위해서입니다. 출가 후 처음으로 선방에 들어가시는 스님에게 원각경을 사드린 적이 있습니다. 강원에서 원각경을 배우기는 했는데, 내용은 다 잊었다고 하시기에, 스님께 정리해서 말씀드렸습니다. 그야말로 골프 선수에게 골프는 못 쳐도 골프 책을 많이 읽은 사람이 원 포인트 팁을 드리듯이 그렇게 드렸습니다.

스님들이 선방에 한 번 들어가시면 약 3년은 수행하신다고 합니다. 스님들이 불사를 하시든, 무슨 일을 하시든 기본이 1,000일입니다. 그에 비해 우리들은 당장 내일 무슨 변화가 있기를 바랍니다. 그런 마음을 이제 놓으십시오. 그런 마음을 아직도 가지고 있다면, "나는 아직 세상의 이치를 모르는 바보입니다."라고 다른 사람에게 이야기하는 것과 같습니다.

대승의 마음으로 수행하라 - 自知면 晩知고 普知면 무知라

선남자여, 부처님이 세상에 계실 때나 아니면 열반하신 뒤, 또는 말법의 시대에 대승(大乘)의 성품을 갖춘 모든 중생이 부처님의 비밀한 대원각(大圓覺)을 믿는 수행자가 되고자 그들의 수행처에서 대중과 함께 공부한다면, 인연 있는 방편이 있기에 그것을 따라 살펴 공부하는 것은 내가 이미 설한 것과 같다.

「善男子, 一切衆生 若佛住世 若佛滅後, 若法末時 有諸衆生 具大乘性 信佛秘密 大圓覺心 欲修行者 若在伽藍 安處徒衆, 有緣事故 隨分思察 如我已說.
「선남자, 일체중생 약불주세 약불멸후, 약법말시 유제중생 구대승성 신불비밀 대원각심 욕수행자 약재가람 안처도중, 유연사고 수분사찰 여아이설.

마음여행

중요한 구절은 신불비밀 대원각심(信佛秘密 大圓覺心)입니다. "불성이 있다며?"라고 하는 것과, "불성이 있다."고 철저히 믿는 것은 전혀 차원이 다른 것입니다.

부처님의 비밀스런 원각 묘심이 우리에게도 분명히 있습니다. 부처님은 스승 없이 이 고생 저 고생 갖은 고생을 하시면서 수행을 하셨지만, 당신이 스승 없이 하셨던 것을 안타까워하시면서 교범을 만들어서 수행체계를 가르쳐 주셨습니다. 그 내용이 경전에 빼곡이 들어있는 것입니다. 그런데 경전 공부는 안 하고 무조건 앉아서 화두 드는 스님들도 계시고, 그런 재가자들도 있습니다.

제가 누차 말씀드리지만, 세속 일의 95%는 공식과 방법과 역사 기록이 있습니다. 그래서 2차방정식, 3차방정식 그리고 4차방정식까지는 공식은 모르면서 그저 열심히 푸는 사람이 바보입니다. 왜냐하면 쉽게 답을 얻을 수 있는 '근의 공식'이 존재하기 때문입니다. 공식에 넣기만 하면 될 일을 왜 애써서 구합니까?

수행도 그러합니다. 역대조사와 부처님께서 밝히신 수행의 절차가 있는데 무조건 앉아서 화두 든다고 그게 들리겠습니까? 선생님께 물어보고 친구에게 물어보고 선배에게 물어보면 금세 답을 얻을 수 있습니다. 그런데 자신도 부처님처럼 선생 없이 무사지(無師知)를 얻겠노라고 무작정 덤벼듭니다. 그러면 100% 다 마구니 소굴로 단체 입학, 그리고 줄줄이 입학일 뿐입니다. 그래서 여기서도 부처님께서 대중들과 같이 하라고 하셨습니다. 토굴에서 생식하며 철조망 두르고 장좌불와하라는 말씀은 경전 그 어느 곳에도 없습니다.

기간을 정해서 안거에 들어가라

만약 여기에 다른 인연이 없다면 곧 도량(道場)을 건립하고 기한을 정해야 할 것이니, 장기는 120일이고 중기는 100일이며 단기는 80일로 하여 맑은 곳에서 지내야 한다.

若復無有 他事因緣 卽建道場 當立期限, 若立長期 百二十日, 中期百日, 下期八十日 安置淨居.
약부무유 타사인연 즉건도량 당립기한, 약립장기 백이십일, 중기백일, 하기팔십일 안치정거.

 마음여행

이 대목에서 부처님께서 도량을 건립하라고 하시니까, '아, 절 불사를 해야 하나 보다…'라고 생각하실 텐데 꼭 그렇게만 생각하지는 마십시오. 심즉도량(心卽道場)이라, 여러분들의 마음이 바로 도량입니다. 그 마음을 청정히 하여 발심 수행하는 것이 가장 중요한 것입니다. 천수경에서도 그러한 이치를 잘 설해 놓았습니다. 천수경에 "일쇄동방결도량(一灑東方潔道場) 이쇄남방득청량(二灑南方得淸凉) 삼쇄서방구정토(三灑西方俱淨土) 사쇄북방영안강(四灑北方永安康)."이라는 사방을 찬탄하는 게송이 나옵니다. 이는 일단 마음의 도량을 청량하게 해서 정토를 만든 다음 편안하고 강건하게 거주하라는 소리입니다. 그런데 본격적인 수행에 들어가기 전에 이러한 몸을 만드는 기도작업이 길게는 120일이고, 보통은 100일이고, 짧으면 80일이라고 하십니다.

100일은 우리가 흔히 하는 기도이니 그러할진대 120일은 어디서 나온 수일까? 21일기도가 3혼 7백의 3·7일 기도라면, 120일 기도는 사대·육진·오온(4×6×5=120)이라는 생각이 듭니다.

그런데 제일 짧은 80일은 어떻게 환산한 것인지 도대체 감이 잡히지 않습니다. 아시는 분의 지혜를 공개적으로 구합니다.

불상을 모셔라

부처님이 생존하여 계신다면 그분의 가르침을 바르게 사유(思惟)하여야 한다. 그때가 부처님이 열반하신 뒤라면 부처님의 형상을 시설하고 부처님 살아 계신 모습을 보는 듯 바른 기억을 되살리되, 여래가 살아 계실 때와 똑같이 수행하여야 한다. 모든 깃발과 꽃들을 내걸고 21일이 지날 때까지, 시방세계 모든 부처님의 명호에 머리 조아려 예배하고 간절한 참회를 구한다면, 좋은 경계를 만나 마음이 상쾌하고 편안할 것이다. 21일이 지났더라도 이 생각을 한결같이 거둬 지녀야 한다.

若佛現在 當正思惟. 若佛滅後 施設形像 心存目想 生正憶念, 還同如來 常住之日. 懸諸幡花 經三七日, 稽首十方 諸佛名字 求哀懺悔, 遇善境界 得心輕安. 過三七日 一向攝念.

약불현재 당정사유. 약불멸후 시설형상 심존목상 생정억념, 환동여래 상주지일. 현제번화 경삼칠일, 계수시방 제불명자 구애참회, 우선경계 득심경안. 과삼칠일 일향섭념.

 마음여행

"도량청정무하예(道場淸淨無瑕穢) 삼보천룡강차지(三寶天龍降此地) 아금지송묘진언(我今持誦妙眞言) 원사자비밀가호(願賜慈悲密加護)."라는 천수경의 도량찬(道場讚)에서도 엿볼 수 있듯이 천수경에서도 부처님을 이와 같이 모십니다. 도량을 청결하게 하고 부처님의 강림을 기원하는 묘한 진언(신묘장구대다라니)을 하였으니 "원하옵건대 오셔서 자비를 내려주시어 가호하여 주십시오."라고 하는 것입니다.

그런데 원각경에서는 그런 다음에 참회를 하면 좋은 경계(천수경의 참제업장 12존불)를 만나 편안해지고, 그런 상태로 21일을 하라고 하십니다. 우리의 천수경 역시 그 순서대로 되어 있습니다. 참제업장십이존불(懺除業障十二尊佛)과 십악참회(十惡懺悔)의 내용이 바로 그것입니다.

또한 그 다음에 나오는 내용이 백겁 동안 쌓였던 죄가 한순간에 다 사라지기(百劫積集罪 一念頓蕩除 如火焚枯草 滅盡無有餘 罪無自性從心起 心若滅是罪亦忘 罪忘心滅兩俱空 是卽名爲眞懺悔)를 기원하면서 진실한 참회를 올리고 진언을 합니다.

평소 천수경을 열심히 공부하신 분들은 이 대목에서 무릎을 탁 치실 것입니다. 천수경의 가르침이 원각경의 수행 점차와 똑 떨어지는 것이 느껴지시지요? 천수경은 우리가 지금 공부하고 있는 원각경처럼 철저하게 계·정·혜 삼학으로 이루어져 있습니다.

한편 관세음보살님의 육자대명왕진언인 '옴 마니 반메 훔'을 부르는 것도 다 원각경의 가르침 속에 있는 것이고, 운명을 바꾸어 사주팔자를 고치고 인드라망의 업의 그물을 다시 짜시고 『요범사훈』을 남기신 원요범 선생의 준제진언도 다 여기에 나옵니다. 수행은 계속됩니다.

하안거 - 원이 있어야 한다

만약 하안거(夏安居) 결제 때가 되어 삼 개월의 안거(安居)를 시작하더라도, 마땅히 청정한 보살의 경계를 가지고 성문(聲聞)의 경계를 떠나서 부질없는 대중에게는 휩쓸리지 말아야 한다.

안거일(安居日)이 되면 곧 부처님 앞에 '저 비구[비구니·우바새·우바이] 누구는 보살의 경계로 적멸한 행을 닦아 청정한 실상(實相)의 경계에 보살과 똑같이 들어가 머무르며, 대원각(大圓覺)을 수행처로 삼고, 신심(身心)이 평등성지(平等性智)에 안거하여 열반의 자성(自性)이 번뇌에 얽매인 것이 없기에, 경건하게 청하옵니다. 제가 지금 성문(聲聞)에 의지하지 않고, 마땅히 시방의 여래와 대보살(大菩薩)과 함께 삼 개월 안거하며, 보살의 무상묘각(無上妙覺) 대인연(大因緣)을 닦기 위하여 부질없는 대중에게는 휩쓸리지 않겠습니다.' 라고 말을 해야 한다.

若經夏首 三月安居, 當爲淸淨 菩薩止住 心離聲聞 不假徒衆. 至安居日 卽於佛前 作如是言: 我比丘[比丘尼·優婆塞·優婆夷] 某甲 踞菩薩乘 修寂滅行 同入淸淨 實相住持, 以大圓覺 爲我伽藍, 身心安居 平等性智 涅槃自性 無繫屬故, 今我敬請. 不依聲聞, 當與十方如來 及大菩

薩 三月安居, 爲修菩薩 無上妙覺 大因緣故 不繫徒衆.
약경하수 삼월안거, 당위청정 보살지주 심리성문, 불가도중. 지안거 일 즉어불전 작여시언: 아비구(비구니·우바새·우바이) 모갑, 거보살승 수적멸행 동입청정 실상주지, 이대원각 위아가람, 신심안거 평등성지 열반자성 무계속고, 금아경청. 불의성문, 당여시방여래 급대보살 삼월안거, 위수보살 무상묘각 대인연고 불계도중.

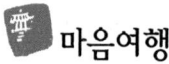 마음여행

광대한 원을 세워 부처님의 밝은 원명과 원각의 지혜를 속히 성취하여 공덕을 이루고 법계를 장엄히 하여 온 중생을 제도한다는 발원과 서원이 나옵니다.

이 위대한 천수경을 주문처럼 천수 친다고 하시는 보살님들, 분명 공덕은 있으셨을 것이나 모르고 하셨기에 지혜는 열리지 않았을 것입니다. 그것이 우리 한국불교의 불행입니다.

맨땅 중생도 3기일 수행이면 걸림 없는 경지에 이를 수 있다

선남자여, 이것을 보살의 안거(安居)를 나타내 보인 것이라 하니, 인연에 따라 결정된 기일이 지난다면 가는 곳마다 장애가 없을 것이다. 선남자여, 만일 말세의 수행하는 중생으로서 보살도(菩薩道)를 구하고자 하나,

장기나 중기 또는 단기의 수행에 들어갈 사람이 저 말을 들은 바가 아니면 일체의 좋은 경계는 끝내 취할 수 없는 것이다.

善男子, 此名菩薩 示現安居過, 三期日 隨往無碍. 善男子, 若彼末世 修行衆生 求菩薩道, 入三期者 非彼所聞 一切境界 終不可取.
선남자, 차명보살 시현안거과, 삼기일 수왕무애. 선남자, 약피말세 수행중생 구보살도, 입삼기자 비피소문 일체경계 종불가취.

마음여행

우리가 수행하는 이유는 오로지 상구보리 하화중생, 위로는 깨달음을 구하고 아래로는 중생을 교화하기 위함일 따름입니다. 부처님도 그것을 위하여 3기의 수행을 하라고 독려하십니다. 여기서 3기의 수행은 21일 수행을 3번 하라는 것인지, 사마타·삼마발제·선나 수행 3가지를 다 하시라는 것인지 명확하지 않습니다. 제 생각으로는 21일씩 3번이라고 생각합니다. 그렇지 아니하다면 마음도량을 청정하게 하는 수행을 먼저 해야 하기에 120일, 100일 혹은 최소 80일을 한 다음에 21일씩이라고 생각합니다. 간략하면 이와 같습니다.

1) 120일 도량청정 그 다음 21일 본격 수행
2) 100일 도량청정 그 다음에 21일 수행
3) 80일 도량청정 그 다음에 21일 수행 중의 하나를 택일해서 최소 3번을 하

시든지, 아니면 전부 한 번씩 도합 3번을 하는 것이 맞을 거라는 생각이 듭니다.

천수경 맨 마지막에 나오는 사홍서원(四弘誓願)에 보면 "자성중생서원도(自性衆生誓願度) 자성번뇌서원단(自性煩惱誓願斷) 자성법문서원학(自性法門誓願學) 자성불도서원성(自性佛道誓願成)"이 나옵니다. 우리의 자성이 바로 원각묘심입니다. 그 자리는 따로 있는 자리는 아니지만, 구할 수 없고 찾을 수 없는 자리도 아닙니다. 그 자성만이 온 중생을 제도하고, 온 번뇌를 소멸하고, 모든 법문을 다 공부하고, 모든 불도를 다 성취할 수 있는 것입니다. 이 업으로 받은 몸으로는 절대 불가능한 일인데도 말입니다.

사마타 수행

선남자여, 만약 모든 중생이 사마타(奢摩他)를 닦되 먼저 지극한 고요를 취하여 사념(思念)을 일으키지 않는다면 고요가 지극함에 문득 깨우치게 된다. 이와 같이 처음의 고요가 한 몸에서 좇아 나와 한 세계에 이르니, 깨달음 또한 이와 같은 것이다.
선남자여, 만약 각(覺)이 한 세계에 두루 원만한 것이라면 한 세계 안에 있는 한 중생의 한 생각 일으키는 것을 모두 다 알 수 있나니, 백천(百千) 세계 또한 이와 같은 것이다. 저 법문을 들은 바가 아니라면 일체경계는 끝내 취할 수 없는 것이다.

善男子, 若諸衆生 修奢摩他 先取至靜 不起思念 靜極便覺. 如是初靜 從於一身 至一世界 覺亦如是. 善男子, 若覺遍滿 一世界者, 一世界中 有一衆生 起一念者 皆悉能知, 百千世界. 亦復如是. 非彼所聞 一切境界 終不可取.

선남자, 약제중생 수사마타 선취지정 불기사념 정극변각. 여시초정 종어일신 지일세계 각역여시. 선남자, 약각변만 일세계자 일세계중 유일중생 기일념자 개실능지, 백천세계. 역부여시. 비피소문 일체경계 종불가취.

마음여행

여기서부터 다시 조금 긴장하시면 좋겠습니다. 원각경은 수행 지침서입니다. 그리고 원각경의 가르침은 크게는 이환치환(모든 것이 허깨비이고 수행한다는 내 마음과 몸도 허깨비이지만, 허깨비로 허깨비를 치료할 수밖에 없는 것이 현실이라는 것입니다.)입니다. 그래서 이 사마타 수행도 지극히 고요한 적정을 취하고 모든 번뇌를 내려놓지만, 그 내려놓는 놈마저 실재라고 생각하시면 안 됩니다.

또한 작게 보면 '지환즉리 이환즉각', 이 또한 원각경의 가르침입니다. 모든 것이 허깨비인 줄 알면 탐착하지 말고 떠나면 되고, 그 떠남이 이루어지면 성공적인 원각에의 도달이라는 것입니다.

삼마발제 수행

선남자여, 만약 모든 중생이 삼마발제(三摩鉢提)를 닦되, 먼저 시방여래(十方如來)와 시방세계 일체보살이 여러 방편인 점차수행을 의지하여 부지런히 애써 닦은 삼매에서 널리 큰 원력을 발한다면 스스로 일체종지(一切種智)를 훈습하여 완성하니, 이 말을 들은 바가 아니라면, 일체의 좋은 경계는 끝내 취할 수 없는 것이다.

善男子, 若諸衆生 修三摩鉢提, 先當憶想 十方如來 十方世界 一切菩薩, 依種種門, 漸次修行 勤苦三昧 廣發大願 自熏成種, 非彼所聞, 一切境界 終不可取.

선남자, 약제중생 수삼마발제, 선당억상 시방여래 시방세계 일체보살 의종종문 점차수행 근고삼매 광발대원 자훈성종, 비피소문, 일체경계 종불가취.

 **마음여행**

삼마발제 수행은 그 본질이 여환 수행이므로 원각경의 가르침과 가장 가깝다고 할 수 있습니다. 그리고 중생구제, 상구보리 하화중생, 대자대비의 모든 대승경전의 핵심사항들이 삼마발제에 다 포함됩니다. 그것은 모든 것이 환이고, 그래서 모든 것이 다 허깨비이지만 중생들을 제도하려면 다시 신·구·의 삼업이라는 '업의 통로'를 따라서 해야 하기에 온

갖 작용과 변화를 다 포괄하는 개념이기에 그렇습니다.

그래서 내가 누구를 도와주었다든지, 내가 복업을 지었다든지, 내가 누구에게 선행을 베풀었다든지, 내가 3,000배를 몇 번 했다든지 하는 것이 남아 있으면 안 됩니다. 그 한 바가 자기 마음속에 남아 있다면 없는 데 속았기에 그 행위에 따른 공덕은 있을 수 있지만, 깨달음과는 천지현격으로 벌어진 것임을 명확히 인식하셔야 합니다.

선나 수행

선남자여, 만약 모든 중생이 선나(禪那)를 닦는다면 먼저 수식관(數息觀)을 취하여 생주이멸(生住異滅)로 변하는 마음을 잘 헤아려 알아야 한다. 이와 같은 헤아림이 두루 원만하면 행주좌와(行住坐臥)에서 일어나는 생각을 분별하여 알지 못할 것이 없어서 점차 이 힘이 증진되고, 백천세계(百千世界)에 떨어지는 한 방울의 빗방울도 알 수 있는 것이 마치 눈앞의 물건을 보듯 할 것이니, 이 말을 들은 바가 아니라면 일체의 좋은 경계는 끝내 취할 수 없는 것이다. 이것이 삼관(三觀)을 처음 닦는 방편이니 만약에 모든 중생이 세 종류의 관(觀)을 두루 닦아서 부지런히 수행하여 정진한다면, 이는 여래가 세상에 출현한 것이라고 한다.

善男子, 若諸衆生 修於禪那 先取數門 心中了知 生住滅念 分齊頭數.
如是周遍 四威儀中 分別念數 無不了知 漸次增進, 乃至得知 百千世界

一滴之雨 猶如目睹 所受用物 非彼所聞 一切境界 終不可取. 是名三觀 初首方便 若諸衆生 遍修三種 勤行精進, 即名如來 出現于世.
선남자, 약제중생 수어선나 선취수문, 심중료지 생주멸념 분제두수. 여시주변 사위의중 분별념수 무불료지 점차증진, 내지득지 백천세계 일적지우 유여목도 소수용물, 비피소문 일체경계 종불가취. 시명삼관 초수방편 약제중생 변수삼종 근행정진, 즉명여래 출현우세.

 마음여행

이 선나 수행은 열반하신 해인 스님이 하셨다는 기왓장 7만장 던지기와 같습니다. 만약 어떤 중생이 있어 이 선나 수행을 한다면, 먼저 수문을 취하고(先取數門: 한 생각이 일어나고 그 한 생각이 사라지는 것을 하나하나 명백히 다 헤아리고), 마음 속에서 일어났다 사라지는 모든 번뇌 망상의 머릿수를 다 헤아려야 한다고 하였습니다.

위 구절에서 알 수 있는 것처럼, 항상 깨어 있어서, 여묘포서(如猫捕鼠)라, 마치 고양이가 쥐를 잡을 때 쥐구멍에 드나드는 쥐를 가만히 지켜보고 있다가, 한 순간 탁 하고 낚아채듯이, 드나드는 번뇌를 바로 보는 관력을 키우는 수행입니다. 이 방법은 열반하신 경봉 스님의 9-6-5-4 방법인데, 하루에 9시간 일하고, 6시간 자고, 5시간 놀고, 4시간 자기 마음을 들여다보는 공부를 하면 금생에 이루지 못할 일이 없다고 하셨습니다.

여기서 4시간이 힘들면 아침에 2시간, 저녁에 2시간 하라고 하셨으며, 그것도 벅차면 아침에 30분, 저녁에 30분으로 시작하다 보면 힘이

붙어서 결국 4시간을 다 채우게 된다고 하셨습니다. 그리고 결국 그 관력(觀力)으로 혜력(慧力)이 생겨 9시간 일해도 누구보다도 잘하고, 6시간 자도 10시간 잔 것처럼 푹 자고, 5시간 놀아도 어느 누구보다도 화끈하게 놀아서 대도인이 된다는 것입니다.

업장이 많은 맨땅 중생의 수행

만약에 훗날 말세의 근기가 둔한 중생이 도를 구하고자 하나 성취할 수 없다면 옛날의 업장(業障) 때문이니, 마땅히 부지런히 참회하여 항상 희망을 가지고 먼저 증오와 사랑 및 질투(嫉妬)와 아첨하는 마음을 끊어서 수승한 마음을 구하여야 할 것이다.
세 종류의 청정한 관(觀)에서 하나를 골라 공부함에, 이 관(觀)에서 공부를 성취하지 못했다면 다시 다른 관(觀)을 수습하여야 할 것이니, 마음을 방일하게 버려두지 말고 점차 증득함을 구해야 할 것이다."

若後末世 鈍根衆生 心欲求道 不得成就 由昔業障. 當勤懺悔 常起希望 先斷憎愛·嫉妬·諂曲 求勝上心. 三種淨觀 隨學一事, 此觀不得 復習彼觀, 心不放捨 漸次求證.」
약후말세 둔근중생 심욕구도 부득성취 유석업장. 당근참회 상기희망 선단증애·질투·첨곡 구승상심. 삼종정관 수학일사, 차관부득 부습피관, 심불방사 점차구증.」

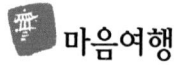 마음여행

그렇게 해도 이루지 못한다면 그것은 중생들의 업장과 죄장이라고 말씀하십니다. 죄의 장애는 이미 지은 행동이기에 부지런히 참회하고, 업의 장애는 앞으로 다가올 장애이기에 선업을 더 쌓아 복력을 키우고, 지혜를 키워 혜력을 쌓아야 합니다. 또한 죄를 참회하는 방법은 앞에서 나왔던 이장(理障)과 사장(事障)을 극복하는 것입니다.

이장은 우주 법계의 이치를 몰라서 과거에 행했고, 지금도 행하고, 앞으로도 행할 위험이 있기에 부지런히 법문을 듣거나 부처님 법을 공부해서 극복해야 합니다.

사장은 대상세계를 몰라서, 세상살이와 우주법계의 살림살이를 몰라서 생기는 것이니, 증권회사 다니는 사람은 투자와 돈과 사람을 공부해야 하고, 장사하는 사람은 고객과 자기가 파는 물건, 그 업종의 트랜드를 열심히 공부해야 할 것이고, 사찰을 잘 운영하기 위해서는 다른 종교나 다른 교단, 다른 스님들이 경영하시는 것을 배워야 합니다. 한국 내에서뿐만 아니라, 전 세계적으로 그 흐름을 공부하셔야 이 일에서 오는 장애에서 벗어날 수 있습니다.

기도가 모든 것을 해결해 준다는 생각은 서양 중세의 암흑기에 쓰던 사고방식입니다. 부처님은 안 하신 공부가 없을 정도로 세상의 다양한 학문을 섭렵하셨습니다. 심지어 유머학, 점성술학 등 세간의 모든 공부를 다 하셨습니다.

여러분도 그렇게 하셔야 합니다. 부처님의 가르침을 우리들의 살림살이에 비추어서 행하는 것, 그것이 재가자들의 회광반조입니다. 원각경 수행공덕으로 다음에 다시 뵐 때는 서로가 서로에게 선지식이 되기를 기원합니다.

그때에 세존께서 거듭 이 뜻을 펴시고자 하여 게송으로 다음과 같이 말씀하셨다.

爾時, 世尊 欲重宣此義, 而說偈言:
이시, 세존 욕중선차의, 이설게언:

圓覺汝當知	원각여당지	원각 보살이여 마땅히 알라.
一切諸衆生	일체제중생	일체중생이
欲行無上道	욕행무상도	무상도(無上道)를 구하려 하면
先當結三期	선당결삼기	제일 먼저 공부하는 기간을 정해
懺悔無始業	참회무시업	무시이래 지은 업을 참회하면서
經於三七日	경어삼칠일	정해 놓은 삼칠일이 지난 연후에
然後正思惟	연후정사유	바르고 바르게 사유를 하되
非彼所聞境	비피소문경	바른 법을 들은 것이 아니었다면
畢竟不可取	필경불가취	결국에는 이 경계를 취할 수 없다.
奢摩他至靜	사마타지정	사마타의 지극히 고요한 선정
三摩正憶持	삼마정억지	삼마발제 바른 모습 마음에 담아

:: 제11 원각보살장

禪那明數門	선나명수문	선나로 들숨 날숨 밝히는 흐름
是名三淨觀	시명삼정관	이것은 세 종류의 청정한 관법(觀法)
若能勤修習	약능근수습	부지런히 능히 이를 수습한다면
是名佛出世	시명불출세	부처님이 이 세상에 출현하신 것
鈍根未成者	둔근미성자	근기가 둔하여서 성취 못하면
無始一切罪	무시일체죄	무시이래 지어 왔던 일체 모든 죄
常當勤心懺	상당근심참	부지런히 마음 속에 참회를 해라.
諸障若銷滅	제장약소멸	일시에 모든 장애 소멸이 되면
佛境便現前	불경변현전	부처님의 경계가 현전하리라.

제12 현선수보살장

재가자들에게 제일 중요한 부분

이때에 현선수보살이 대중 가운데서 일어나 부처님의 발에 머리를 조아려 예배하고 존경의 표시로 우측으로 세 번 돌며 두 무릎을 땅에 대고 두 손을 모으면서 부처님께 사뢰었다.

"크게 자비로우신 세존이시여, 널리 저희들과 말세의 중생을 위하여 이와 같은 부사의(不思議)한 일을 깨우쳐 주십니다. 세존이시여, 이 대승의 가르침을 무어라 불러야 하고, 어떻게 받들어 지녀야 합니까? 중생이 이것을 닦아 익힘에 어떤 공덕을 얻는 것입니까? 어떻게 저희들이 이 경을 지닌 사람을 보호해야 합니까? 이 가르침을 유포하여 어디에까지 이르게 해야 합니까?"

이 말을 마치고서 오체투지하며, 이와 같이 거듭 세 번 청함으로 부처님의 가르침을 간청하였다.

그때에 세존께서 현선수 보살에게 말씀하셨다.
"착하고 착하도다. 선남자여, 너희들이 능히 모든 보살과 말세의 중생을 위하여 여래의 이와 같은 경의 가르침에 대한 공덕과 그 이름을 묻는구나. 너희들은 자세히 들어라, 마땅히 너희들을 위하여 설하리라."
그러자 현선수보살이 부처님의 가르침을 받들어 환희하며 모든 대중과 함께 묵연히 부처님의 말씀에 귀를 기울였다.

於是 賢善首菩薩 在大衆中 卽從座起 頂禮佛足, 右遶三匝, 長跪叉手, 而白佛言:「大悲世尊, 廣爲我等 及末世衆生, 開悟如是 不思議事. 世尊 此大乘教 名字何等? 云何奉持? 衆生修習 得何功德? 云何使我 護持經人? 流布此教 至於何地?」作是語已 五體投地, 如是三請. 終而復始. 爾時, 世尊告 賢善首菩薩言:「善哉, 善哉! 善男子, 汝等乃能 爲諸菩薩 及末世衆生, 問於如來 如是經敎 功德名字. 汝今諦聽, 當爲汝說.」時, 賢善首菩薩 奉敎歡喜, 及諸大衆 默然而聽

어시 현선수보살 재대중중 즉종좌기 정례불족, 우요삼잡, 장궤차수, 이백불언:「대비세존, 광위아등 급말세중생 개오여시 부사의사. 세존, 차대승교 명자하등? 운하봉지? 중생수습 득하공덕? 운하사아 호지경인? 유포차교 지어하지?」작시어이 오체투지, 여시삼청. 종이부시. 이시, 세존고 현선수보살언:「선재, 선재! 선남자, 여등내능 위제보살 급말세중생 문어여래 여시경교 공덕명자. 여금제청. 당위여설.」시, 현선수보살 봉교환희, 급제대중 묵연이청.

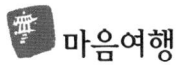 마음여행

"세존(世尊)이시여! 이번에 말씀해 주신 대승의 가르침은 무엇이라고 이름하여야 합니까? 저희들이 어떻게 받아 지녀야 합니까? 중생들이 이번의 가르침을 닦아 익히면 어떤 공덕이 있습니까?"라고 현선수보살이 우리 대신 부처님께 여쭤주시는 것 같지 않습니까? 우리는 그런 것이 중요한 하근기 중생입니다. 또 이런 것을 잘 배워 두어야 포교를 하실 때나 자녀들에게 이야기할 때, 아내나 남편, 형제자매들에게 심지어 부모님께 포교할 때 근거가 됩니다.

인신난득(人身難得)이고 불법난봉(佛法難逢)이라, 사람 몸 받기 어렵고 불법 만나기는 더더욱 어렵다고 하였습니다. 여러분들처럼 이런 위대한 대승경전을 아무나 만날 수 있는 것이 아닙니다. 더더구나, 다른 종교는 무조건 믿기만 하면 잘 살고 잘 먹고 부자 되게 해 주고 모든 것이 다 풀리게 해 주고, 심지어 죽은 다음에는 천당까지 보내 준다고 하는데, 그런 엄청난 파워(?)에 안 넘어가고, 불교 공부하시는 여러분들은 대단한 분들입니다. 어쨌든 우리 불자들도 다른 종교가 보장해 주는 정도는 아니더라도 불교를 공부하거나 경전을 공부하면 뭐가 좋은지는 알아야 지금처럼 미래에까지 불교를 택하실 것 아닙니까?

부처님께서 답해주신 간략한 내용을 일러드리겠습니다.

1) 문득 갑자기 법계의 이치를 깨닫든지, 천천히 깨닫든지, 크게 깨닫든지, 작게 깨닫든지 우주의 이치, 법계의 이치를 깨닫는다.

:: 제12 현선수보살장

2) 백천만 억을 보시하고, 수백 억 명에게 포교를 하더라도 그것은 없는 것을 있다고 생각하고 한 것이기에 공덕은 있지만 깨달음은 없다. 그런데 이 경전을 공부하면 깨달음을 얻게 되어 더 큰 보시를 하게 되고, 더 많은 중생에게 전할 수 있다.

3) 법계의 이치를 깨달았으므로 온갖 복과 지혜를 갖게 되어, 어떠한 악마나 외도들의 공격과 유혹에도 잘 대처하여 원하는 것을 다 이루게 된다.

그러나 부처님은 무엇을 주시는 분이 아닙니다. 우리가 그것을 한다면 연기(緣起)의 이치로 그것을 저절로 받는다는 세상의 이치를 밝혀주실 뿐입니다. 불교 이외의 다른 종교와는 전혀 다른 가르침입니다. "불교는 구원이 없다는 말인가요?"라고 묻는 분들이 있습니다. 전혀 그렇지 않습니다. 부처님과 아라한은 모든 업을 벗어나신 대 자유인이기에 우리가 그분들께 공양을 올리면 그 선한 행위와 진리를 사랑하는 선한 마음으로 복을 받고, 구원을 받습니다.

부처님께서는 연기법을 설하시어 무명에 가리운 중생의 본래 면목을 일깨워 주십니다. 하지만 반면에 수많은 보살들과 아직 공의 도리, 환의 도리를 터득하지 못하고 부처님이 법문을 설하시면 그 가르침을 듣기 위해서 달려가시는 일체 세간의 하늘 사람들과 아수라 등의 신장님들은 아직 세간에 업을 남겨 놓으신 분들입니다. 그분들이 그 업의 통로를 따라서 중생을 구제하시고 구원해 주시는 것입니다. 이것이 불교의 중생 구제이고, 이것이 절에서 초하루기도, 관음기도, 지장기도, 신중기도 등을 하는 까닭입니다. 이것은 기도를 하는 이들의 공덕도 되지만 근본적으로는 불보살의 '감응'을 통한 가피입니다. 옛날부터 지금까지 기적과도 같은 기도 가피를 입으신 분들이 수없이 많은 것은 바로 이와 같은 원리입니다.

원각경은 12부 경전 중의 최고다

"선남자여, 이 경은 백천만 억이나 되는 모든 부처님이 설하시고, 삼세(三世)의 여래가 지키고 보호하며, 시방세계에 있는 보살이 귀의하는 가르침인 십이부경(十二部經)의 청정한 안목이다. 이 경은 대방광원각다라니(大方廣圓覺陀羅尼)나 수다라요의(修多羅了義) 및 비밀왕삼매(秘密王三昧), 또는 여래결정경계(如來決定境界)나 여래장자성차별(如來藏自性差別)이라 부르니, 너희들은 마땅히 받들어 지녀야 한다.

「善男子, 是經 百千萬億 恒河沙 諸佛所說, 三世如來 之所守護, 十方菩薩 之所歸依, 十二部經 淸淨眼目. 是經名 大方廣圓覺陀羅尼, 亦名 修多羅了義, 亦名秘密王三昧, 亦名如來決定境界, 亦名如來藏自性差別. 汝當奉持.

「선남자, 시경 백천만억 항하사 제불소설, 삼세여래 지소수호, 시방보살 지소귀의, 십이부경 청정안목. 시경명 대방광원각다라니, 역명 수다라요의, 역명비밀왕삼매, 역명여래결정경계, 역명여래장자성차별. 여당봉지.

 마음여행

　십이부경(十二部經)은 경전의 형태를 형식과 내용에 따라 12가지로 분류한 것을 말합니다. 부처님께서 중생을 교화하시기 위해 중생들이 제각기 가지고 있는 능력에 따라 아함부터 법화 열반에 이르기까지 내용적으로도 한량없는 법을 설하셨습니다. 아울러 그 내용을 알아듣기 쉽게 설하시기 위해 여러 가지 방법을 쓰셨는데 크게 12가지로 분류합니다. 계경(契經), 중송(重頌), 고기송(孤起頌), 인연(因緣), 본사(本事), 본생(本生), 미증유(未曾有), 비유(譬喩), 무문자설(無問自說), 방광(方廣), 수기(授記), 논의(論議)를 뜻합니다.

　첫 번째 계경(契經)은 산문으로 기재한 부처님의 설법을 말하니, 일반적으로 말하는 경(經)을 지칭합니다.

　두 번째 중송(重頌)은 산문으로 기재한 부처님의 설법을 게송으로 정리하여 나중에 한 번 더 그 뜻을 나타낸 것입니다. 본문과 상응한 게송이라는 뜻으로 응송(應頌)이라 말하기도 합니다.

　세 번째 고기송(孤起頌)은 중송(重頌)과는 달리 부처님께서 게송만을 가지고 법을 설한 것을 말합니다.

　네 번째 인연(因緣)은 부처님께서 법을 설하여 중생을 교화하는 인연을 말하니, 모든 경의 서품(序品)과 같은 것입니다.

　다섯 번째 본사(本事)는 본생담(本生譚) 이외에 실려 있는 부처님과 제자 사이에 있었던 전생의 수행에 대한 논의를 말합니다. 경전 맨 첫머리에 "여시아문(如是我聞) 일시불(一時佛), 부처님께서 이와 같이 설하였다."

라고 말한 내용들이 여기에 속합니다.

여섯 번째 본생(本生)은 부처님께서 전생에 수행했던 여러 가지 대비행(大悲行)이 실린 내용을 말합니다.

일곱 번째 미증유법(未曾有法)은 부처님과 제자들에게 일어났던 희유한 법들이 실린 내용을 말합니다.

여덟 번째 비유(譬喻)는 비유법을 사용하여 법의 이치를 잘 설명한 것을 말합니다.

아홉 번째 무문자설(無問自說)은 다른 사람의 질문을 기다리지 않고 부처님께서 스스로 가르침을 베푼 것입니다.

열 번째 방광(方廣)은 광대하고 심오한 법의 이치를 잘 설명하는 것입니다.

열한 번째 수기(授記)는 부처님의 가르침을 해설해 주기 위하여, 뒷날 부처님의 제자들이 성불한다는 내용을 부처님이 미리 증언하는 내용을 말합니다. 신심을 일으키는 중요한 방편이지요.

열두 번째 논의(論議)는 모든 법의 체성(體性)을 논의하여 그 이치를 잘 분별하는 것을 말합니다.

십이부경은 팔만대장경과 마찬가지로 부처님의 일대교설을 통틀어서 일컫는 말이라고 할 수 있습니다. 그런데 부처님께서는 원각경이 십이부 경 중의 으뜸이라 찬탄하시면서 마땅히 받들어 지니라고 부촉을 내리시고 있습니다. 원각경에 대해 깊은 믿음을 가지고 수지 독송하고 널리 전하라는 부처님의 당부가 마음에 새겨지는 대목입니다. 사실 원각경을 처음부터 지금까지 공부해 온 분들이라면 대단원을 장식하는 현선수보살장에서는 딱히 부처님의 당부가 아니더라도 신심이 절로 나고 앞으로 지극한 마음으로 지니겠다는 다짐을 하게 될 것입니다.

이 경의 성격

선남자여, 이 경은 오로지 여래의 경계를 드러내는 것이니, 오직 부처님 여래라야 이 경의 내용을 빠짐없이 잘 설할 수 있는 것이다. 만약 모든 보살과 말세의 중생이 이것에 의지하여 수행하면 점차 공부가 높아져서 부처님 경계에 이를 것이다.

善男子, 是經唯顯 如來境界, 唯佛如來 能盡宣說. 若諸菩薩 及末世衆生 依此修行 漸次增進 至於佛地.
선남자, 시경유현 여래경계, 유불여래 능진선설. 약제보살 급말세중생 의차수행 점차증진 지어불지.

 마음여행

서양의 마음수행과 관련한 서적이나 타종교의 마음수행과 우리 불교 수행의 근본적인 차이는 지혜의 밝기라고 생각합니다. 불교를 몰라도 얼마든지 지혜롭게 사실 수가 있습니다. 또한 부처님께 공양하고, 아라한에게 공양하고 그리고 스님에게 공양을 올리는데, 그것만으로도 우리

는 지금보다 얼마든지 지혜롭게 살 수 있습니다. 그러나 지혜가 열리는 것은 전혀 다른 이야기입니다. 그것도 지혜가 확 열리느냐? 작게 열리느냐의 차이가 있습니다. 확철대오(廓徹大悟)라는 말처럼 다르다고 할 수 있습니다. 원각경은 여러분 모두 부처님의 경지와 같은 지혜를 열어주는 경전입니다.

돈교대승(頓敎大乘)의 경전

선남자여, 이 경의 이름은 돈교대승(頓敎大乘)이라 하고, 상근기가 이것으로 깨우치며 또한 점수(漸修)의 일체중생을 거두니, 이를 비유하면 큰 바다가 작은 물줄기를 사양하지 않고 받아들이는 것과 같다. 나아가 모기와 작은 날파리 및 아수라까지도, 그 법의 감로를 마시는 자 모두 충만한 기쁨을 얻을 것이다.

善男子, 是經名爲 頓敎大乘, 頓機衆生 從此開悟, 亦攝漸修 一切群品, 譬如大海 不讓小流. 乃至蚊蝱 及阿修羅, 飮其水者 皆得充滿.
선남자, 시경명위 돈교대승, 돈기중생 종차개오, 역섭점수 일체군품, 비여대해 불양소류. 내지문맹 급아수라, 음기수자 개득충만.

 마음여행

원각경은 돈교대승경전이라고 합니다. 우리는 앞에서 작병·지병·임병·멸병에 대해 배웠습니다. 부처의 경지에 이르는 큰 가르침인 원각경의 차원에서 보면 병통이지만 사실 이 네 가지 병통도 큰 공덕이 있습니다. 다시 소개합니다.

작병, 여러분들도 잘 아시는 『시크릿』이라는 책이나, 마인드 컨트롤 같은 서양의 책들은 사실 다 일부러 마음에 무엇인가를 지어서 그것이 실제 현상으로 나타나게 하는 것입니다. 그래서 우리가 원하는 것을 얻게끔 합니다. 그러나 깨달음은 아닙니다. 부처님께서도 그러한 방법을 쓰셨습니다. 가령 마음에 집착이 많고 욕심이 많은 사람에게 시체를 보는 부정관을 통해 인생의 무상함을 일깨워 주신다거나, 화를 잘 내는 사람에게 자비관을 함으로써 화를 잘 내지 않도록 이끌어 주셨습니다. 하지만 이는 수행하는 과정 속에서 일정 기간 쓰신 것이지 그 수행방법을 통해 어느 정도 경지에 이르렀다 할지라도 그것으로 깨달음을 얻는다고 보지는 않으셨습니다.

그리고 이제 이승과의 연이 다하여 숨이 넘어가기 일보 직전에 『관무량수경』의 가르침으로 일부러 극락세계를 마음으로 지어서 죽음을 맞이하라는 가르침도 주셨습니다. 이 역시 큰 공덕이 있습니다. 그러나 역시 깨달음을 주는 것은 아닙니다.

이 경의 공덕

선남자여, 설사 어떤 사람이 순전히 칠보로써 삼천대천세계에 가득 쌓아 보시하더라도, 그 공덕은 어떤 사람이 이 경의 이름이나 한 구절의 뜻을 듣는 것만 같지 못하다.

善男子, 假使有人 純以七寶 積滿三千大千世界 以用布施, 不如有人 聞此經名 及一句義.
선남자, 가사유인 순이칠보 적만삼천대천세계 이용보시, 불여유인 문차경명 급일구의.

마음여행

지병, 우리 독자님들에게 너무 익숙한 지병은 '내려놓음', '방하착' 등입니다. 다시 말해 시도 때도 없이 일어나는 번뇌 망상에 끌려가지 않고 내려놓는 것입니다. 그러면 마음이 아주 맑아지고 편안해집니다. 그러나 깨달음을 주지는 않습니다. 이른바 삼천대천세계를 보시하고 마음을 깨끗이 하는 계행을 지키고, 지병을 일으키지 않고, 마음을 편안히 하는 정학을 닦더라도, 혜가 밝아진다는 것은 아닙니다.

지혜가 맑아지는 것은 '혜학' 즉 마음을 '조견(照見)', 밝게 보셔서 회광반조를 하셔야 합니다. 그치기만 하면 깨달음을 얻을 수 있다 함은 잘못된 견해, 다시 말해 악견입니다.

선남자여, 설사 어떤 사람이 셀 수 없이 많은 중생을 가르쳐 그들이 아라한과(阿羅漢果)를 얻었더라도, 그 공덕은 어떤 사람이 이 경을 설하여 반구절의 게송을 분별하는 것만 같지 못하다.

善男子, 假使有人 敎百千恒河沙衆生 得阿羅漢果, 不如有人 宣說此經 分別半偈.
선남자, 가사유인 교백천항하사중생 득아라한과, 불여유인 선설차경 분별반게.

 **마음여행**

임병, 수행자에게 공양하고, 아라한에게 공양하는 것은 공덕은 되지만 가피는 받을 수 없습니다. 아라한은 모든 업을 다 끊고 무여열반에 가셨는데 우리를 어떻게 도와줄 수 있겠습니까? 나한기도를 많이 하는데, 솔직히 나한기도는 나한이 아닌 보살이 나한의 모습으로 나타난 것일 뿐입니다.

그런데 우리는 '맡겨라!' 라는 말을 종종 듣습니다.
"자성자리에 맡겨라.
불성자리에 맡겨라.
주인공에게 맡겨라.
진여에 맡겨라.
한 생각 내려놓고 맡기면 다 알아서 해 주느니라."

그렇습니다. 맡기면 되기는 됩니다. 그러나 맡기면 깨달음도 얻을 수 있다는 것이 바로 임병입니다. 맡긴다는 것은 그 누군가를 인정하는 것입니다. 절대적인 존재를 인정하는 것입니다. 혹은 불교식으로라도 지금보다 나은 또 다른 나를 믿고 맡기는 것입니다. 유식론으로 볼 때 내 생각 내려놓고 우주법계의 생각에 맡기면 지금보다 더 나은 생각의 힘이 생기기는 합니다. 그러나 깨달음을 열어주지는 않습니다.

이 경을 수지 독송하는 사람들을 보호하라!

선남자여, 만약 어떤 사람이 이 경의 이름을 듣고 믿는 마음에 의혹이 없다면, 당연히 이 사람은 부처님 한 분이나 두 분 앞에서만 모든 복덕과 지혜를 심은 것이 아니라, 항하사 모래알만큼의 일체 부처님 처소가 다할 때까지 하나도 빼놓지 않고 모든 선근을 심었기에, 이 경의 가르침을 듣게 된다는 사실을 알아야 할 것이다.
너희 선남자는 마땅히 말세의 이 수행자를 보호하여, 악마나 모든 외도들로 하여금 그들의 신심(身心)을 괴롭혀 공부에서 물러나는 마음이 생기지 않도록 해야 할 것이다."

善男子, 若復有人 聞此經名 信心不惑, 當知是人 非於一佛二佛 種諸福慧 如是 乃至盡恒河沙 一切佛所, 種諸善根 聞此經敎. 汝 善男子, 當護末世 是修行者, 無令惡魔 及諸外道 惱其身心 令生退屈.」

선남자, 약부유인 문차경명 신심불혹, 당지시인 비어일불이불 종제
복혜, 여시내지 진항하사 일체불소, 종제선근 문차경교. 여선남자,
당호말세 시수행자, 무령악마 급제외도 뇌기신심 영생퇴굴.」

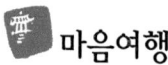 마음여행

멸병, 멸병에 걸린 사람들이 가장 많이 있는 곳이 계룡산이라고 생각합니다. 멸병은 다르게 표현하면 무병(無病)입니다. '아무 것도 없다'라는 것입니다. 이것은 노자, 장자의 선도풍입니다. 하지만 불교는 아닙니다. 불교는 있음을 벗어나 없음을 봅니다. 또한 없음에도 불구하고 다시 중생을 구제하러 나오는 적극적인 가르침입니다. 아니 진실로 부처님의 법이 온 몸으로 전해지면, 있는 게 다이고, 보이는 게 다이고, 지금 눈앞의 현실이 다라고 믿는 중생들이 불쌍하고 가련하고 한심해서 자비심으로 나오지 않을 수 없는 상태가 됩니다. 그런 것을 대자대비라고 합니다.

우리가 없음을 체험하고 허망하고 막막하고 허탈하게 되면, 본격적인 악마의 유혹이 시작됩니다. "니네는 없지? 우리는 있어? 니네는 있어 보아야 맑은 가난함이지만, 우리는 맑은 부유함이야."라고 하며 인간의 욕망과 결탁한 종교들이 손짓을 합니다.

그러나 부처님께서는 이미 그 경지의 최고 꼭대기까지 다 통과하신 분입니다. 『쌍윳다니까야』에는 부처님과 타화자재천왕과의 대화가 나옵니다. 욕계의 맨 위에 계시는 타화자재천왕은 다른 사람은 다 자기가 만들고 자기는 스스로 존재한다고 믿는 그런 하늘나라 왕이십니다.

부처님께서는 타화자재천왕에게 자상한 가르침을 주십니다.

"그래 알아, 알아. 그렇지만 그게 아니야. 좀 더 깊이 들어가 봐. 좀 더 깊이 관해 봐. 그러면 욕계의 하늘 위에 색계가 있고, 그 색계 위에는 또 무색계도 있는 것이다."라고 하십니다. 그래서 타화자재천왕은 부처님의 가르침을 받아들이는데 엉뚱한 마왕들이 부처님께 대듭니다.

부처님께서는 여기에서 우리가 수행할 적에 그러한 마귀들이 우리들의 수행을 방해할까봐, 우리 수행자들을 보호해 주라는 당부를 내리십니다. 그래서 신중님들의 가호가 원각경 수행자에게 따라 붙는 것입니다.

금강신장님들의 감응과 가피

그때에 법회 가운데 있던 화수금강(火首金剛)과 최쇄금강(摧碎金剛)과 니람파금강(尼藍婆金剛) 등 팔만(八萬)의 금강이 그들의 권속과 함께 자리에서 일어나 부처님의 발에 이마를 조아려 예배하고 부처님께 사뢰었다.

"세존이시여, 만약 뒷날 말세의 일체중생이 이 결정적 대승을 지닐 수 있다면 저희들은 당연히 저희의 눈을 보호하듯 그들을 지키고 보호하겠습니다. 그들이 수행처로 삼는 도량으로 저희 금강들은 스스로 무리를 이끌고 나아가, 아침저녁으로 그들을 지키고 보호하여 그들이 공부에서 물러나지 않도록 하겠습니다. 그들이 거주하는 집에 재앙과 장애가 영원히 없게 하고 질병을 없애며, 재물은 풍족하여 항상 부족함이 없도록 하겠습니다.

爾時, 會中 有火首金剛 摧碎金剛尼藍婆金剛等 八萬金剛 幷其眷屬 卽從座起 頂禮佛足 而白佛言.」世尊, 若後末世 一切衆生, 有能持此 決定大乘, 我當守護 如護眼目. 乃至道場 所修行處 我等金剛 自領徒衆, 晨夕守護 令不退轉. 其家乃至 永無災障, 疫病銷滅, 財寶豊足, 常不乏少.

이시, 회중 유화수금강 최쇄금강 니람파금강등 팔만금강 병기권속 즉종좌기 정례불족, 이백불언.」세존, 약후말세 일체중생 유능지차 결정대승 아당수호 여호안목. 내지도량 소수행처 아등금강 자령도중, 신석수호 영불퇴전. 기가내지 영무재장, 역병소멸, 재보풍족, 상불핍소.

 마음여행

제가 2003년도에 『심상사성 금강경』을 처음 발간하였을 때 어느 스님과 통화할 기회가 있었습니다. 그 스님께서 말씀하시기를, "책 재미있게 보았다. 부처님 법에 딱 맞게 썼다고 하기는 좀 약하지만, 그렇다고 틀린 것은 아니다. 잘 썼다."라고 하시면서 "부처님께서 설하신 여러 경전은 그 경전을 수지 독송하는 신장님들의 발원에 따라 그 공덕과 과보가 달라지는데, 부자가 되려면 금강경이 아니라 원각경을 해야지…."라고 하셨던 기억이 납니다.

그 스님께서 자신있게 말씀하신 까닭이 바로 여기에 나옵니다. 금강신장님들이 부처님께 약속을 드리는 장면입니다. 이 경을 수지 독송하면 그 집에 재앙이 없고, 하는 일에 장애가 없게 하며, 각종 세균성 전염병에 휩싸이지 않게 하며, 물질적인 재물이 풍족히 갖추어지게 하여 제불(諸佛)이 부족함에서 오는 고통이 없도록 하시겠다고 부처님께 말씀드립니다. 금강신장님께 감사함이 샘솟듯 솟아오르지 않으십니까? 이제부터 절에 가시면 일주문 다음에 나오는 금강문의 나라연금강신장님과 밀적금강신장님께 꼭 지극한 마음으로 합장 3배하시기를 바랍니다. 그 공덕이 무량할 것입니다.

하늘나라 범천왕 등의 수호발원

그때에 대범왕(大梵王)과 이십팔천왕(二十八天王), 수미산왕(須彌山王)과 호국천왕(護國天王) 등이 자리에서 일어나 부처님의 발에 이마를 조아려 예배하고 존경의 표시로 우측으로 세 번 돌며 부처님께 사뢰었다.
"세존이시여, 저희 또한 이 경을 지닌 자를 지키고 보호하여서 그들이 항상 편안한 마음으로 공부에서 물러남이 없도록 하겠습니다.

爾時, 大梵天王, 二十八天王, 并須彌山王, 護國天王等 卽從座起 頂禮佛足, 右遶三匝, 而白佛言:「世尊, 我亦守護 是持經者 常令安隱 心不退轉.」
이시, 대범천왕, 이십팔천왕, 병수미산왕, 호국천왕등 즉종좌기 정례불족, 우요삼잡, 이백불언:「세존, 아역수호 시지경자 상령안은

심불퇴전.」

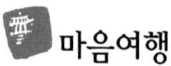 **마음여행**

금강문 다음에 나오는 문이 천왕문입니다. 천왕님은 욕계천(欲界天)과 색계천(色界天)의 천주(天主)를 일컫는 말입니다. 욕계에는 6천(天)이 있고, 색계에는 18천이 있는 등 여러 단계의 하느님(天主)이 계십니다. 개신교가 백 년 전 우리나라에 와서 처음에는 포교를 위하여 우리 조상님이 믿던 하느님이 바로 개신교의 그 하느님이라며 기존 전통 종교관을 가진 우리나라 사람을 개종시켰습니다. 그런데 이제는 불교 공부를 했는지 하느님이 한 분이 아니라 여러분이 계시다는 것을 알고, 하느님에서 '오직 하나뿐인 하나님'으로 바꾸어서 쓰고 있습니다. 과학이 발달하고 인간의 지혜가 발달할수록 또 새로운 이론을 만들어서 교육시키는 개신교의 노력이 눈물겹습니다. 그런데 답을 알고 있는 불교는 그것도 안 하고 있으니 안타까운 마음에 더욱 눈물이 흘러나옵니다.

이 범천왕, 제석천왕, 타화자재천왕 등의 하느님들이 부처님께 우리들의 마음이 평온하고 물러나는 마음이 없도록 하겠다고 약속하십니다. 마음이 평온하다는 것은 우리가 일반적으로 알고 있는 상황과 매우 다릅니다. 마음이 항상 선정에 들어 있기 때문에 번뇌로 오고 감이 없다는 뜻입니다. 번뇌가 없으니 모든 것을 바로 보고 바로 할 수 있는 눈 밝은 사람, 도안(道眼)과 심안(心眼)이 열려 현명하게 세상살이를 할 수 있는 사람이 될 수 있도록 하시겠다는 것입니다.

귀신의 왕 등이 수호발원

그때에 큰 힘을 지닌 귀신들의 왕 길반차(吉槃茶)가 있었으니, 그는 십만(十萬)이나 되는 귀신들의 왕과 함께 자리에서 일어나 부처님의 발에 이마를 조아려 예배하고 존경의 표시로 우측으로 세 번 돌며 부처님께 사뢰었다.

"세존이시여, 저희들 또한 이 경을 지닌 사람을 지키고 보호하여 아침저녁으로 모시고 지켜 줌으로써, 그들이 보리심(菩提心)에서 물러남이 없도록 하겠습니다. 그 사람이 머무는 장소의 일유순(一由旬) 내에 만약 귀신이 있어 그 사람의 경계를 침범한다면 마땅히 저희들은 그 귀신을 때려잡아 티끌먼지와 같이 만들어 버릴 것입니다."

爾時, 有大力鬼王 名吉槃茶, 與十萬鬼王 即從座起 頂禮佛足, 右遶三匝, 而白佛言:「世尊, 我亦守護 是持經人 朝夕侍衛, 令不退屈. 其人所居 一由旬內 若有鬼神 侵其境界, 我當使其 碎如微塵.」
이시, 유대력귀왕 명길반다, 여십만귀왕 즉종좌기 정례불족, 우요삼잡, 이백불언:「세존, 아역수호 시지경인 조석시위, 영불퇴굴. 기인소거 일유순내 약유귀신 침기경계, 아당사기 쇄여미진.」

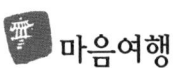 마음여행

우리가 사는 사바세계에는 수많은 신들이 있고, 그 신들을 모시면서

살아가는 이들도 많습니다. 특히 우리나라에는 수많은 무속인들이 계십니다. 그분들 중에는 최영 장군을 모시는 분도 있고, 백두산 산신, 북한산 산신, 혹은 마을의 뒷산이나 바위 혹은 큰 나무 등을 모시는 분들도 많습니다. 우리 조상들은 전통적으로 화장실 귀신과 부엌 귀신도 모셨습니다. 또한 유교식으로 제사를 지낼 때는 항상 토지신한테 먼저 인사를 드리고 난 다음에야 조상신을 모시는 것이 일반적입니다. 집을 이사할 때는 가택신(家宅神)에게 인사를 드리는 유교식 문화를 지금도 지키는 분들이 많습니다.

그러한 것을 두고 "다 미신이야, 쓸데없는 짓이야." 하던 사람들도 과학이 발달하고 TV 등 매스미디어가 발달하면서, 무엇인지는 잘 모르겠지만 어떠한 에너지원이 존재한다는 것은 어렴풋하게나마 알고 있습니다. 어쨌든 세상의 수많은 신들 중에서 최고의 대장님이 바로 대력귀왕이십니다. 그 대력귀왕께서 원각경을 공부하는 분들에게 큰 힘이 되어 주시겠다고 하셨습니다. 다른 부하귀신들이나 잡신들이 집적거리는 것을 다 막아주시겠다고 원각경에서 분명히 밝히고 계십니다.

신도들이 특별히 청하면 절에서 천도재나 구병시식을 지냅니다. 그런데 이와 같은 의식은 사실 감기약이나 진통제에 불과한 것입니다. 제대로 공부하고자 하는 사람이라면 정법, 부처님의 가르침을 배워야 합니다. 그래야 병의 근원을 뿌리채 뽑고 몸까지 보해주어 항상 건강하게 살 수 있는 것입니다. 물론 진통제, 영양제, 아스피린, 감기약이 없으면 살기가 힘든 게 세상살이입니다. 당장 감기 걸렸을 때 감기약도 먹어야 하고, 아파서 못 견딜 때 진통제도 필요합니다.

그러나 외부 힘에 의존하면 내부 힘은 약화되는 것이 우리 몸의 이치입니다. 몸뿐만 아니라 마음도 마찬가지입니다. 의지하면 그 순간 대자유를 잃고 자기 안에 본래 갖춘 원각을 잃기 쉽습니다. 의지하는 그 힘에 휘둘리게 됩니다. 바로 그게 우상 숭배입니다. 자기 안에 본래 불성(佛性)을 갖추었는데, 그것은 모르고 밖의 하느님만 믿고 따르면 자기 안의 불성을 싹틔울 수가 없는 것입니다. 그래서 부처님께서 반열반에 드시면서 마지막 유언을 자등명 법등명, 자기를 등불로 삼고 법을 등불로 삼으라고 그토록 간곡하게 당부하신 것입니다.

일체 세간·천인·아수라 등
우주법계가 이 경을 듣고 행복해 함

부처님이 이 경을 설해 마치시니, 일체보살과 천룡(天龍), 귀신, 팔부중(八部衆)의 권속과, 모든 천왕(天王)과 범왕(梵王) 등의 일체대중이 부처님이 설하신 내용을 듣고서 모두 크게 기뻐하며 믿음으로 그 가르침을 받아 받들어 행하였다.

佛說此經已, 一切菩薩 天龍鬼神 八部眷屬 及諸天王梵王等, 一切大衆聞佛所說 皆大歡喜, 信受奉行.
불설차경이, 일체보살 천룡귀신 팔부권속 급제천왕범왕등, 일체대중문불소설 개대환희, 신수봉행.

 마음여행

　금강경의 일체 세간·천인·아수라처럼 일체의 모든 법계의 중생들에게 위대한 가르침을 전해 주시고 읽어 주시는 우리 독자님들께 감사드립니다. 지금까지 원각경을 공부해 왔는데, 이해가 되시는지요? 하지만 경을 꼭 이해해야 하는 것은 아닙니다. 이해하시면 '공덕'이 됩니다. 이해 못하시더라도 열심히 '읽어 주시면' 감응이 있습니다. 그것이 법계(法界)의 이치입니다. 그렇게 수행하시어 성불하시고, 금생에 원하시는 것을 다 성취하시기를 기원드립니다.

우승택의 生 테크
날줄 원각경

2010년 5월 7일 초판 1쇄 발행
2022년 9월 1일 초판 8쇄 발행

지은이 우승택
발행인 박상근(至弘) • 편집인 류지호 • 상무이사 김상기 • 편집이사 양동민
편집 이상근, 김재호, 양민호, 김소영, 권순범 • 표지디자인 백지원 • 본문디자인 나라연
제작 김명환 • 마케팅 김대현, 정승채, 이선호 • 관리 윤정안

펴낸 곳 불광출판사 110-140 서울시 종로구 우정국로 45-13, 3층
대표전화 02) 420-3200 편집부 02) 420-3300 팩시밀리 02) 420-3400
출판등록 제300-2009-130호(1979. 10. 10)

ISBN 978-89-7479-638-9 (03220)

값 17,000원

잘못된 책은 구입하신 서점에서 바꾸어 드립니다.
독자의 의견을 기다립니다.www.bulkwang.co.kr
불광출판사는 (주)불광미디어의 단행본 브랜드 입니다.